הגדה של פסח

The Passover Haggadah

כמנהג בני אשכנז ובני ספרד

The
Questions Asked

A new informative, inspirational,
traditional and insightful commentary

Written in question and answer form, in concise
and conversational English appropriate for all ages.
Contains over 250 questions most often asked
about the הגדה and סדר night.

יוצא לאור ע"י מוסדות חומת ירושלים
בראשות הגאון רבי שלמה זלמן הבלין שליט"א

ירושלים עיה"ק תובב"א
ה'תשס"ז

The Questions Asked Haggadah

Adapted from Haggadah Sho'el Ke'inyan/Jasper Stone Haggadah

Cover design by:

Rivky Grossman

Typography & Book design by:

B.E. Griffel

Tel. Israel: (02) 582-0314

Tel. U.S.A.: (917) 254-4337

Printing & Binding by:

הוצאה לאור

732-905-0091

Distributed by:

Israel Book Shop

501 Prospect Street

Lakewood, NJ 08701

Tel: (732) 901-3009

Fax:(732) 901-4012

www.israelbookshop.com

DEDICATED IN LOVING MEMORY

of our dear parents & grandparents

לע"נ יהודה בן מרים ז"ל

לע"נ ברוריה בת אסתר ע"ה

גלעדי

≈ and ≈

of our dear father & grandfather

לע"נ יחזקאל מרדכי בן אברהם יעקב בורגר ז"ל

ת . נ . צ . ב . ה .

Eli & Kreindy Giladi and family

הסכמת הגה"צ הרב פנחס חיים שיינברג שליט"א

זקן ראשי הישיבות

Rabbi CHAIM P. SCHEINBERG
Rosh Hayeshiva "TORAH ORE"
and Morah Hora'ah of Kiryat Mattersdorf

הרב חיים פינחס שיינברג
ראש ישיבת "תורה אור"
ומורה הוראה דקרית מטרסדורף

מכתב ברכה

הן הובא לפני הגדה של פסח עם ילקוט חדש "שואל כענין" וכשמו כן הוא, שואל כענין על כל מאמר ומאמר של דברי התנא, ומשיב כהלכה להודיע המעשה אשר יעשון, וטעמו על פי השו"ע ומפרשיו. וגם באגדה בדרך דרוש, מוסר ועבודה, יסודות האמונה ויהדות, שהוא התכלית של ליל הסדר, שיזכה כל אר"א להתרוממות הנפש לחיזוק האמונה בהשי"ת.

וגם הוסיף לבאר סיפורי המכות עפ"י מדרשי חז"ל ולהבין איך היו כולם מדה כנגד מדה, ונכתב בקיצור, בלשון צח וקל בדרך שאלה ותשובה שיהא דבר השוה לכל נפש. וכבר העידו לפני עדים נאמנים מחנכים מפורסמים איך שמצאה הגדה זו חן בעיניהם ועל גודל התועלת שהיה להם ולתלמידיהם שהשתמשו בהגדה זו.

על כן אני מברכו שיזכה להוציא הגדה זו לאור בלשה"ק וגם בלשון העמים לתועלת אחב"י, בין לצעירי הצאן ובין למבוגרים, ושיזכה להמשיך לישב באהלה של תורה מתוך מנוחת הנפש והרחבת הדעת, לזכות את הרבים ולהרבות כבוד שמים עד יעמוד כהן לאו"ת בב"א.

רחוב פנים מאירות 2, ירושלים, ת.ד. 6979, טל. 537-1513 (02), ישראל
2 Panim Meirot St., Jerusalem, P.O.B. 6979, Tel. (02) 537-1513, Israel

Rabbi CHAIM P. SCHEINBERG

Head of Yeshiva "TORAH ORE"

and Spiritual Leader of Kiryat Mattersdorf

הרב חיים פינחס שיינברג

ראש ישיבת "תורה אור"

ומורה הוראה דקרית מטרסדורף

A Message of Greeting
and Congratulations

I have been presented with the Passover Haggadah which includes a compilation of commentaries called "The Questions Asked — שואל כענין." This name indeed fits the compilation since the questions are asked to the point regarding each essay said by the sage and answered properly 1) to let us know what needs to be done, why and how, in accordance to the Shulchan Oruch and its commentaries 2) by interpretation, with ethics and fundamentals of Jewish belief, which are the prime goals of the Passover Eve ritual, to elevate the soul with the belief in G-d.

The commentator added interpretations to the episode of the Plagues in accordance with the teachings of our sages and how we can understand that they were inflicted as a measure for a measure. All this was written in question and answer form, in a brief and clear style understandable to everyone. Reliable sources – renowned educators – have asserted that they enjoyed this Haggadah and it was beneficial for them and their students who used it.

Therefore, I urge him to publish this Haggadah with my blessing, in Hebrew and in English for the benefit of all our Jewish brethren, both young and old, and to continue studying and teaching Torah with tranquility and comfort, to benefit the public and to bring much honor to G-d until our speedy redemption.

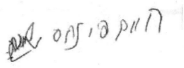

2 Panim Mairot St., Jerusalem P.O. Box 6979. Tel. (02) 537–1513, Israel

הסכמת הגה"צ הרב משה שטרנבוך שליט"א

ראב"ד העדה החרדית בירושלים

משה שטרנבוך
ראב"ד
לכל מקהלות האשכנזים
מח"ס מועדים וזמנים ושו"ת תשובות והנהגות
רב בית הכנסת הגר"א, ור"מ במרכז התורה הר-נוף
סגן נשיא העדה החרדית
בעיה"ק ירושלים ת"ו

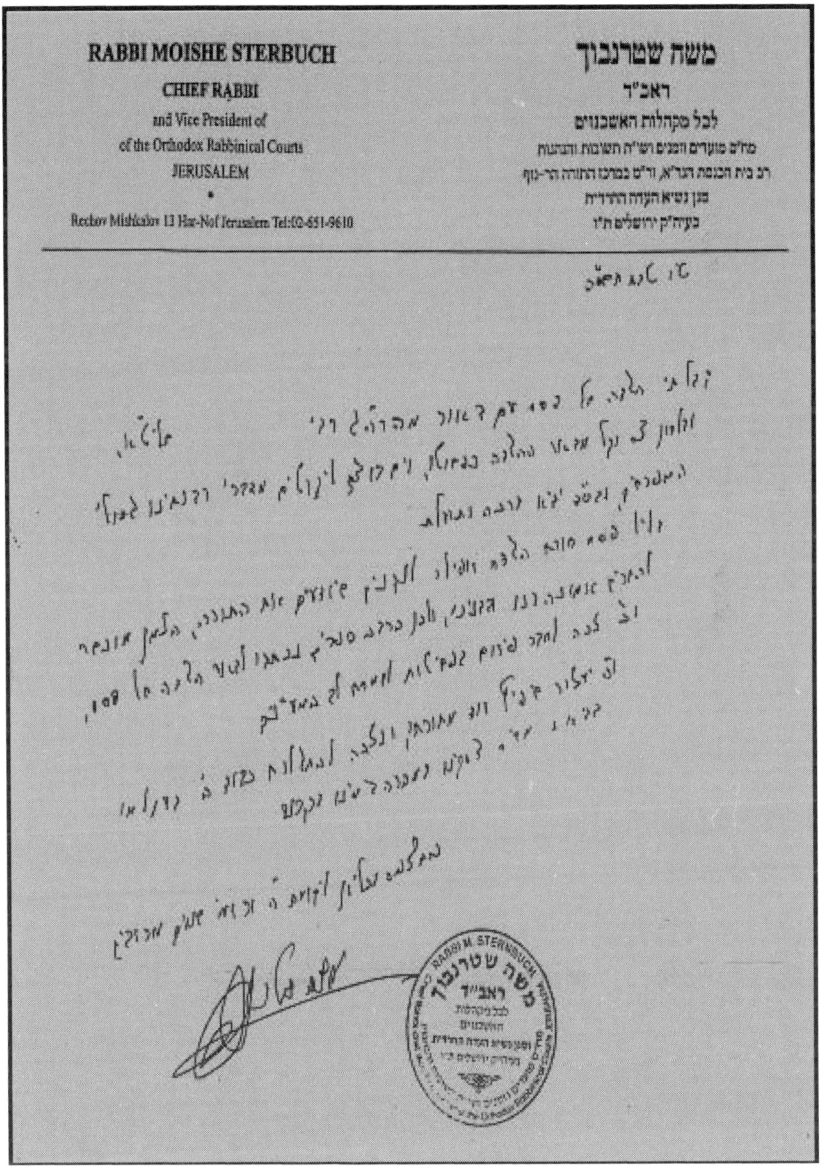

RABBI MOISHE STERBUCH
CHIEF RABBI
and Vice President of
of the Orthodox Rabbinical Courts
JERUSALEM

Rechov Mishkalov 13 Har-Nof Jerusalem Tel:02-651-9610

משה שטרנבוך
ראב"ד
לכל מקהלות האשכנזים
RABBI M. STERNBUCH

הסכמת הגה"צ הרב מתתי' חיים סלומון שליט"א

משגיח דישיבת בית מדרש גבוה דלייקווד

בס"ד

ערב דברים תשס"ה לפ"ק

פה ליקווד יצ"ו

לכבוד ידידי הרה"ג כמוהר"ר שליט"א

אחדשה"ט. הנה סדר הגדה של פסח הזה מהספרים אשר מאד רבו מספר המפרשים לעלה ראש, מגדולי הראשונים עד אחרוני האחרונים. וכבר מוכרח להיות מכוון שמקורה מיוסד להיות מסורת ליסוד היסודות של אמונתנו הבנויה כולה על סיפור יציאת מצרים מאב לבן, על כן בכל דור ודור שואבים מן המקור מה שנוגע לחיזוק האמונה לפי צורכיהם בין העמים ובלשון ובענין שהם מסוגלים להבין כפי שדעתם סובלת ולבם מקבלת.

זכה כת"ר להיות לו חלק במצוה רבה זו לבאר בלשון צח ולהראות מקור לדברי חז"ל המעוררים ומדריכים ומראים לנו דרך לעלות במעלות האמונה ע"י העבודה של הלילה הזה ליל התקדש חג. זכות גדול זכה לזכות את הרבים, כן נזכה לאכול מן הזבחים ומן הפסחים במהרה בימינו אמן

מתתי' חיים סלומון

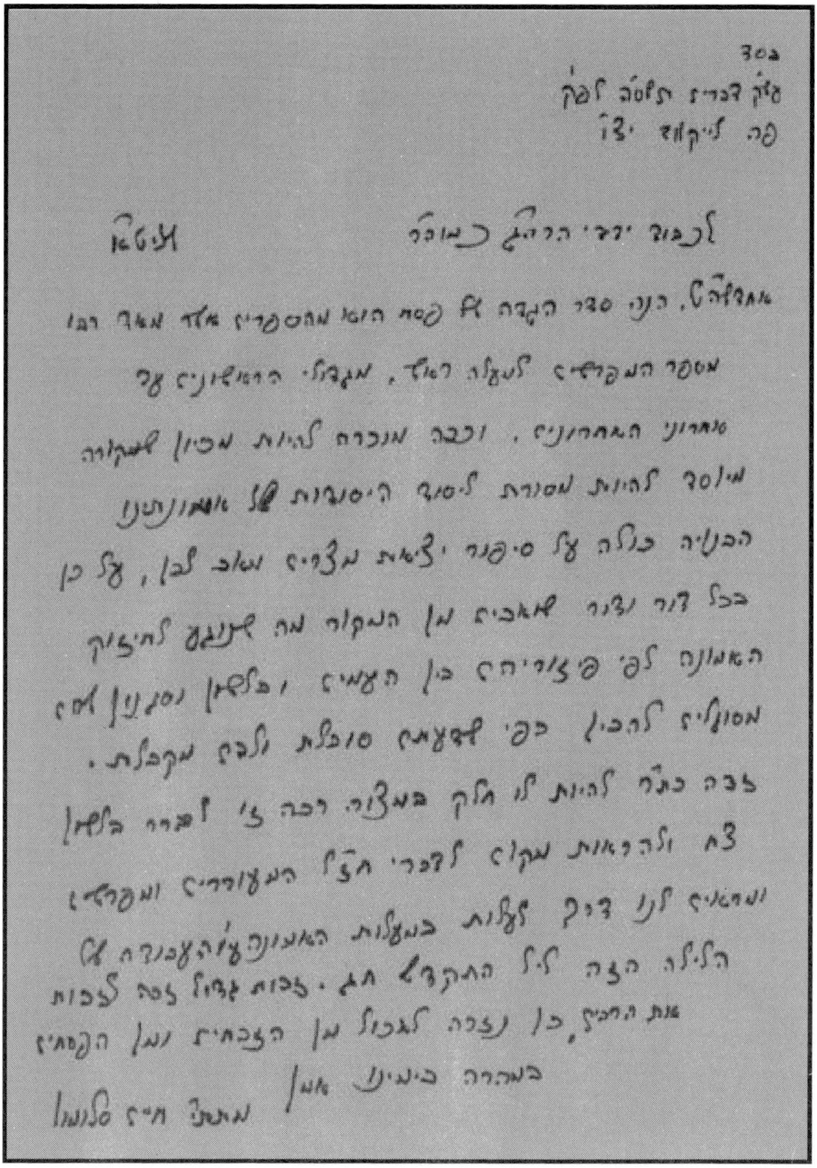

הסכמת הרה"ג ר' הערשל וועלטשער שליט"א

רב דקהילת אהבת ישראל קווינס

ומרבני ישיבת חפץ חיים

י"ז לחדש "וימי הפורים האלה לא יעברו מתוך היהודים" שנת תשס"ד לפ"ק

לכ' ידידי הרה"ג ר' .... שליט"א

תשואות חן על חבורו היקר על ההגדה של פסח שמבאר כל מאמרי ההגדה באופן צח וברור בלשון המדינה שיהא שוה לכל נפש. ובודאי שיהיה לתועלת הרבים להבין "המגיד" ולרומם הנפש שהיא הוא התכלית של מצות והגדת לבנך.

יישר חילכם לאורייתא ותזכה לחבר ולהפיץ עוד ספרים קדושים ושתהי' חלקך תמיד ממזכי הרבים.

ידידך המוקירך,

הערשל וועלטשער

Letter of approbation from

Rabbi Herschel Welcher

Rav of Congregation Ahavas Yisroel
and Yeshivat Chafetz Chaim

This commentary explains the entire Haggadah in clear, concise English that can be understood and enjoyed by all. For sure, as a result of this commentary, many will really understand the Haggadah and experience a spiritual uplifting, which is the main purpose of this Mitzvah.

Foreword - דבר המכון

This הגדה is a collection of פירושים based mostly on מפרשי השולחן ערוך and מדרשים, with many דברי תורה adapted from הגדת בית אהרן בית אברהם written by Rabbi Friedman zt"l.

These דברי תורה were chosen because they will give us a better and deeper understanding of the סדר and a simple explanation of the holy words of the תנא emphasizing השגחת השי״ת. This will בעזהי״ת help us recite the הגדה with התלהבות והתרגשות, so that we will not only retell the story, but actually relive יציאת מצרים and bring ourselves closer to השי״ת.

It is written in conversational English, so it can be read and easily understood by all those at the סדר table. The Hebrew version of this הגדה is called פירוש אבן ישפה, and it's important to note that the author has taken liberty with regard to his sources.

The beauty of the ישפה stone lies in its rainbow of colors. Therefore it is a fitting name for this הגדה, which contains a variety of different styles from various commentaries, basic פשט, גימטראות, דרוש and השקפה. This will בעזהי״ת enhance your סדר as everyone will enjoy the type of דברי תורה to which they relate best.

Almost every מאמר of the תנא is crowned with a beautiful insight to add a better understanding and גישמאק throughout the entire הגדה.

בברכת התורה,

Rabbi Shlomo Z. Havlin

יו״ר מכון חומת ירושלים

סדר אמירת קרבן פסח מסידור היעב״ץ

ראוי לעסוק בסדר קרבן פסח בע״פ אחר תפלת המנחה שהוא נגד תמיד של בין הערבים.

רִבּוֹנוֹ שֶׁל עוֹלָם, אַתָּה צִוִּיתָנוּ לְהַקְרִיב קָרְבַּן הַפֶּסַח בְּמוֹעֲדוֹ בְּאַרְבָּעָה עָשָׂר לְחֹדֶשׁ הָרִאשׁוֹן וְלִהְיוֹת כֹּהֲנִים בַּעֲבוֹדָתָם וּלְוִיִּם בְּדוּכָנָם וְיִשְׂרָאֵל בְּמַעֲמָדָם קוֹרִין אֶת הַהַלֵּל. וְעַתָּה בַּעֲוֹנוֹתֵינוּ חָרֵב בֵּית הַמִּקְדָּשׁ וּבָטֵל קָרְבַּן הַפֶּסַח, וְאֵין לָנוּ לֹא כֹּהֵן בַּעֲבוֹדָתוֹ וְלֹא לֵוִי בְּדוּכָנוֹ, וְלֹא יִשְׂרָאֵל בְּמַעֲמָדוֹ. וְאַתָּה אָמַרְתָּ: וּנְשַׁלְּמָה פָרִים שְׂפָתֵינוּ, לָכֵן יְהִי רָצוֹן מִלְּפָנֶיךָ יְיָ אֱלֹהֵינוּ וֵאלֹהֵי אֲבוֹתֵינוּ, שֶׁיְּהֵא שִׂיחַ שִׂפְתוֹתֵינוּ חָשׁוּב וּמְקֻבָּל לְפָנֶיךָ כְּאִלּוּ הִקְרַבְנוּ אֶת קָרְבַּן הַפֶּסַח בְּמוֹעֲדוֹ וְעָמַדְנוּ עַל מַעֲמָדוֹ, וְדִבְּרוּ הַלְוִיִּם בְּשִׁיר וְהַלֵּל לְהוֹדוֹת לַייָ, וְאַתָּה תְּכוֹנֵן מִקְדָּשְׁךָ עַל מְכוֹנוֹ וְנַקְרִיב לְפָנֶיךָ אֶת הַפֶּסַח בְּמוֹעֲדוֹ, כְּמוֹ שֶׁכָּתַבְתָּ עָלֵינוּ בְּתוֹרָתֶךָ עַל יְדֵי מֹשֶׁה עַבְדֶּךָ כָּאָמוּר:

The Questions Asked

Why is there a מנהג to read and learn the laws of the קרבן פסח if they are not pertaining today?

1) The גמרא says whoever learns the פרשה of a קרבן is as if he brought that קרבן in the בית המקדש. Therefore, the שולחן ערוך says any time a

RECITAL OF THE KORBAN PESACH

After Minchah, *many customarily recite the following passages that describe the* קרבן פסח – Pesach *offering:*

Master of the universe, You commanded us to bring the פסח offering at its set time, on the fourteenth day of the first month; and that the כהנים be at their assigned service, the לוים on their platform, and the Israelites at their station reciting the הלל. Now, because of our sins, the בית המקדש is destroyed, the Pesach offering is discontinued, and we have neither Kohen at his service, not Levite on his platform, not Israelite at his station. So we are unable to bring the Pesach offering today. But You said: "Let our lips compensate for the offerings" – therefore, may it be Your will, Hashem, our God and the God of our forefathers, that the prayer of our lips be considered by You as if we had brought the Pesach offering at its set time, had stood at its station, and the Levites had uttered song and Hallel, to thank Hashem. And may You establish Your sanctuary on its site, that we may ascend and bring the Pesach offering before You at its set time – as You have prescribed for us in Your Torah, through Moshe, Your servant.

And Hashem said to Moshe and Aharon in the land of Egypt, saying: This month shall be for you the beginning of the months, it shall be for you the first of the months of the year. Speak to the entire assembly of Israel saying: On the tenth of this month, they shall take for themselves – each man – a lamb or kid for each fathers' house, a lamb or kid for the household. If the household will be too small for a lamb or kid, then he and his neighbor who is near his house shall take according to the number of people; everyone according to what he eats shall be counted. An unblemished lamb or kid, a male, within its first year shall it be for you; from the sheep or goats shall you take it. It shall be under your examination until the fourteenth day of

───────────── **The Questions Asked** ─────────────

person is obligated to bring a קרבן he should learn about that קרבן.

(שו״ע סי׳ א׳ — סדר היום)

וַיֹּאמֶר יְיָ אֶל מֹשֶׁה וְאֶל אַהֲרֹן בְּאֶרֶץ מִצְרַיִם לֵאמֹר: הַחֹדֶשׁ הַזֶּה לָכֶם רֹאשׁ חֳדָשִׁים. רִאשׁוֹן הוּא לָכֶם לְחָדְשֵׁי הַשָּׁנָה: דַּבְּרוּ אֶל כָּל עֲדַת יִשְׂרָאֵל לֵאמֹר בֶּעָשֹׂר לַחֹדֶשׁ הַזֶּה. וְיִקְחוּ לָהֶם אִישׁ שֶׂה לְבֵית אָבֹת שֶׂה לַבָּיִת: וְאִם יִמְעַט הַבַּיִת מִהְיוֹת מִשֶּׂה וְלָקַח הוּא וּשְׁכֵנוֹ הַקָּרֹב אֶל בֵּיתוֹ בְּמִכְסַת נְפָשֹׁת. אִישׁ לְפִי אָכְלוֹ תָּכֹסּוּ עַל הַשֶּׂה: שֶׂה תָמִים זָכָר בֶּן שָׁנָה יִהְיֶה לָכֶם. מִן הַכְּבָשִׂים וּמִן הָעִזִּים תִּקָּחוּ: וְהָיָה לָכֶם לְמִשְׁמֶרֶת עַד אַרְבָּעָה עָשָׂר יוֹם לַחֹדֶשׁ הַזֶּה. וְשָׁחֲטוּ אֹתוֹ כֹּל קְהַל עֲדַת יִשְׂרָאֵל בֵּין הָעַרְבָּיִם: וְלָקְחוּ מִן הַדָּם וְנָתְנוּ עַל שְׁתֵּי הַמְּזוּזֹת וְעַל הַמַּשְׁקוֹף. עַל הַבָּתִּים אֲשֶׁר יֹאכְלוּ אֹתוֹ בָּהֶם: וְאָכְלוּ אֶת הַבָּשָׂר בַּלַּיְלָה הַזֶּה. צְלִי אֵשׁ וּמַצּוֹת עַל מְרֹרִים יֹאכְלֻהוּ: אַל תֹּאכְלוּ מִמֶּנּוּ נָא וּבָשֵׁל מְבֻשָּׁל בַּמָּיִם. כִּי אִם צְלִי אֵשׁ רֹאשׁוֹ עַל כְּרָעָיו וְעַל קִרְבּוֹ: וְלֹא תוֹתִירוּ מִמֶּנּוּ עַד בֹּקֶר. וְהַנֹּתָר מִמֶּנּוּ עַד בֹּקֶר בָּאֵשׁ תִּשְׂרֹפוּ: וְכָכָה תֹּאכְלוּ אֹתוֹ מָתְנֵיכֶם חֲגֻרִים נַעֲלֵיכֶם בְּרַגְלֵיכֶם וּמַקֶּלְכֶם בְּיֶדְכֶם. וַאֲכַלְתֶּם אֹתוֹ בְּחִפָּזוֹן פֶּסַח הוּא לַייָ:

וּבְכֵן כָּךְ הָיָה סֵדֶר עֲבוֹדַת קָרְבַּן פֶּסַח בְּבֵית אֱלֹהֵינוּ. בְּיוֹם אַרְבָּעָה עָשָׂר אַחַר חֲצוֹת שׁוֹחֲטִים תָּמִיד שֶׁל בֵּין הָעַרְבַּיִם וְהַקְטָרַת קְטֹרֶת, וְאַחַר הֲטָבַת הַנֵּרוֹת שֶׁל בֵּין הָעַרְבַּיִם הֵבִיאוּ מִן הַכְּבָשִׂים אוֹ מִן הָעִזִּים זָכָר בֶּן שָׁנָה לְקָרְבַּן פֶּסַח. הַפֶּסַח

this month; the entire congregation of the assembly of Israel shall slaughter it in the afternoon. They shall take some of its blood and place it on the two doorposts and on the lintel of the houses in which they will eat it. They shall eat the meat on that night – roasted over the fire – and matzos; with bitter herbs shall they eat it. You shall not eat it partially roasted or cooked in water; only roasted over fire – its head, its legs, with its innards. You shall not leave over any of it until morning; what is left until morning you shall burn in the fire. So shall you eat it: your loins girded, your shoes on your feet, and your staff in your hand; you shall eat it in haste – it is a Pesach offering to Hashem. (Shemot 12:1-11)

This was the service of the Pesach offering on the fourteenth of Nisan: It may not be slaughtered until after the afternoon תמיד – *tomid* offering. On the eve of Pesach, whether on a weekday or on Shabbos, the *tomid* offering would be slaughtered at seven and a half hours [after daybreak], and offered at eight and a half hours. When *erev* Pesach is on Friday, they would slaughter the *tomid* at six and a half hours, and offer it at seven and a half hours. The Pesach offering is always slaughtered after the *tomid*. Every Jew, male or female, whoever is able to reach Yerushalayim in time to slaughter the Pesach, is obligated to bring the Pesach offering. It may be brought from sheep or from goats, an unblemished male in its first year. It may be slaughtered anywhere in the Temple Courtyard, after the completion of the afternoon *tomid* offering, and after the kindling of the Menorah. The פסח may not be slaughtered, nor its blood thrown [onto the Altar], nor its fats burnt [on the Altar], if chometz is in the possession of those bringing the קרבן. Someone would slaughter the animal and the Kohen at the head of the line [closest to the animal] would receive its blood in a sanctified vessel and

---

The Questions Asked

2) The גמרא says if a person wants to do a מצוה, and something comes up preventing him from doing it, השי"ת considers it as if he did the מצוה. By reading the הלכות of קרבן פסח, feeling the pain of not having קרבנות today and yearning to bring the קרבן פסח in the בית המקדש, it is considered as if we brought it. (סדר היום — אבן ישפה)

נִשְׁחָט בְּשָׁלֹשׁ כִּתּוֹת שֶׁנֶּאֱמַר וְשָׁחֲטוּ אוֹתוֹ כֹּל קְהַל עֲדַת יִשְׂרָאֵל. וְשׁוֹחֲטִים אוֹתוֹ בְּכָל מָקוֹם בָּעֲזָרָה, וּשְׁחִיטָה כְּשֵׁרָה בְּיִשְׂרָאֵל. נִכְנְסָה כַּת רִאשׁוֹנָה עַד שֶׁתִּתְמַלֵּא הָעֲזָרָה וְנוֹעֲלִים דַּלְתוֹת הָעֲזָרָה, וּמַתְחִילִים לִשְׁחֹט פִּסְחֵיהֶם, וְכָל זְמַן שֶׁהֵם שׁוֹחֲטִין וּמַקְרִיבִים קוֹרְאִים הַלְוִיִּם אֶת הַהַלֵּל בְּשִׁיר וְיִשְׂרָאֵל עוֹנִים רָאשֵׁי פְּרָקִים. אִם גָּמְרוּ לָשִׁיר וַעֲדַיִן לֹא הִשְׁלִימָה הַכַּת לְהַקְרִיב שׁוֹנִים אֶת הַהַלֵּל, וְאִם לֹא הִשְׁלִימוּ מְשַׁלְּשִׁים אֶת הַהַלֵּל, וּמֵעוֹלָם לֹא שִׁלְּשׁוּ. עַל כָּל קְרִיאָה וּקְרִיאָה תּוֹקְעִים שָׁלֹשׁ תְּקִיעוֹת בַּחֲצוֹצְרוֹת, תְּקִיעָה תְּרוּעָה וּתְקִיעָה, וְהַכֹּהֲנִים עוֹמְדִים שׁוּרוֹת שׁוּרוֹת וּבִידֵיהֶם בְּזִיכִים שֶׁל כֶּסֶף וּבְזִיכִים שֶׁל זָהָב, שׁוּרָה שֶׁכֻּלָּהּ כֶּסֶף - כֶּסֶף, וְשׁוּרָה שֶׁכֻּלָּהּ זָהָב - זָהָב, וְלֹא הָיוּ מְעֹרָבִים, כְּדֵי שֶׁיְּהֵא לָהֶם נוֹי. שָׁחַט הַשּׁוֹחֵט וְקִבֵּל הַכֹּהֵן אֶת הַדָּם מִצַּוָּאר הַטָּלֶה בְּבָזִיךְ, וְנוֹתְנוֹ לַחֲבֵרוֹ שֶׁבְּרֹאשׁ הַשּׁוּרָה, וַחֲבֵרוֹ לַחֲבֵרוֹ, (כְּדֵי שֶׁיִּתְעַסְּקוּ רַבִּים בַּמִּצְוָה), עַד שֶׁמַּגִּיעַ הַדָּם אֵצֶל הַכֹּהֵן הַקָּרוֹב לַמִּזְבֵּחַ שׁוֹפְכוֹ שְׁפִיכָה אַחַת כְּנֶגֶד הַיְסוֹד, וּמְקַבֵּל הַמָּלֵא וּמַחֲזִיר הָרֵיקָם לַחֲבֵרוֹ, וַחֲבֵרוֹ לַחֲבֵרוֹ, מְקַבֵּל הַמָּלֵא תְּחִלָּה וְאַחַר כָּךְ מַחֲזִיר הָרֵיקָם:

וְאַחַר כָּךְ תּוֹלִים הַבְּעָלִים אֶת הַפֶּסַח וּמַפְשִׁיטִים אוֹתוֹ, וְקוֹרְעוֹ וּמְמַחֶה אֶת קְרָבָיו עַד שֶׁיֵּצֵא הַפֶּרֶשׁ, וּמוֹצִיא אֶת

pass it to his colleague, and he to his colleague. The Kohen closest to the Altar would throw it, once at the base [of the Altar], then return the vessel to his colleague, and he to his colleague. He would first accept the full one, then return the empty one. The Kohanim would stand in lines, holding either silver or golden vessels. But they would not mix [two types of vessels in one line]. The vessels did not have flat bottoms, lest one would put down a vessel, thus causing the blood to congeal.

Following this, they would suspend the Pesach from hooks. They would skin it completely, tear open its stomach and remove the organs ordained for the Altar – the suet covering the stomach, the diaphragm with the liver, the two kidneys and the suet upon them, and in the case of a lamb, the tail opposite the kidneys. They would place them in a sanctified vessel and salt them, then a Kohen would burn them on the Altar fire. The portions of each offering would be placed on the fire separately. On a weekday, this would be done by day and not at night when the festival had already begun. But when *erev* Pesach is Shabbos, they would burn the organs during the entire night. They would remove the innards and squeeze them until all their wastes were removed. Slaughtering it, throwing its blood, squeezing out its innards, and burning its fats are done even on Shabbos; but its other requirements do not supersede Shabbos.

The Pesach is slaughtered in three groups, no group may comprise less than thirty men. The first entered, filling the courtyard; then they closed the gates. As they slaughtered and offered [the Pesach], the Kohanim would blow

━━━━━━━━━━━━━━━━━━ **The Questions Asked** ━━━━━━━━━━━━━━━━━━

❧ **W**hen is the proper time to read the laws of קרבן פסח?

1) The קרבן פסח was brought after the afternoon קרבן התמיד. The גמרא tells us that תפילת מנחה is in the place of קרבן התמיד. Therefore, the learning of the קרבן פסח which is in the place of the קרבן should be said after תפילת מנחה. (סדר היום)

הָאֵמוּרִין, הַחֵלֶב שֶׁעַל הַקֶּרֶב וְיוֹתֶרֶת הַכָּבֵד וּשְׁתֵּי הַכְּלָיוֹת וְהַחֵלֶב שֶׁעֲלֵיהֶם וְהָאַלְיָה לְעֻמַּת הֶעָצֶה, וְנוֹתְנָם בִּכְלֵי שָׁרֵת וּמוֹלְחָם, וּמַקְטִירָהּ הַכֹּהֵן עַל גַּבֵּי הַמִּזְבֵּחַ. שָׁלְמוּ מִלְּהַקְרִיב, פּוֹתְחִים דַּלְתוֹת הָעֲזָרָה וְיוֹצֵאת כַּת רִאשׁוֹנָה וְנִכְנֶסֶת כַּת שְׁנִיָּה, וְנוֹעֲלִים דַּלְתוֹת הָעֲזָרָה, יָצְאָה כַּת שְׁנִיָּה נִכְנֶסֶת כַּת שְׁלִישִׁית, כְּמַעֲשֵׂה כַּת רִאשׁוֹנָה כֵּן מַעֲשֵׂה כַּת שְׁנִיָּה וּשְׁלִישִׁית:

אם חל ערב פסח בשבת יאמר:

וּכְשֶׁחָל אַרְבָּעָה עָשָׂר לִהְיוֹת בְּשַׁבָּת שְׁחִיטָתוֹ וּזְרִיקַת דָּמוֹ וּמִחוּי קְרָבָיו וְהֶקְטֵר חֲלָבָיו דּוֹחִין אֶת הַשַּׁבָּת, שֶׁנֶּאֱמַר בּוֹ בְּמוֹעֲדוֹ, אֲבָל שְׁאָר עִנְיָנָיו אֵינָם דּוֹחִים אֶת הַשַּׁבָּת, וְכֵן צְלִיָּתוֹ וַהֲדָחַת קְרָבָיו אֵינָם דּוֹחִים אֶת הַשַּׁבָּת, שֶׁהֲרֵי אֶפְשָׁר לַעֲשׂוֹתָן לְאַחַר הַשַּׁבָּת, וְאֵין מוֹלִיכִים אֶת הַפֶּסַח לְבֵיתוֹ בְּשַׁבָּת, אֶלָּא כַּת רִאשׁוֹנָה יוֹצְאִים עִם פִּסְחֵיהֶם וּמִתְעַכְּבִים בְּהַר הַבַּיִת. וְכַת שְׁנִיָּה יוֹצְאִים בְּפִסְחֵיהֶן וְיוֹשְׁבִים בַּחֵיל (בֵּין הַסּוֹרֵג לְעֶזְרַת נָשִׁים), כַּת שְׁלִישִׁית עוֹמְדִים בִּמְקוֹמָם בָּעֲזָרָה, וְשׁוֹהִין הַכֹּל עַד מוֹצָאֵי שַׁבָּת. חָשְׁכָה, יָצְאוּ הַכֹּל וְצָלוּ פִּסְחֵיהֶם. (ע״כ כשחל י״ד בשבת):

לְאַחַר שֶׁיָּצְאוּ כֻּלָּם מְדִיחִים אֶת הָעֲזָרָה מִפְּנֵי לִכְלוּךְ הַדָּם שֶׁהָיָה בָהּ, וְכֵיצַד מְדִיחִים אוֹתָהּ? אַמַּת הַמַּיִם (נחל קטן)

the shofar, the flute would play before the Altar, and they would recite Hallel. If they completed the Hallel before all had brought their offerings, they repeated it. If they completed Hallel a second time, they would recite it a third time. For each recitation, they blew a *tekiah, teruah, tekiah*. When the first group was done offering, they opened the Courtyard gates. The first group left, the second group entered, and the Courtyard gates were closed. When they were done, the second group left and the third group entered. Like the procedure of the first, so was the procedure of the second and third.

After all three groups had left, the Kohanim would wash the courtyard of the blood, even on Shabbos. A channel of water passed through the Courtyard. When they wished to wash the floor, they would block the outlet, causing the water to overflow and gather all the bloods and other waste matter in the Courtyard. Then they would remove the blockage and the water with the waste would run out. Thus, the floor would be clean and the Temple would be honored.

Each person left with his Pesach and roasted it. In what manner was it roasted? They would bring a pomegranate wood spit, thrust it through its mouth to its anus and suspend it inside the oven with the fire below it. Its legs and innards were suspended outside.

On Shabbos they would not carry the Pesach to their homes. Rather, the first group would leave the courtyard with their Pesach offerings and remain on the Temple Mount. The second group would go out and remain within the Cheil [a ten-cubit-wide area, just outside the courtyard walls]. The third group would remain where they were. After Shabbos, they would leave and roast their Pesach offerings.

When they would bring the Pesach offering, they would bring with it a peace-offering, either from the cattle herd or from the flock, old or young, male or female. This is called "the festive offering of the fourteenth."

The Questions Asked

2) The אפיקומן is a זכר to the eating of the קרבן פסח. Therefore, some learn about the קרבן פסח by שולחן עורך before eating the אפיקומן. (חת״ס)

מְהַלֶּכֶת בָּעֲזָרָה, וּכְשֶׁהֵן רוֹצִין לְהָדִיחַ הָעֲזָרָה פּוֹקְקִים (סותמים) אֶת נֶקֶב יְצִיאָתָהּ, וְהַמַּיִם פּוֹשְׁטִים וְהוֹלְכִים עַל גְּדוֹתֵיהֶם וּמַדִּיחִים אֶת כָּל הָעֲזָרָה, שֶׁרִצְפָּה שֶׁל שַׁיִשׁ הָיְתָה כֻּלָּהּ, וְהַמַּיִם מְקַבְּצִים כָּל דָּם וְכָל לִכְלוּךְ בָּעֲזָרָה, וְאַחַר כָּךְ פּוֹתְחִים הַנֶּקֶב וְהַכֹּל יוֹצֵא עַד שֶׁתִּשָּׁאֵר הָרִצְפָּה נְקִיָּה וּמְשֻׁפָּה, וְזֶהוּ כְּבוֹד הַבַּיִת.

אַשְׁרֵי הָעָם שֶׁכָּכָה לּוֹ. אַשְׁרֵי הָעָם שֶׁיְיָ אֱלֹהָיו:

אֱלֹהֵינוּ וֵאלֹהֵי אֲבוֹתֵינוּ, מֶלֶךְ רַחֲמָן רַחֵם עָלֵינוּ, טוֹב וּמֵטִיב הִדָּרֶשׁ לָנוּ, שׁוּבָה עָלֵינוּ בַּהֲמוֹן רַחֲמֶיךָ בִּגְלַל אָבוֹת שֶׁעָשׂוּ רְצוֹנֶךָ, בְּנֵה בֵיתְךָ כְּבַתְּחִלָּה, כּוֹנֵן בֵּית מִקְדָּשְׁךָ עַל מְכוֹנוֹ, הַרְאֵנוּ בְּבִנְיָנוֹ, שַׂמְּחֵנוּ בְּתִקּוּנוֹ, וְהָשֵׁב שְׁכִינָתְךָ לְתוֹכוֹ, וְהָשֵׁב כֹּהֲנִים לַעֲבוֹדָתָם, וּלְוִיִּם לְשִׁירָם וּלְזִמְרָם, וְהָשֵׁב יִשְׂרָאֵל לִנְוֵיהֶם, וְשָׁם נַעֲלֶה וְנֵרָאֶה וְנַעֲשֶׂה קָרְבַּן הַתָּמִיד וְקָרְבַּן הַפֶּסַח בְּמוֹעֲדוֹ, וְנֹאכַל שָׁם מִן הַזְּבָחִים וּמִן הַפְּסָחִים אֲשֶׁר יַגִּיעַ דָּמָן עַל קִיר מִזְבַּחֲךָ לְרָצוֹן, וְנוֹדֶה לְךָ שִׁיר חָדָשׁ עַל גְּאֻלָּתֵנוּ וְעַל פְּדוּת נַפְשֵׁנוּ. יִהְיוּ לְרָצוֹן אִמְרֵי פִי וְהֶגְיוֹן לִבִּי לְפָנֶיךָ. יְיָ צוּרִי וְגֹאֲלִי:

Regarding this the Torah states: And you shall slaughter the Pesach offering to Hashem, your God, from the flock and cattle. Yet the Torah did not establish this as an obligation, but only as a voluntary offering. Nevertheless, it was made obligatory by the Rabbis, in order that the Pesach offering be eaten in satiety. When may the festive-offering be brought with it? When it is brought on a weekday, in purity and there is not enough meat for all the people included in this *korban*. It may be eaten for two days and the night, its laws being the same as the laws of other peace-offerings. It requires *semichah*, libations, two Altar applications of blood that are equivalent to four and pouring the remainder of the blood at the Altar's base.

This is the order of the Pesach offering and the festive-offering brought with it in the Temple of our God – may it be rebuilt speedily, in our days – Amen.

Praiseworthy is the people for whom this is so; praiseworthy is the people whose God is Hashem.

Our God and the God of our forefathers, O merciful King, have mercy on us; O good and beneficent One, let Yourself be sought out by us; return to us in Your yearning mercy in the sake of our forefathers who did Your will. Rebuild Your House as it was, and establish Your Sanctuary on its site; show us its rebuilding and gladden us in its establishment. Return Your Shechinah to it; restore the Kohanim to their service, the Levites to their son and music; and restore Israel to their dwellings. And there may we ascend and appear and prostrate ourselves before You on the three festivals. There we shall eat of the peace offerings and Pesach offerings whose blood will be applied to the sides of Your Altar for favorable acceptance. May the expressions of my mouth and the thoughts of my heart find favor before You, Hashem, my Strength and my Redeemer.

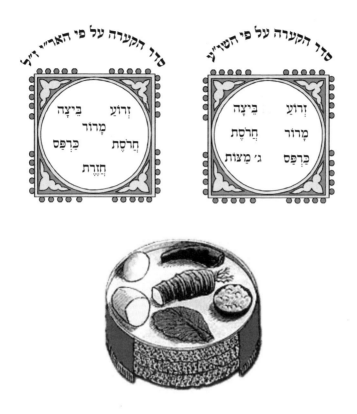

סדר הקערה על פי האר״י ז״ל
זְרוֹעַ
בֵּיצָה
מָרוֹר
חֲרֹסֶת
כַּרְפַּס
חֲזֶרֶת

סדר הקערה על פי השו״ע
זְרוֹעַ
בֵּיצָה
מָרוֹר
חֲרֹסֶת
כַּרְפַּס
ג׳ מַצּוֹת

The Questions Asked

*W*hy do we prepare all the items on the סדר table before we recite the הגדה?

The תורה says והגדת לבנך... בעבור זה עשה ה׳ לי בצאתי ממצרים, you should tell your son that because of the מצוה of פסח מצה ומרור, I was taken out of מצרים. Therefore חז״ל tell us that you must show your son the מצה and מרור when saying the הגדה.

Since we don't have a קרבן פסח today to show our children, therefore חז״ל told us to take two cooked foods, one as a זכר to the קרבן פסח and one as a זכר to the קרבן חגיגה which was offered before the קרבן פסח.

PREPARING THE SEDER PLATE (KE'ARAH)

Three Matzot are placed on top of each other on a plate or napkin and then covered.

On a cloth or plate placed above the three Matzot we place the following items:

The Shankbone   The Egg   The Bitter Herbs

The Mixture   The Vegetable

The Questions Asked

The חרוסת is a זכר to the bricks the בני ישראל had to make in מצרים. Therefore חז"ל said it should also be on the סדר table when we say the הגדה.

We bring the כרפס since we are going to use it right away. (שו"ע)

❧ **W**hat is the reason for the special order of the סדר plate?

Some set it up closer to you, according to the way you're going to use the items – first the כרפס, then the מרור followed by the two תבשילין. This way one will not have to pass over one מצוה to go to the next מצוה.

Most usually set up the קערה according to what the מינים correspond to in the קבלה. (שו"ע)

סדר

קַדֵּשׁ. וּרְחַץ. כַּרְפַּס. יַחַץ.
מַגִּיד. רָחְצָה. מוֹצִיא. מַצָּה.
מָרוֹר. כּוֹרֵךְ. שֻׁלְחָן עוֹרֵךְ.
צָפוּן. בָּרֵךְ. הַלֵּל. נִרְצָה.

סימנא מילתא היא בהני חמשה עשר מלות של הסדר קדש ורחץ וכו׳ כי נרמזו בו סודות גדולים ונפלאים מאוד וע״כ בעבודה זו יאמר גם הסימנים בפה מלא דהיינו קודם הקידוש יאמר בפה מלא (קדש) וקודם הרחיצה הראשונה יאמר (ורחץ), וכן כל הסדר עד נרצה ועד בכלל, ומי שהאיר לו ה׳ עיני שכלו ומעיין בכתבי האריז״ל יראה מגודל התיקונים הנוראים של כל הסדר ע״כ יזהר לומר לפני כל דבר ודבר של הסדר לשם יחוד וכו׳ ופסוק ויהי נועם (ומקור הדברים

The Questions Asked

Why is it called סדר?

The answer is: The word סדר means order. Everything we do tonight must be done in a special order, as the order of the entire סדר is explained in the שולחן ערוך. For example, if you drink all four cups of wine one after another, you are not יוצא. (אבן ישפה)

Why do we have these signs of קדש ורחץ וכו'?

As explained before, everything must be done in its proper order. Therefore רש"י wrote us the entire order, so we should not get confused.

Why are we reciting the הגדה and its explanations by asking questions?

The answer is: Because when the תורה tells us of the מצוה of סיפור יציאת מצרים, it tells it to us with the words והיה כי ישאלך בנך, "when your son will ask". This is why we teach the children מה נשתנה, because the מצוה is to answer their questions. Therefore, all the פירושים we say tonight are in a question and answer form. (חת"ס)

Why did the תורה want the מצוה to be in a question and answer form?

The explanation is, when a person is bothered by a question and you tell him the answer, he remembers it much better than if you told him the same idea as a statement. Since tonight we are giving over to our children the basic foundation of our אמונה, we want to

לומר בכל מצוה פסוק ויהי נועם הוא בזה"ק פ' יתרו) והעיקר שיכוין שבכל דבר הוא עושה נחת רוח ליוצרינו ובוראינו ית"ש ויעשה כל דבר בשמחה עצומה ורחמנא לבא בעי (יסוד ושורש העבודה). אין זמן שמחת השכינה כמו בליל פסח: (מסידור ר"ש)

אתקינו סעודתא דמלכא עילאה

דא היא סעודתא דקודשא בריך הוא ושכינתיה.

(מסידור יעב"ץ)

רבונו של עולם אתה יודע כי בשר אנחנו ולא בינת אדם לנו ואין אתנו יודע עד מה, לכן יהי רצון מלפניך יי אלהינו ואלהי אבותינו שיעלה ויבוא ויראה וירצה לנחת רוח לפניך, כל המצוות הנעשים בלילה הזאת על ידינו, לתקן כל אשר פגמנו בעולמות העליונים ולתקן כל הנצוצות שנפלו תוך הקליפות, ולגרום שפע וברכה רבה בכל העולמות, ואל יעכב שום חטא ועון והרהור רע את מעשה המצוות האלה, ויהי רצון מלפניך יי אלהינו ואלהי אבותינו שתצרף מחשבותינו זאת הפשוטה עם כוונת בניך ידידיך היודעים ומכוונים כל שמותיך הקדושים והנוראים, וכל כוונות וזיווגי מדות העליונות הנעשים על ידי מצוות האלה: ויהי נועם אדני אלהינו עלינו ומעשה ידינו כוננה עלינו ומעשה ידינו כוננהו, יהיו לרצון אמרי פי והגיון לבי לפניך יי צורי וגואלי:

The person leading the סדר *should not fill his own* כוס, *rather as a sign of* חירות – *freedom, he is waited upon by others during the entire* סדר. *In many houses every participant's* כוס *is filled up by another person. The* כוס *should be picked up with both hands and placed in the right hand at least a* טפח *(4 inches) above the table. Each* כוס *should contain a minimum of 86 grams (3 oz.). Everyone must drink at least a little bit more than half the* כוס (רוב כוס), *however preferably the entire* כוס *should be drunk. The* כוס *should be drunk* מסובין – *meaning reclining on the left side – to symbolize* חירות, *as was the custom in those times. The* הלכה *of* מסובין *applies to the* מצות *of* מצה *and* כורך *as well. Today since it is not the custom to eat* מסובין, *therefore the* שולחן ערוך *says ladies rely on the authorities who say today we do not have to eat or drink leaning. By the* ספרדים *the* מנהג *is that* נשים *are* מיסב. *All the above* הלכות *apply to all four* כוסות. *When reciting the* ברכת "שהחיינו" *one should have in mind the* יום טוב *and all the* מצות *of the* ליל סדר. *The woman who lit the candles and said the* "שהחיינו" *by lighting* נרות יום טוב, *should not say the* ברכת "שהחיינו" *again by* קידוש.

─────────── **The Questions Asked** ───────────

make sure it will have a lasting impression on them, therefore we say it in a question and answer form. (חת"ס)

✤ **W**hy are we בשמחה tonight if we are still in גלות?

1) True, we are in גלות אדום, which is the longest and worst of all the previous גליות. However, this is only גלות of the גוף. In מצרים, even our נשמות were in גלות. The בני ישראל served עבודה זרה, and they couldn't elevate themselves to a level of קדושה. However, today after מתן תורה, only the body is in גלות, not the נשמה. (ע"פ מדרש החידוש)

2) Tonight we are not merely celebrating something that happened

קדש

נוהגין (בני אשכנז) כשבעל הבית בא מבית הכנסת נוהגין ללבוש הקיטל בשעת עשיית הסדר וימהר לקדש כדי שלא ישנו התינוקות.

When the father comes home from shul, he puts on the קיטל *(the* ספרדים *do not wear a* קיטל*) and rushes to say the* קידוש *so that the young children should not fall asleep.*

הִנְנִי מוּכָן וּמְזוּמָּן לְקַיֵּם מִצְוַת קִידּוּשׁ וְכוֹס רִאשׁוֹן מֵאַרְבַּע כּוֹסוֹת [שהוא כנגד בשורת הישועה שאמר הקב"ה לישראל והוצאתי אתכם מתחת סבלות מצרים, שהוא כנגד אות י' של שם הוי"ה ב"ה שהוא קודש הנקרא חכמה ושהוא כנגד רוח שטות לבטל אותו]: לְשֵׁם יִחוּד קוּדְשָׁא בְּרִיךְ הוּא וּשְׁכִינְתֵּיהּ בִּדְחִילוּ וּרְחִימוּ לְיַחֵד שֵׁם י"ה בו"ה בְּיִחוּדָא שְׁלִים עַל יְדֵי הַהוּא טָמִיר וְנֶעְלָם בְּשֵׁם כָּל-יִשְׂרָאֵל. וִיהִי נֹעַם יְיָ אֱלֹהֵינוּ עָלֵינוּ, וּמַעֲשֵׂה יָדֵינוּ כּוֹנְנָה עָלֵינוּ, וּמַעֲשֵׂה יָדֵינוּ כּוֹנְנֵהוּ:

נוסח הקידוש לפי מנהג הספרדים נמצא להלן בעמוד 32.

The version of קידוש *according to the* מנהג *of the* ספרדים *is found on page 32.*

(לשבת וַיְהִי עֶרֶב וַיְהִי בֹקֶר

יוֹם הַשִּׁשִּׁי, וַיְכֻלּוּ הַשָּׁמַיִם וְהָאָרֶץ וְכָל-צְבָאָם: וַיְכַל אֱלֹהִים בַּיּוֹם הַשְּׁבִיעִי, מְלַאכְתּוֹ אֲשֶׁר

KADESH / KIDDUSH

> *The first cup of wine is poured and the Kiddush is recited.*
> *When the festival occurs on Shabbat, say first "The sixth day".*

The sixth day. And the heavens and the earth and all their hosts

───────────── **The Questions Asked** ─────────────

many years ago – we actually relive it. The מצוה is to feel as if we are going out of מצרים. (תורת אבות)

✦ **W**hy do some have a מנהג to wear a white קיטל?

1) A white robe is a sign of מלכות as we see in the verse לבושיה כתלג חיוור that ה' wears a white robe. Since tonight we are acting as בני מלכים, we put on princely clothes. (בית אברהם)

2) Since ה' has chosen us as His nation, and called us בני בכורי (My eldest and superior child), we wear clothes similar to our Father to represent that we are His children. The color white symbolizes pureness. Just as black is a mixture of colors, white is the absence of color, which is why השי״ת כביכול wears white clothes. (בית אברהם)

3) Tonight, when we act like kings to show our freedom, we are afraid we might come to גאוה, so we put on the קיטל which is the בגד of a מת ר״ל. This reminds us of what happens to every person and we will not come to גאוה. (שו״ע)

✦ **W**hy do we say הנני מוכן ומזומן?

1) Since we hold מצות צריכות כוונה, it is best to say clearly you want

עָשָׂה, וַיִּשְׁבֹּת בַּיּוֹם הַשְּׁבִיעִי, מִכָּל-מְלַאכְתּוֹ אֲשֶׁר עָשָׂה: וַיְבָרֶךְ אֱלֹהִים אֶת-יוֹם הַשְּׁבִיעִי, וַיְקַדֵּשׁ אֹתוֹ, כִּי בוֹ שָׁבַת מִכָּל-מְלַאכְתּוֹ, אֲשֶׁר-בָּרָא אֱלֹהִים לַעֲשׂוֹת:)

סַבְרִי מָרָנָן וְרַבָּנָן וְרַבּוֹתַי:

בָּרוּךְ אַתָּה יְיָ, אֱלֹהֵינוּ מֶלֶךְ הָעוֹלָם, בּוֹרֵא פְּרִי הַגָּפֶן:

בָּרוּךְ אַתָּה יְיָ, אֱלֹהֵינוּ מֶלֶךְ הָעוֹלָם, אֲשֶׁר בָּחַר בָּנוּ מִכָּל-עָם, וְרוֹמְמָנוּ מִכָּל-לָשׁוֹן, וְקִדְּשָׁנוּ בְּמִצְוֹתָיו, וַתִּתֶּן-לָנוּ יְיָ אֱלֹהֵינוּ בְּאַהֲבָה (לשבת שַׁבָּתוֹת לִמְנוּחָה וּ)**מוֹעֲדִים לְשִׂמְחָה, חַגִּים וּזְמַנִּים לְשָׂשׂוֹן אֶת-יוֹם** (לשבת הַשַּׁבָּת הַזֶּה וְאֶת-יוֹם) **חַג הַמַּצּוֹת הַזֶּה. זְמַן חֵרוּתֵנוּ,** (לשבת בְּאַהֲבָה,)

were completed. And on the seventh day God finished His work which He had made, and He rested on the seventh day from all His work which He had made. And God blessed the seventh day and made it holy, for on it He rested from all His work which God created to make.

> *When the festival begins on a weekday begin here:*

Attention Gentlemen.

Blessed are You, Lord, our God, King of the universe, who creates the fruit of the vine.

Blessed are You, God, our God, King of the universe, who has chosen us from among all people, and raised us above all tongues, and made us holy through His commandments. And You, God, our God, have given us in love (On Shabbat add: [Shabbaths for rest and]) festivals for happiness, feasts and festive seasons for rejoicing (On Shabbat add: [this Shabbat–day and]) the day of this Feast of Matzot and this Festival of holy convocation, the Season of our Freedom

The Questions Asked

to fulfill the מצוה (however, some decline to say the לשם יחוד addition which was arranged by the מקובלים). (שער התפלה)

2) Every time a person performs a מצוה he should prepare himself as a sign of חשיבות to the מצוה and it also brings an increased קדושה to the item of the מצוה and to the person. (שער התפלה)

מִקְרָא קֹדֶשׁ, זֵכֶר לִיצִיאַת מִצְרָיִם. כִּי בָנוּ בָחַרְתָּ וְאוֹתָנוּ קִדַּשְׁתָּ מִכָּל-הָעַמִּים.

(לשבת וְשַׁבָּת) וּמוֹעֲדֵי קָדְשֶׁךָ (לשבת בְּאַהֲבָה וּבְרָצוֹן) בְּשִׂמְחָה וּבְשָׂשׂוֹן הִנְחַלְתָּנוּ: בָּרוּךְ אַתָּה יְיָ, מְקַדֵּשׁ (לשבת הַשַּׁבָּת וְ)יִשְׂרָאֵל וְהַזְּמַנִּים:

כשחל יו״ט במוצאי שבת מוסיפים כאן ברכות הבדלה.

(בָּרוּךְ אַתָּה יְיָ, אֱלֹהֵינוּ מֶלֶךְ הָעוֹלָם, בּוֹרֵא מְאוֹרֵי הָאֵשׁ:

בָּרוּךְ אַתָּה יְיָ, אֱלֹהֵינוּ מֶלֶךְ הָעוֹלָם, הַמַּבְדִּיל בֵּין קֹדֶשׁ לְחֹל בֵּין אוֹר לְחֹשֶׁךְ, בֵּין יִשְׂרָאֵל לָעַמִּים, בֵּין יוֹם הַשְּׁבִיעִי לְשֵׁשֶׁת יְמֵי הַמַּעֲשֶׂה. בֵּין קְדֻשַּׁת שַׁבָּת לִקְדֻשַּׁת יוֹם טוֹב הִבְדַּלְתָּ. וְאֶת-יוֹם הַשְּׁבִיעִי מִשֵּׁשֶׁת יְמֵי הַמַּעֲשֶׂה קִדַּשְׁתָּ. הִבְדַּלְתָּ וְקִדַּשְׁתָּ אֶת-עַמְּךָ יִשְׂרָאֵל בִּקְדֻשָּׁתֶךָ. בָּרוּךְ אַתָּה יְיָ, הַמַּבְדִּיל בֵּין קֹדֶשׁ לְקֹדֶשׁ:)

בָּרוּךְ אַתָּה יְיָ, אֱלֹהֵינוּ מֶלֶךְ הָעוֹלָם, שֶׁהֶחֱיָנוּ וְקִיְּמָנוּ וְהִגִּיעָנוּ לַזְּמַן הַזֶּה:

שותים כוס ראשון בהסיבה על צד שמאל דרך חירות.

(On Shabbat add: [in love]), a holy convocation, commemorating the departure from Egypt. For You have chosen us and sanctified us from all the nations, and You have given us as a heritage Your holy (On Shabbat add: [Shabbat and]) Festivals (On Shabbat add: [in love and favor]), in happiness and joy. Blessed are You, God, who sanctifies (On Shabbat add: [the Shabbat and]) Israel and the festive seasons.

When the festival falls on Saturday night add the following:

(Blessed are You, God, our God, King of the universe, who creates the lights of fire.

Blessed are You, God, our God, King of the universe, who makes a distinction between sacred and profane, between light and darkness, between Israel and the nations, between the seventh day and the six work–days. You have made a distinction between the holiness of the Shabbat and the holiness of the festival, and You have sanctified the seventh day above the six work–days. You have set apart and made holy Your people Israel with Your holiness. Blessed are You, God, who makes a distinction between holy and holy.)

Blessed are You, God, our God, King of the universe, who has granted us life, sustained us, and enabled us to reach this occasion.

Drink the cup of wine while seated, reclining on the left side as a sign of freedom.

קידוש לפי נוסח הספרדים.

קידוש *according to the* מנהג *of the* ספרדים.

יוֹם הַשִּׁשִּׁי, וַיְכֻלּוּ הַשָּׁמַיִם וְהָאָרֶץ וְכָל-צְבָאָם: וַיְכַל אֱלֹהִים בַּיּוֹם הַשְּׁבִיעִי, מְלַאכְתּוֹ אֲשֶׁר עָשָׂה, וַיִּשְׁבֹּת בַּיּוֹם הַשְּׁבִיעִי, מִכָּל-מְלַאכְתּוֹ אֲשֶׁר עָשָׂה: וַיְבָרֶךְ אֱלֹהִים אֶת-יוֹם הַשְּׁבִיעִי, וַיְקַדֵּשׁ אֹתוֹ, כִּי בוֹ שָׁבַת מִכָּל-מְלַאכְתּוֹ, אֲשֶׁר-בָּרָא אֱלֹהִים לַעֲשׂוֹת:

אֵלֶּה מוֹעֲדֵי יְיָ מִקְרָאֵי קֹדֶשׁ אֲשֶׁר תִּקְרְאוּ אוֹתָם בְּמוֹעֲדָם:

סַבְרִי מָרָנָן: (ועונים) לְחַיִּים.

בָּרוּךְ אַתָּה יְיָ אֱלֹהֵינוּ מֶלֶךְ הָעוֹלָם בּוֹרֵא פְּרִי הַגֶּפֶן:

בָּרוּךְ אַתָּה יְיָ אֱלֹהֵינוּ מֶלֶךְ הָעוֹלָם אֲשֶׁר בָּחַר בָּנוּ מִכָּל עָם וְרוֹמְמָנוּ מִכָּל לָשׁוֹן וְקִדְּשָׁנוּ בְּמִצְוֹתָיו וַתִּתֶּן לָנוּ יְיָ אֱלֹהֵינוּ בְּאַהֲבָה (לשבת שַׁבָּתוֹת לִמְנוּחָה וּ)מוֹעֲדִים לְשִׂמְחָה חַגִּים וּזְמַנִּים לְשָׂשׂוֹן אֶת יוֹם (לשבת הַשַּׁבָּת הַזֶּה

וְאֶת-יוֹם) חַג הַמַּצּוֹת הַזֶּה וְאֶת יוֹם טוֹב מִקְרָא קֹדֶשׁ הַזֶּה זְמַן חֵרוּתֵנוּ (לשבת בְּאַהֲבָה,) מִקְרָא קֹדֶשׁ זֵכֶר לִיצִיאַת מִצְרָיִם. כִּי בָנוּ בָחַרְתָּ וְאוֹתָנוּ קִדַּשְׁתָּ מִכָּל הָעַמִּים. (לשבת וְשַׁבָּתוֹת וּ)מוֹעֲדֵי קָדְשֶׁךָ (לשבת בְּאַהֲבָה וּבְרָצוֹן) בְּשִׂמְחָה וּבְשָׂשׂוֹן הִנְחַלְתָּנוּ: בָּרוּךְ אַתָּה יְיָ מְקַדֵּשׁ (לשבת הַשַּׁבָּת וְ)יִשְׂרָאֵל וְהַזְּמַנִּים:

כשחל יו״ט במוצאי שבת מוסיפים כאן ברכות הבדלה.

(בָּרוּךְ אַתָּה יְיָ, אֱלֹהֵינוּ מֶלֶךְ הָעוֹלָם, בּוֹרֵא מְאוֹרֵי הָאֵשׁ:

בָּרוּךְ אַתָּה יְיָ, אֱלֹהֵינוּ מֶלֶךְ הָעוֹלָם, הַמַּבְדִּיל בֵּין קֹדֶשׁ לְחֹל בֵּין אוֹר לְחשֶׁךְ, בֵּין יִשְׂרָאֵל לָעַמִּים, בֵּין יוֹם הַשְּׁבִיעִי לְשֵׁשֶׁת יְמֵי הַמַּעֲשֶׂה. בֵּין קְדֻשַּׁת שַׁבָּת לִקְדֻשַּׁת יוֹם טוֹב הִבְדַּלְתָּ. וְאֶת-יוֹם הַשְּׁבִיעִי מִשֵּׁשֶׁת יְמֵי הַמַּעֲשֶׂה קִדַּשְׁתָּ. הִבְדַּלְתָּ וְקִדַּשְׁתָּ אֶת-עַמְּךָ יִשְׂרָאֵל בִּקְדֻשָּׁתֶךָ. בָּרוּךְ אַתָּה יְיָ, הַמַּבְדִּיל בֵּין קֹדֶשׁ לְקֹדֶשׁ:)

בָּרוּךְ אַתָּה יְיָ אֱלֹהֵינוּ מֶלֶךְ הָעוֹלָם שֶׁהֶחֱיָנוּ וְקִיְּמָנוּ וְהִגִּיעָנוּ לַזְּמַן הַזֶּה:

שותים כוס ראשון בהסיבה על צד שמאל דרך חירות.

Drink the cup of wine while seated, reclining on the left side as a sign of freedom.

ורחץ

קודם אכילת הכרפס מביאים מים ונוטלים ידים בלי ברכה. אצל בני ספרדים כולם נוטלים ידיהם ויש מחמירים שלא לדבר אחר הנטילה עד אחר אכילת כרפס.

We wash our hands without a ברכה*. (Many* אשכנזים *have a* מנהג *that only the* בעל הבית *washes his hands.) Many* ספרדים *do not speak until after eating the* כרפס*.*

כרפס

מטבילים פחות מכזית כרפס במי מלח ומברכים ומכוונים לפטור הברכה שעל המרור.

We dip less than a כזית *of the* כרפס *in saltwater and recite the* ברכה*. We have in mind to be* יוצא *with this* ברכה *the* מרור*.*

בָּרוּךְ אַתָּה יְיָ, אֱלֹהֵינוּ מֶלֶךְ הָעוֹלָם, בּוֹרֵא פְּרִי הָאֲדָמָה:

אוכלים את הכרפס בלי הסיבה.

The כרפס *is eaten without reclining, since it is in remembrance of the servitude and slavery, not the freedom.*

URCHATZ / WASHING THE HANDS

Wash hands without reciting the blessing.

KARPAS / DIPPING AND EATING A VEGETABLE

Take less than a kezayit *(the volume of one olive) of the karpas, dip it into salt–water or vinegar, and recite the following blessing:*

Blessed are You, Lord, our God, King of the universe, who creates the fruit of the earth.

When reciting this blessing have in mind that it is also for the bitter herbs (of maror and korech, to be eaten later on).

The Questions Asked

Why do we wash our hands now?

1) Just like a כהן before doing the עבודה in the בית המקדש must wash his hands, so, too, do we wash our hands before we start the סדר. (קידוש is not special for the סדר, rather part of every שבת and יום טוב.) (בית אברהם)

2) According to the הלכה, one must wash his hands before eating any food that has dipped in water and is still wet. During the year, many people rely on a היתר that the הלכה was only required when they had אפר פרה אדומה and people were טהורים. However, since the הגדה was compiled by the תנאים, they put in ורחץ as the actual הלכה is. (אבן ישפה)

3) In order that the children should ask why are we washing our

יחץ

עורך הסדר פורס את המצה האמצעית שבקערה לשני חלקים, חלק הגדול מטמינו להאפיקומן, וחלק הקטן מניחו בן שתי המצות.

בני סוריא נוהגים לבצוע המצה בצורת דל״ת וא״ו, והחלק גדול בצורת וא״ו והחלק הקטן בצורת דל״ת, ויכסנו תחת המפה זכר למה שנאמר משארתם צרורות בשמלתם על שכמם.

You break the middle מצה *in two, the larger part you put away for the* אפיקומן*, the smaller part you put back in its place.*

The Syrian מנהג *is to break the* מצה *into the shape of the letter "ו" (the larger half) and "ד" (the smaller half). It is wrapped in a cloth, placed on his shoulder, and he recites: "משארתם צרורות בשמלתם על שכמם". It is then passed around to all those assembled, who do likewise, and then it is given to one of the children.*

The Questions Asked

hands without a ברכה. We will explain to them, we were once like the גוים who wash up before eating but do not make a ברכה. (חתם סופר)

Why do we eat כרפס?

1) In order that the children should ask why are we eating vegetables before the main meal. Once they ask one question they will ask many more, and tonight we want the children to ask questions, as was explained before. (שו״ע)

2) כרפס is נוטריקון of ס׳ פרך, ס=60, which is a רמז to the 600,000 בני

YACHATZ / BREAKING THE MATZAH

Take the middle matzah and break it into two, one piece larger than the other. The larger piece is set aside to serve as afikoman. The smaller piece is put back, between the two matzot.

━━━━━━━━ **The Questions Asked** ━━━━━━━━

ישראל who worked עבודת פרך (very hard work). We dip it into saltwater to remember their tears. (שו"ע - אבן ישפה)

3) The reason why we dip the כרפס into saltwater is to remember that the 600,000 אידען who worked עבודת פרך, were afterwards זוכה to the great נס of קריעת ים-סוף. (חכמת חיים)

4) In מצרים the בני ישראל could not afford meat, so they ate vegetables from the fields where they worked. So too, we eat כרפס, as a זכר to what they ate. (חת"ס)

❧ **W**hy do we have to have in mind to be יוצא with the ברכה on the כרפס, the ברכה for the מרור as well?

1) Since some say that a ברכה is not recited on the מרור because it is bitter. (שו"ע)

2) Some are of the opinion that מרור eaten after the מצה is considered part of the סעודה, and therefore it is not necessary to say a ברכה on it. (שו"ע)

❧ **W**hy do we break the middle מצה?

1) Since tonight we must eat לחם עוני, we say the ברכה of מוציא מצה on a broken piece of מצה, like a poor person who doesn't have whole pieces of bread. (שו"ע) We want to say מגיד over the broken piece of

מגיד

יש נוהגים ללמד זוהר זה לעורר הלב למצות מגיד.

Many have a מנהג *to say this* זוהר *before starting* מגיד.

מצוה הוא לספר בשבח יציאת מצרים. שחוב על האדם לעולם
לספר בשבח הזה. כל אדם המספר ביציאת מצרים ושמח
בספור ההוא בשמחה, עתיד הוא לשמוח עם השכינה לעולם

The Questions Asked

מצה, since לחם עוני also means the מצה over which we answered the questions, therefore we break the מצה before מגיד. (ליקוטי טעמים)

2) The מצה holder has 3 pockets which usually say כהן, לוי and ישראל. We break the middle מצה which is a רמז to the לוים, to show that שבט לוי is not complete, meaning every person can join them. As the רמב"ם says (סוף הלכות שמיטה), if a person wants to learn and serve ה' just like שבט לוי did, ה' will help sustain him just like שבט לוי were supported by the מעשר of כלל ישראל. (אבן ישפה)

There is a מנהג to wrap up the אפיקומן and put it on top of your shoulder. What is the reason for this מנהג?

1) When the בני ישראל went out of מצרים they didn't have time to bake bread to eat in the desert. Therefore, they took the dough and put it on their shoulders in order that it should bake from the sun. As a זכר to this, we put the מצה on our shoulder. (אוה"ח הק')

MAGID / TELLING THE STORY OF THE EXODUS

We hold מצות צריכות כוונה which means, before you do a מצוה you must know what you are doing, and have in mind to be מקיים (fulfill) the מצוה. If you do not have this in mind you are not יוצא. Therefore, some פוסקים say you must now say, "I am now going to be מקיים the מצוה of סיפור יציאת מצרים." Ladies and children must also say the הגדה or be יוצא with listening to the בעל הבית. If they don't understand Hebrew he must explain it to them.

The Questions Asked

2) The מדרש tells us, that when the בני ישראל went out of מצרים, the מצוות of מצה and מרור were very חשוב to them. Therefore, they carried the leftover מצה and מרור on their shoulders rather than carrying the precious gems they took from מצרים. (מכילתא)

Why is there a מנהג to steal the אפיקומן?

1) In order that the children should stay awake for the entire סדר to give it back (children should stay up for most of the סדר). (חת"ס)

2) It says in the גמרא that a person shouldn't live on a farm without watch dogs to warn him when someone comes. On פסח night in מצרים, the dogs didn't bark, as the פסוק says לא יחרץ כלב לשונו. Therefore, it was possible to steal. To remind us of this נס, we steal the אפיקומן. (בית אברהם)

What is the רמז in the word הגדה?

1) The זוהר tells us that the שכינה comes tonight to listen to the סדר of בני ישראל. A רמז to this can be found in the ראשי תיבות of the words

הבא, שהוא גדולה מכל השמחות, שזה הוא אדם השמח באדונו, והקב״ה שמח בספור ההוא שלו. בה בשעה הקב״ה מקבץ את כל הפמליה שלו ואומר להם: ״לכו ושמעו ספור השבח שלי שמספרים בני ושמחים בגאולתי״.

אז מתקבצים כולם ובאים ומתחברים עם ישראל, ושומעים ספור השבח, ששמחים בשמחת גאולת אדונם. ובאים ומודים להקב״ה על כל אלו הנסים והגבורות, ומודים לו על עם הקדוש שיש לו בארץ ששמחים בשמחת הגאולה של אדונם. אז ניתוסף לו כוח וגבורה למעלה. וישראל בספור ההוא נותנים כוח לאדונם, כמלך שנוסף לו כוח וגבורה בעת שמשבחים גבורתו ומודים לו, והכל יראים מפניו ועולה כבודו על כולם, ומשום זה יש לשבח ולספר בספור הזה כמו שלמדנו.

כעין זה חוב הוא על האדם לספר תמיד לפני הקב״ה ולפרסם הנס בכל אלו הנסים שעשה. ואם תשאל למה הוא חוב לספר את הנסים, הלא הקב״ה יודע הכל, כל מה שהיה ויהיה לאחר מכן, ולמה הפרסום לפניו על מה שהוא עשה והוא יודע. אלא צריך האדם לפרסם הנס ולספר לפניו מכל מה שעשה משום שאלו המלים עולים למעלה, וכל הפמליה של מעלה מתקבצים ורואים אותם, ומודים לפני הקב״ה ועולה כבודו עליהם למעלה ולמטה. (תרגום הזוהר, פרשת בא)

The Questions Asked

הגדה של פסח, which is the גימטריא of 385, the same גימטריא as the word שכינה. (אבן ישפה)

The Questions Asked

---

2) The שו״ע says, you must translate the הגדה the way the ר״י from London did. The ראשי תיבות of הגדה של פסח is שפה which means language, to be מרמז that the הגדה must be said in the language you understand. (אבן ישפה)

❧ **W**hy don't we make a ברכה on the סיפור יציאת מצרים?

1) When a גוי wants to become a גר, he must immerse himself in a מקוה. He does not recite the ברכה before he goes to the מקוה since he is not yet חייב in the מצות, and therefore says the ברכה after he is טובל. Tonight, as well, we are supposed to feel as if we are becoming בני ישראל, and therefore don't make a ברכה before מגיד. (חת״ס)

2) A ברכה is not said on a מצוה that needs the participation of others, such as the מצוה of צדקה. Here, too, the מצוה is one person asking and another person answering. (שבח פסח)

3) We don't recite a ברכה on a מצוה that is based on feelings of the heart, like אהבה ויראת ה׳. Since tonight the מצוה is to feel as if we are coming out of מצרים, we therefore do not say a ברכה before being מקיים the מצוה. (מהר״ל)

❧ **W**hy is there a מצוה of saying סיפור יציאת מצרים, we all know the story?

1) The מצוה is not only saying it, but reliving it. We must say it with such חשק and התלהבות that the children will say it over to their children and so on, as the פסוק says: וּלְמַעַן תְּסַפֵּר בְּאָזְנֵי בִנְךָ וּבֶן בִּנְךָ. (מהר״ל – חת״ס)

2) Our אמונה is not based on what a single נביא told us. Rather it is

לשון ספר החינוך (מצוה כ"א)

לספר בענין יציאת מצרים בליל חמשה עשר בניסן כל אחד כפי צחות לשונו ולהלל ולשבח השם על כל הנסים שעשה לנו שם, שנאמר והגדת לבנך וגו', וכבר פירשו חכמים דמצות הגדה היא בליל חמשה עשר בניסן בשעת אכילת מצה. ומה שאמר הכתוב לבנך לאו דווקא בנו אלא אפילו עם כל בריה.

וענין המצוה שיזכור הנסים והענינים שאירעו לאבותינו ביציאת מצרים ואיך לקח האל יתברך נקמתינו מהן. ואפילו בינו לבין עצמו אם אין שם אחרים חייב להוציא הדברים מפיו, כדי שיתעורר לבו בדבר, כי בדבור יתעורר הלב.

משרשי מצוה זו מה שכתוב בקרבן הפסח. ואין מן התימה אם באו לנו מצות רבות על זה, מצות עשה ומצות לא תעשה. כי הוא יסוד גדול ועמוד חזק בתורתינו ובאמונתינו ועל כן אנו אומרים לעולם בברכותינו ובתפילותינו זכר ליציאת מצרים, לפי שהוא לנו אות ומופת גמור בחדוש העולם, וכי יש אלוה קדמון, חפץ ויכול, פועל כל הנמצאות הוא, ובידו לשנותם, כפי שיחפוץ בכל זמן מן הזמנים כמו שעשה במצרים ששינה טבעי העולם בשבילנו, ועשה לנו אותות מחודשים גדולים ועצומים, הלא זה משתק כל כופר בחדוש העולם ומקיים האמונה בידיעת השם, וכי השגחתו ויכלתו בכללים ובפרטים כולם, עכ"ל.

The Questions Asked

based on what 600,000 בני ישראל saw by יציאת מצרים and מתן תורה and gave it over to their children. Tonight is the time which the

Sefer Hachinuch

On the 15th night of the month of ניסן every person should talk about יציאת מצרים to the best of his ability. He should also praise and thank השי"ת for all the miracles He did for us in מצרים. The פסוק states: "You should tell your son that day, because of this השי"ת did for me all the miracles in מצרים." Our חכמים explained that the מצוה of the הגדה is the 15th night of ניסן while eating the מצה (and this is what the פסוק means by "because of this" - because of the מצוה of מצה). The חכמים also explain, that the מצוה of הגדה is not only to your son, but includes every person.

The מצוה is to remember the miracles and all that happened to our forefathers in מצרים, and how השי"ת took our revenge from them. If someone does not have a person to say the story to, he must verbally say it to himself, since by verbalizing the miracles, it will awaken the feelings of his heart.

The reason for this מצוה is so that we should never forget יציאת מצרים. The exodus of Egypt is a clear proof that the world was created and that there existed a God Who was before the creation of the world, Who wanted, is able to, and created everything that exists. He can also change any creation as He pleases whenever He wants. Just as He changed the nature of one world for our sake, and did for us awesome, great miracles that were never before witnessed by mankind. This will quiet all those who seek to deny the creation of the world, and support ones belief in God, that He observes and controls every major and minor event.

=========================== **The Questions Asked** ===========================

תורה designated that each person should give over the אמונה, the מסורה to their child. (יעב"ץ - חת"ס)

3) The מדרש tells us that when we say the story of יציאת מצרים, ה' tells the מלאכים to come listen to My children who are saying over with שמחה and gratefulness the ניסים that I did for them. Therefore, the מדרש tells us that a person should relate to his children not only

הִנְנִי מוּכָן וּמְזוּמָּן לְקַיֵּם מִצְוַת עֲשֵׂה לְסַפֵּר בִּיצִיאַת מִצְרַיִם, לְשֵׁם יִחוּד קוּדְשָׁא בְּרִיךְ הוּא וּשְׁכִינְתֵּיהּ, בִּדְחִילוּ וּרְחִימוּ לְיַחֵד שֵׁם י״ה בו״ה בְּיִחוּדָא שְׁלִים עַל יְדֵי הַהוּא טָמִיר וְנֶעְלָם בְּשֵׁם כָּל־יִשְׂרָאֵל. וִיהִי נֹעַם יְיָ אֱלֹהֵינוּ עָלֵינוּ, וּמַעֲשֵׂה יָדֵינוּ כּוֹנְנָה עָלֵינוּ, וּמַעֲשֵׂה יָדֵינוּ כּוֹנְנֵהוּ:

מגלים את המצות. ויש מגביהים גם את הקערה בעת אמירת הא לחמא עניא. וכן הוא מנהג בני ספרד.

We uncover the מצות *and start to say the* הגדה*. Many have a* מנהג *to also lift the* קערה *(*סדר *plate), as is the* מנהג *of* בני ספרד.

הָא לַחְמָא עַנְיָא דִּי אֲכָלוּ אַבְהָתָנָא בְּאַרְעָא דְמִצְרָיִם. כָּל דִּכְפִין יֵיתֵי וְיֵיכוֹל, כָּל דִּצְרִיךְ יֵיתֵי וְיִפְסַח. הַשַׁתָּא הָכָא, לְשָׁנָה הַבָּאָה בְּאַרְעָא דְיִשְׂרָאֵל. הַשַׁתָּא עַבְדֵי, לְשָׁנָה הַבָּאָה בְּנֵי חוֹרִין:

We uncover the מצות *and proclaim* "הא לחמא עניא".

This is the bread of affliction that our fathers ate in the land of Egypt. Whoever is hungry, let him come and eat; whoever is in need, let him come and conduct the Seder of Passover. This year [we are] here; next year in the land of Israel. This year [we are] slaves; next year [we will be] free people.

The Questions Asked

the נס of יציאת מצרים, but also all the ניסים and ישועות that he experienced during his life (for example, the people who were saved during World War II). (זוה"ק)

הא לחמא עניא

Why is the introduction to מגיד, הא לחמא עניא?

Why are we so happy that we came out of מצרים if we are still in גלות?! The reason is, because in every גלות there was a set time when the גלות was going to end, but in this גלות there isn't a set time. Whenever we will do תשובה and צדקה, that day משיח will come. As the פסוק says: צִיּוֹן בְּמִשְׁפָּט תִּפָּדֶה וְשָׁבֶיהָ בִּצְדָקָה (Zion shall be redeemed with judgment, and those that return to her with righteousness). With this פשט, we now can explain הא לחמא עניא as a question and an answer.

The question is הא לחמא עניא! This is the same bread we ate in מצרים. What did we gain? We answer כל דכפין ייתי ויכול – whoever wants, come and eat. I want to be מקיים the מצוה of צדקה and if I am מקיים the מצוה of צדקה, the גאולה will come. We continue and say השתא הכא, now I am here, but with the זכות of צדקה, לשנה הבאה בני חורין – next year the גאולה will come and it will be the final גאולה, (since it came through our good deeds). (חת"ס)

מכסים את המצות ומוזגים כוס שני, וכאן הבן שואל את אביו. הספרדים גם נוהגים להרחיק הקערה ואת המצה כדי לעורר התינוקות כדי שישאלו "מה נשתנה".

We now cover the מצות*, pour the second* כוס *and the children ask the* "מה נשתנה"*. According to the* מנהג ספרד *the* קערה *is also removed from the table or to the other end of the table.*

טאַטע לעבן, איך וויל דיר פֿיר קשיות פרעגן.

מַה נִּשְׁתַּנָּה הַלַּיְלָה הַזֶּה מִכָּל הַלֵּילוֹת?

פארוואס איז די נאכט פון פסח אנדערש פון אלע נעכט פון א גאנץ יאהר?

The Questions Asked

How can we invite everybody to the סדר **as we just said** כל דכפין ייתי ויכול **– do we have enough place, enough food etc.?**

The answer is: Wherever there is an abundance of קדושה, there is a ברכה, as in the בית המקדש where the entire כלל ישראל fit in, even though there was not enough room. Furthermore, the גמ׳ tells us that a כהן who just ate a כזית from the לחם הפנים was completely satisfied. Tonight, when we are doing so many holy מצות, every house is a little bit like the ביהמ״ק. There is so much קדושה that there will be a ברכה in the food and in the space. (חת״ס)

After pouring the second כוס, the child asks "Mah Nishtana?"

Dear father, I would like to ask you four questions.

Why is the night of Pesach different from all other nights of the whole year?

════════ **The Questions Asked** ════════

✤ **W**hy do we pour the 2nd כוס before the מה נשתנה?

1) In order that the children should ask questions. Normally after קידוש we say המוציא and eat, but tonight we picked up the מצה by הא לחמא עניא, then put it back and poured another כוס. This will prompt the children to ask מה נשתנה. (שו״ע)

2) We pour the 2nd כוס before we start מגיד, because at the end of מגיד we say the ברכה of גאל ישראל and we want the 2nd כוס to be a ברכה upon the entire מגיד. Therefore, we pour the כוס before we start the סיפור יציאת מצרים. (הגר״ח)

✤ **W**hy is the סדר night an עת רצון to be מתפלל to ה׳?

In many הגדות, it is printed as it states in the משנה in פסחים, וכאן הבן שואל את אביו – which means at this point the child asks his father the מה נשתנה. צדיקים have said that this is a רמז that tonight we, the children of ה׳, can ask our father ה׳ whatever we want.

The reason for this is that normally the מלאכים bring our תפילות to ה׳. Sometimes the מלאכים accuse (are מקטרג) and say this תפילה is not worthy of being answered. Tonight, since ה׳ himself comes to the סדר, we can ask ה׳ directly. (אבן ישפה)

די ערשטע קשיא איז:

שֶׁבְּכָל הַלֵּילוֹת אָנוּ אוֹכְלִין חָמֵץ וּמַצָּה. הַלַּיְלָה הַזֶּה כֻּלּוֹ מַצָּה:

אלע נעכט פון א גאנץ יאהר עסן מיר סיי חמץ און סיי מצה, אבער די נאכט פון פסח עסן מיר נאר מצה?

די צווייטע קשיא איז:

שֶׁבְּכָל הַלֵּילוֹת אָנוּ אוֹכְלִין שְׁאָר יְרָקוֹת. הַלַּיְלָה הַזֶּה מָרוֹר:

אלע נעכט פון א גאנץ יאהר עסן מיר אלע סארטן גרינסן, אבער די נאכט פון פסח עסן מיר ביטערע גרינסן?

The First Question is:

On all other nights we eat chometz and matzah, but on this night of Pesach we eat only Matzah?

The Second Question is:

On all other nights we eat any kind of vegetables, but on this night of Pesach we eat a bitter vegetable?

The Questions Asked

מה נשתנה

What is the question, the theme, the main point, of the מה נשתנה?

1) Usually on יום טוב we are happy, while during the year sometimes we are happy and sometimes we are sad. The question is, why is tonight different, in that we have a mixture of emotions, both joy and sorrow. The four questions are an explanation of this main question. (אברבנאל)

On פסח we eat מצה and מרור which symbolize the pain, and we eat it lying down and have dips to symbolize חירות (freedom). The answer to this question is in עבדים היינו where we say: ואילו לא הוציא... הרי אנו ובנינו... משעבדים היינו לפרעה במצרים. If we wouldn't have been taken out of מצרים, then we would still be there. Tonight we are supposed to feel as if we are going out of מצרים. Therefore, we do things to symbolize our going from עבדות to חירות. This is why we do some things to symbolize עבדות and some to symbolize חירות.

2) Another פשט of מה נשתנה is: why is this גלות harder than the other three גליות. The four questions are an explanation of how it is a harder גלות. (ע"פ המדרש בחידוש)

די דריטע קשיא איז:

שֶׁבְּכָל הַלֵּילוֹת אֵין אָנוּ מַטְבִּילִין אֲפִילוּ פַּעַם אֶחָת. הַלַּיְלָה הַזֶּה שְׁתֵּי פְעָמִים:

אלע נעכט פון א גאנץ יאהר טונקען מיר נישט איין אפילו איין מאהל, אבער די נאכט פון פסח טונקען מיר איין צוויי מאהל (איין מאל די כרפס אין זאלץ וואסער און איין מאהל די מרור אין חרוסת)?

די פערדע קשיא איז:

שֶׁבְּכָל הַלֵּילוֹת אָנוּ אוֹכְלִין בֵּין יוֹשְׁבִין וּבֵין מְסֻבִּין. הַלַּיְלָה הַזֶּה כֻּלָּנוּ מְסֻבִּין:

אלע נעכט פון א גאנץ יאהר עסן מיר סיי זיצנדיג און סיי אנגעליינט, אבער די נאכט פון פסח עסן מיר אלע אנגעליינט?

יעצט טאטע, איך בעט דיר, זאג מיר אן ענטפער אויף די פיר קשיות!

The Third Question is:

On all other nights we do not dip our food even once,
but on this night of Pesach we dip our food twice (once
karpas in salt water and once maror in charoses)?

The Fourth Question is:

On all other nights we eat either sitting or leaning, but
on this night of Pesach all of us lean?

Dear father, please answer me the four questions.

───────────────────── **The Questions Asked** ─────────────────────

The first question in מה נשתנה is: In all the גליות we had חמץ or מצה,
meaning sometimes we had שלום (peace) and sometimes we had
fights (מצה also means a fight), but in this גלות there are constant
מחלוקת going on.

The second question is: In the previous גליות we had pain and
problems, but in this גלות, not only is there pain, but they are trying
to wipe us out. מרור = 446, and מות = 446.

The third question is: In the previous גליות the בני ישראל didn't fall
so much in רוחניות, but in this גלות we have sunken very deep in
both רוחניות and גשמיות. This is why we do מטבילין twice, to symbolize
that we have sunken in two ways.

The fourth question is: In all other גליות we knew a time when it
will end, but in this גלות we do not know the time when it will be
over. This is symbolized by מסובין – a person lying down shows he
has a lot of time, but when he is sitting, he is ready to get up right
away.

בשעת אמירת ההגדה מגלים את המצות לקיים מה שכתוב לחם עוני, ודרשו חז״ל
שהכוונה הוא לחם שעונין עליו (דברים הרבה) סדר ההגדה. וגם הספרדים מחזירים
הקערה והמצות ומגלים את המצות.

As we start now to say the story of יציאת מצרים, *we uncover the* מצות,
since מצה *is called* לחם עוני, *which means the bread over which we
answer the questions. The* ספרדים, *too, return the* קערה *to its proper
place.*

כהיום שהמצות דקות מאד ואי אפשר לחלק לכל המסובין ממצות הקערה, נכון לסמוך
לשולחן הסדר המצות שיאכלו המסובין כדי שגם הם יהיו ״לחם עוני״.

Today that the מצות *are very thin, it is not possible to give a* כזית מצה
to each person by the סדר *from the 3* מצות *of the* קערה. *It is, therefore,
best that the* מצות *which will be given to the participants for the* כזית
מצה *should also be placed on or next to the* סדר *table.*

עֲבָדִים הָיִינוּ לְפַרְעֹה בְּמִצְרָיִם. וַיּוֹצִיאֵנוּ יְיָ
אֱלֹהֵינוּ מִשָּׁם, בְּיָד חֲזָקָה וּבִזְרוֹעַ
נְטוּיָה, וְאִלּוּ לֹא הוֹצִיא הַקָּדוֹשׁ בָּרוּךְ הוּא אֶת־
אֲבוֹתֵינוּ מִמִּצְרַיִם, הֲרֵי אָנוּ וּבָנֵינוּ וּבְנֵי בָנֵינוּ,
מְשֻׁעְבָּדִים הָיִינוּ לְפַרְעֹה בְּמִצְרָיִם. וַאֲפִילוּ כֻּלָּנוּ
חֲכָמִים, כֻּלָּנוּ נְבוֹנִים, כֻּלָּנוּ זְקֵנִים, כֻּלָּנוּ יוֹדְעִים
אֶת־הַתּוֹרָה, מִצְוָה עָלֵינוּ לְסַפֵּר בִּיצִיאַת מִצְרָיִם.
וְכָל הַמַּרְבֶּה לְסַפֵּר בִּיצִיאַת מִצְרַיִם, הֲרֵי זֶה
מְשֻׁבָּח:

> *The tray is restored to its place with the matzah partly uncovered.*

We were slaves to Pharaoh in Egypt, and the Lord, our God, took us out from there with a strong hand and with an outstretched arm. If the Holy One, blessed be He, had not taken our fathers out of Egypt, then we, our children and our children's children would have remained enslaved to Pharaoh in Egypt. Even if all of us were wise, all of us understanding, all of us knowing the Torah, we would still be obligated to discuss the exodus from Egypt; and everyone who discusses the exodus from Egypt at length is praiseworthy.

═══════════════════ **The Questions Asked** ═══════════════════

עבדים היינו

⁂ **H**ow do we see the answer to the מה נשתנה in עבדים היינו?

The answer is: The reason we eat מצה is because the בני ישראל in מצרים were in the מ"ט שערי טומאה (49th level of impurity). If ה' would have waited one second more, בני ישראל would have fallen into the 50th gate of טומאה from where they could not get out. To symbolize this, we eat מצה which בני ישראל had to bake on the way out of מצרים since they did not have time to bake bread. We see this from the words ביד חזקה, which means that we were rushed out, as it says ותחזק מצרים על העם. (מדרש בחידוש)

The reason we eat מרור is to symbolize that we were עבדים to פרעה in מצרים. It was a triple pain, 1) we were עבדים, 2) we were עבדים to פרעה, 3) we were עבדים to פרעה in מצרים. This was extremely harsh and bitter. (גר"א)

We dip twice as a רמז that עבדים היינו לפרעה in גשמיות and we were also עבדים במצרים in רוחניות, (for example: מצרים was a מקום טומאה, women didn't dress properly). (חת"ס)

מַעֲשֶׂה בְּרַבִּי אֱלִיעֶזֶר, וְרַבִּי יְהוֹשֻׁעַ, וְרַבִּי אֶלְעָזָר בֶּן־עֲזַרְיָה, וְרַבִּי עֲקִיבָא, וְרַבִּי טַרְפוֹן, שֶׁהָיוּ מְסֻבִּין בִּבְנֵי־בְרַק, וְהָיוּ מְסַפְּרִים בִּיצִיאַת מִצְרַיִם, כָּל־אוֹתוֹ הַלַּיְלָה, עַד שֶׁבָּאוּ תַלְמִידֵיהֶם וְאָמְרוּ לָהֶם: רַבּוֹתֵינוּ, הִגִּיעַ זְמַן קְרִיאַת שְׁמַע, שֶׁל שַׁחֲרִית:

אָמַר רַבִּי אֶלְעָזָר בֶּן־עֲזַרְיָה. הֲרֵי אֲנִי כְּבֶן שִׁבְעִים שָׁנָה, וְלֹא זָכִיתִי, שֶׁתֵּאָמֵר יְצִיאַת מִצְרַיִם בַּלֵּילוֹת. עַד שֶׁדְּרָשָׁהּ בֶּן זוֹמָא. שֶׁנֶּאֱמַר: לְמַעַן תִּזְכֹּר, אֶת יוֹם צֵאתְךָ מֵאֶרֶץ מִצְרַיִם, כֹּל

The Questions Asked

We went out with בזרוע נטויה which is why we sit in a leaning position, symbolizing the חירות.

❦ **W**hat question does כל המרבה לספר הרי זה משובח come to answer?

When you lay down, it shows you have a lot of time. Similarly, we have the whole night to do the סדר, like it says in שולחן ערוך: you should be מקיים the מצוה of סיפור יציאת מצרים the whole night. We therefore say כל המרבה לספר... הרי זה משובח. (אבן ישפה)

It happened that Rabbi Eliezer, Rabbi Yehoshua, Rabbi Elazar ben
Azaryah, Rabbi Akiva and Rabbi Tarphon were reclining [at a seder]
in B'nei Berak. They were discussing the exodus from Egypt all that
night, until their students came and told them: "Our Masters! The
time has come for reciting the morning Shema!"

Rabbi Elazar ben Azaryah said: "I am like a man of seventy
years old, yet I did not succeed in proving that the exodus
from Egypt must be mentioned at night–until Ben Zoma explained it:
"It is said, 'That you may remember the day you left Egypt all the

───────────── **The Questions Asked** ─────────────

מעשה ברבי אליעזר

✺ **W**hy did the תלמידים have to come and tell them it was time to *lain* קריאת שמע? Could they not see for themselves that it was already light?

1) They were so engrossed in סיפור יציאת מצרים that they didn't realize
that the sun rose. (חת״ס)

2) The מדרש tells us, when ר׳ אליעזר would דרשן, his face would light
up like the sun. Since here he was learning, the entire night was lit
up just like by day. (בית אברהם)

✺ **W**hy are we bringing this story into the הגדה?

1) To show that even if we know the סיפור יציאת מצרים, we should
still talk about it the entire night, just like the תנאים did. (גר״א)

2) ר׳ אליעזר held the קרבן פסח had to be eaten before חצות which is
why לכתחילה we should eat the אפיקומן before חצות. Still, he held it
is a מצוה to say the story of יציאת מצרים the entire night. (חת״ס)

יְמֵי חַיֶּיךָ. יְמֵי חַיֶּיךָ הַיָּמִים. כֹּל יְמֵי חַיֶּיךָ הַלֵּילוֹת. וַחֲכָמִים אוֹמְרִים: יְמֵי חַיֶּיךָ הָעוֹלָם הַזֶּה. כֹּל יְמֵי חַיֶּיךָ לְהָבִיא לִימוֹת הַמָּשִׁיחַ:

בָּרוּךְ הַמָּקוֹם. בָּרוּךְ הוּא. בָּרוּךְ שֶׁנָּתַן תּוֹרָה לְעַמּוֹ יִשְׂרָאֵל. בָּרוּךְ הוּא כְּנֶגֶד אַרְבָּעָה בָנִים דִּבְּרָה תוֹרָה. אֶחָד חָכָם, וְאֶחָד רָשָׁע, וְאֶחָד תָּם, וְאֶחָד שֶׁאֵינוֹ יוֹדֵעַ לִשְׁאוֹל:

The Questions Asked

אמר ר' אלעזר בן עזריה - כבן שבעים שנה

Why did he say I am like 70 years – let him say he was 70?

1) Some say he was 68, so he rounded it off to 70. (חת"ס)

2) ר' אלעזר was actually very young, and the day he became the נשיא a miracle occurred and 18 rows of his beard turned white. That's why he said I am like 70 years. (כל בו)

3) The אריז"ל says he was actually only 18 years old. Since in the previous גלגול he was שמואל הנביא who lived to 52, 52 plus 18 equals 70. Therefore he said he is like 70. (אריז"ל)

The גמרא tells us if a person in one lifetime is rich, the next time he

days of your life;' now 'the days of your life' refers to the days, [and the additional word] 'all' indicates the inclusion of the nights!" The sages, however, said: "'The days of your life' refers to the present–day world; and 'all' indicates the inclusion of the days of Mashiach."

Blessed is the Omnipresent One, blessed be He! Blessed is He who gave the Torah to His people Israel, blessed be He! The Torah speaks of four children: One is wise, one is wicked, one is simple and one does not know how to ask.

━━━━━━━━━━━━━━━━━━ **The Questions Asked** ━━━━━━━━━━━━━━━━━━

will come down poor and visa versa. Therefore, he should give צדקה so that in the next lifetime, people will give him צדקה - מדה במדה.

Since שמואל הנביא was not rich, in his next גלגול, he was rich. As the גמ' tells us, the מעשר of ר' אליעזר (which is a tenth of what his cattle gave birth each year) was 12,000 animal, meaning altogether he had 120,000 new cattle born every year! (אבן ישפה)

❧ **W**hat does כל ימי חייך להביא לימות המשיח **mean?**

1) Even when משיח comes, we will talk about יציאת מצרים, since the source of every גאולה was in גאולת מצרים.

2) A רמז in these words can be: your entire life should be dedicated to bringing משיח. This is done by learning תורה and doing מצות. (אבן ישפה)

ברוך המקום ברוך הוא

❧ **T**he word ברוך is mentioned four times. Why is this?

The answer is: It refers to the four sons – each one is ברוך, in his own way every child is special. (תורת אבות)

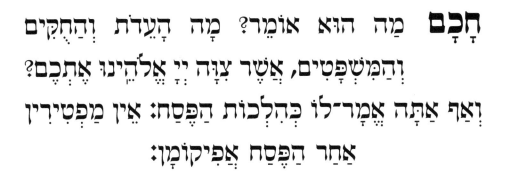

חָכָם מַה הוּא אוֹמֵר? מָה הָעֵדֹת וְהַחֻקִּים וְהַמִּשְׁפָּטִים, אֲשֶׁר צִוָּה יְיָ אֱלֹהֵינוּ אֶתְכֶם? וְאַף אַתָּה אֱמָר־לוֹ כְּהִלְכוֹת הַפֶּסַח: אֵין מַפְטִירִין אַחַר הַפֶּסַח אֲפִיקוֹמָן:

רָשָׁע מַה הוּא אוֹמֵר? מָה הָעֲבֹדָה הַזֹּאת לָכֶם? לָכֶם וְלֹא לוֹ. וּלְפִי שֶׁהוֹצִיא אֶת־עַצְמוֹ מִן הַכְּלָל, כָּפַר בָּעִקָּר. וְאַף אַתָּה הַקְהֵה אֶת־שִׁנָּיו,

---

The Questions Asked

We say כנגד ארבעה בנים דברה תורה. This is a רמז to the reason the תורה is talking to all four children. For through the learning of תורה, all four children can develop and overcome their יצר הרע. (תורת אבות)

❧ **H**ow is it a רמז to the four sons?

ברוך המקום is referring to the חכם, who knows where to find ה' (ה'=המקום) in every place and in every happening. He sees ה' everywhere.

ברוך הוא is referring to the רשע who is the opposite of the חכם. הוא is a hidden word - "he", not saying who you are talking about, meaning the רשע doesn't know where ה' is.

ברוך שנתן תורה refers to the תם, who at least has the זכות of being מקבל the תורה.

The wise one, what does he say? "What are the testimonies, the statutes and the laws which the Lord, our God, has commanded you?" You, in turn, shall instruct him in the laws of Passover, [up to] 'one is not to eat any dessert after the Passover–lamb.'

The wicked one, what does he say? "What is this service to you?!" He says 'to you,' but not to him! By thus excluding himself from the community he has denied that which is fundamental. You,

════════════════ **The Questions Asked** ════════════════

ברוך הוא, is referring to the one who does not know anything, the שאינו יודע לשאול. He also says הוא, because everything is unclear to him. (אבן ישפה)

חכם מה הוא אומר

❧ **W**hy does it say "כהלכות הפסח", like the הלכות. Also why does the תנא mention specifically this הלכה of not eating after the קרבן פסח?

The answer is: The reason why we aren't permitted to eat after the קרבן פסח is because we want the taste of the קרבן פסח to stay in our mouth. The רמז is, you should tell your son the story with such התלהבות and clarity that it should stay in his mind forever, just like the taste of the פסח is supposed to remain in your mouth. (חת״ס)

רשע מה הוא אומר

❧ **W**hat is the difference between the חכם and the רשע – they both say לכם to you?

The answer is: The חכם includes himself with us, by saying ה' אלוקינו

וֶאֱמָר־לוֹ: בַּעֲבוּר זֶה, עָשָׂה יְיָ לִי, בְּצֵאתִי מִמִּצְרָיִם, לִי וְלֹא־לוֹ. אִלּוּ הָיָה שָׁם, לֹא הָיָה נִגְאָל:

תָּם מַה הוּא אוֹמֵר? מַה זֹּאת? וְאָמַרְתָּ אֵלָיו: בְּחֹזֶק יָד הוֹצִיאָנוּ יְיָ מִמִּצְרַיִם מִבֵּית עֲבָדִים:

וְשֶׁאֵינוֹ יוֹדֵעַ לִשְׁאוֹל, אַתְּ פְּתַח לוֹ. שֶׁנֶּאֱמַר: וְהִגַּדְתָּ לְבִנְךָ, בַּיּוֹם הַהוּא לֵאמֹר: בַּעֲבוּר זֶה עָשָׂה יְיָ לִי, בְּצֵאתִי מִמִּצְרָיִם:

The Questions Asked

(our G-d), and even the word אתכם is better than the word לכם, because אתכם can also be read אִתְּכֶם, meaning with you (not to you).

(חת״ס - כל בו)

Why do we give attention to the רשע on this holy night?

We tell the רשע, ״אילו היה שם לא היה נגאל״, meaning, if he would have been in מצרים, he would not have been redeemed. In מצרים the רשע would not have been redeemed, but when משיח comes even the

therefore, blunt his teeth and say to him: "It is because of this that the Lord did for me when I left Egypt"; 'for me' – but not for him! If he had been there, he would not have been redeemed!"

The simpleton, what does he say? "What is this?" Thus you shall say to him: "With a strong hand the Lord took us out of Egypt, from the house of slaves."

As for the one who does not know how to ask, you must initiate him, as it is said: "You shall tell your child on that day, 'It is because of this that the Lord did for me when I left Egypt.'"

The Questions Asked

רשעים will be redeemed. We hope this will give him an infusion of חיזוק. (תורת אבות)

We can now understand why we thank ה' even for the בן הרשע. For at least when משיח comes he will be redeemed, and we are happy that at least he asks, so there is hope he might do תשובה. ר'ש'ע' is נוטריקון of the words רבונו של עולם – a רמז that one day even the רשע will believe in the רבונו של עולם. (ע"פ אמרי קודש)

תם מה הוא אומר

The תם says: "מה זאת" – what is the reason I must do מצוות; I don't have חשק, I don't understand them?!

We answer him: when we were slaves to פרעה, we also did not enjoy or understand what we did. ה' then exchanged our masters. Instead of working for מצרים, we became His עבדים. We must do His מצוות even if we don't want to or understand them. However, we should know and feel happy and lucky, that ה' has picked us to be his servants. (תורת אבות)

יָכוֹל מֵרֹאשׁ חֹדֶשׁ, תַּלְמוּד לוֹמַר בַּיּוֹם הַהוּא. אִי בַּיּוֹם הַהוּא. יָכוֹל מִבְּעוֹד יוֹם. תַּלְמוּד לוֹמַר. בַּעֲבוּר זֶה. בַּעֲבוּר זֶה לֹא אָמַרְתִּי, אֶלָּא בְּשָׁעָה שֶׁיֵּשׁ מַצָּה וּמָרוֹר מֻנָּחִים לְפָנֶיךָ:

The Questions Asked

ושאינו יודע לשאול

Where do we see that even to a son that does not ask, we must tell him the story of יציאת מצרים?

The answer is: Because it says in the פסוק, "והגדת לבנך", you should tell your son, and it does not say that he asked you first. (בית אברהם)

We say "את פתח לו" which is a לשון נקבה, because it is usually the mother who has the patience to teach the young ones. They must be taught with visual aids as the פסוק says בעבור זה, which means you point to the מצה and מרור. (אבן ישפה)

בעבור זה עשה ה׳ לי

By the רשע we say "לי ולא לו", that he would not have been redeemed. Why don't we say the same דרשה by the שאינו יודע לשאול?

The answer is that the רשע has taken himself out of the כלל, by saying לכם, to you, therefore, he would not have been redeemed.

One may think that [the discussion of the exodus] must be from the first of the month. The Torah therefore says, 'On that day.' 'On that day,' however, could mean while it is yet daytime; the Torah therefore says, 'It is because of this.' The expression 'because of this' can only be said when matzah and maror are placed before you.

The Questions Asked

However the שאינו יודע לשאול, while he may not merit it on his own זכות, he would have been redeemed together with the כלל. (תורת אבות)

יכול מראש חודש - בעבור זה

What is בעבור זה referring to?

In the times of the בית המקדש - "בעבור זה" meant the פסח, מצה and the מרור. We find a רמז to this: זה is the גמטריא of twelve – the קרבן פסח can be brought from כבשים ועזים; מצה can be made from the five grains, and there are five types of מרור. Altogether, that makes 12 items that one can use for פסח מצה ומרור. This is a רמז to the מדרש that says that in the merit of the twelve שבטים we were redeemed. (בית אברהם)

מצה ומרור מונחים לפניך

What is the purpose of having the מצה and מרור on the table while saying the סיפור יציאת מצרים?

The בעלזער רב זצ"ל had a מנהג to go around the city and listen to the סדר of the townsfolk before he started his own סדר. Once, he heard an עם הארץ say "בשעה שמצה ומרור מחותנים לפניך." The people with the רב started laughing. However, the בעלזער רב זצ"ל said: "He is right," and explained it with a story. Once there was a very wealthy מחותן who found a perfect match for his daughter, but the חתן was very poor. Since he wanted him so much, he made a ווארט (engagement)

מִתְּחִלָּה עוֹבְדֵי עֲבוֹדָה זָרָה הָיוּ אֲבוֹתֵינוּ. וְעַכְשָׁיו קֵרְבָנוּ הַמָּקוֹם לַעֲבוֹדָתוֹ. שֶׁנֶּאֱמַר: וַיֹּאמֶר יְהוֹשֻׁעַ אֶל־כָּל־הָעָם. כֹּה אָמַר יְיָ אֱלֹהֵי יִשְׂרָאֵל, בְּעֵבֶר הַנָּהָר יָשְׁבוּ אֲבוֹתֵיכֶם מֵעוֹלָם, תֶּרַח אֲבִי אַבְרָהָם וַאֲבִי נָחוֹר. וַיַּעַבְדוּ אֱלֹהִים אֲחֵרִים: וָאֶקַּח אֶת־אֲבִיכֶם אֶת־אַבְרָהָם מֵעֵבֶר הַנָּהָר, וָאוֹלֵךְ אוֹתוֹ בְּכָל־אֶרֶץ כְּנָעַן. וָאַרְבֶּה אֶת־זַרְעוֹ, וָאֶתֶּן לוֹ אֶת־יִצְחָק: וָאֶתֵּן לְיִצְחָק אֶת־יַעֲקֹב וְאֶת־עֵשָׂו. וָאֶתֵּן לְעֵשָׂו אֶת־הַר שֵׂעִיר, לָרֶשֶׁת אוֹתוֹ. וְיַעֲקֹב וּבָנָיו יָרְדוּ מִצְרָיִם:

═══════════════════ **The Questions Asked** ═══════════════════

right away because he was afraid someone else might take him. It was too late at night to buy food, so he was forced to use cheap brandy and moldy "*kiechalach*" (cookies) to make a לחיים. Years later, the son-in-law and the father-in-law quarreled because the חתן had acted as a bigshot. The father-in-law hinted to him, "I am the one who has made you rich" as he showed him the old rags that he used to wear. The חתן, not to be beaten, showed the father-in-law the old *kiechalach* saying, "do you remember how much you wanted me"?!

The same idea applies to הקב"ה and בני ישראל. We are the חתן, the תורה is the כלה, and ה' is the כלה's father. הקב"ה says, "who do you

In the beginning our fathers served idols; but now the Omnipresent One has brought us close to His service, as it is said: "Joshua said to all the people: Thus said the Lord, the God of Israel, 'Your fathers used to live on the other side of the river – Terach, the father of Abraham and the father of Nachor, and they served other gods. "And I took your father Abraham from beyond the river, and I led him throughout the whole land of Canaan. I increased his seed and gave him Isaac, and to Isaac I gave Jacob and Esau. To Esau I gave Mount Seir to possess it, and Jacob and his sons went down to Egypt."

The Questions Asked

think you are, I took you out of מצרים and gave you the תורה, now I am telling you to eat the מרור to remind you of the bitter times (showing you the old clothes). We show ה' the מצה and say: ה', Do You remember how much You wanted us? We have מצה, because You rushed us out of מצרים. (בית אברהם)

מתחילה עובדי עבודה זרה

✦ **W**hy are we thanking ה' for taking us out of מצרים? If ה' wouldn't have put us there, He would not have had to take us out?!

1) We say, "In the beginning our fathers worshipped עבודה זרה and now ה' drew us near to Him". Only through the pain of מצרים we had a כפרה (cleansing) and became completely pure to be able to מקבל the תורה. (ש"ך)

2) A person who isn't used to working doesn't understand how to work and the value of work. In order that we should be able to be true עבדי ה', first we have to be עבדי פרעה. Once we were slaves to someone else we can understand how to serve ה'. (ילקוט מעם לועז)

בָּרוּךְ שׁוֹמֵר הַבְטָחָתוֹ לְיִשְׂרָאֵל. בָּרוּךְ הוּא. שֶׁהַקָּדוֹשׁ בָּרוּךְ הוּא חִשַּׁב אֶת־הַקֵּץ, לַעֲשׂוֹת כְּמָה שֶׁאָמַר לְאַבְרָהָם אָבִינוּ בִּבְרִית בֵּין הַבְּתָרִים, שֶׁנֶּאֱמַר: וַיֹּאמֶר לְאַבְרָם יָדֹעַ תֵּדַע, כִּי־גֵר יִהְיֶה זַרְעֲךָ, בְּאֶרֶץ לֹא לָהֶם, וַעֲבָדוּם וְעִנּוּ אֹתָם אַרְבַּע מֵאוֹת שָׁנָה: וְגַם אֶת־הַגּוֹי אֲשֶׁר יַעֲבֹדוּ דָּן אָנֹכִי. וְאַחֲרֵי כֵן יֵצְאוּ, בִּרְכֻשׁ גָּדוֹל:

מכסים את המצות ומגביהים את הכוס ומזמרים בהתלהבות.

We cover the מצות*, pick up the* כוס *and sing with great emotion.*

Until now, the מצה *was uncovered, because* מצה *is called* "לחם עוני" *and* עני *has 2 meanings – poor, and to answer. 1) Poor bread that we ate in* מצרים*. 2)* מצה *is the bread that we answer the questions over. We now cover the* מצות *when we pick up the* כוס *by* "והיא שעמדה"*, since we don't want to embarrass the* מצה *which is more* חשוב*, (just like at* קידוש *we cover the* לחם משנה*). We uncover the* מצות *when we continue reciting the* הגדה*.*

The Questions Asked

ברוך שומר הבטחתו לישראל

Why do we thank ה׳ for keeping his promise? Which honest person doesn't keep his word?

The answer is: The word שומר can also mean to watch and to hope.

Blessed is He who keeps His promise to Israel, blessed be He! For the Holy One, blessed be He, calculated the end [of the bondage], in order to do as He had said to our father Abraham at the "Covenant between the Portions," as it is said: "And He said to Abraham, 'You shall know that your seed will be strangers in a land that is not theirs, and they will enslave them and make them suffer, for four hundred years. But I shall also judge the nation whom they shall serve, and after that they will come out with great wealth.'"

According to the instructions of Rabbi Isaac Luria, the wine cup is now raised and the Matzot are covered.

The Questions Asked

The whole time that בני ישראל were in גלות, ה' was making sure that He would be able to redeem them. Therefore, the second He saw that they would fall into the שער נ' (from where one cannot return), He redeemed them.

We thank ה' for making sure that there wasn't an אונס, making Him unable to fulfill His promise. He watched over us because He hoped and wanted our redemption. (בית אברהם)

🙋 **How do we see that ה' was preparing that the בני ישראל should have a רכוש גדול (since שומר means to watch)?**

We see how far ahead ה' planned. He brought a famine in order that יוסף should be able to collect money from the entire world, so that when the בני ישראל will leave מצרים, they would get all the money. (זוה"ק)

וְהִיא שֶׁעָמְדָה לַאֲבוֹתֵינוּ וְלָנוּ. שֶׁלֹּא אֶחָד בִּלְבָד, עָמַד עָלֵינוּ לְכַלּוֹתֵנוּ. אֶלָּא שֶׁבְּכָל דּוֹר וָדוֹר, עוֹמְדִים עָלֵינוּ לְכַלּוֹתֵנוּ. וְהַקָּדוֹשׁ בָּרוּךְ הוּא מַצִּילֵנוּ מִיָּדָם:

מניחים את הכוס ומגלים את המצות.

We lower the כוס *and uncover the* מצות.

צֵא וּלְמַד, מַה בִּקֵּשׁ לָבָן הָאֲרַמִּי לַעֲשׂוֹת לְיַעֲקֹב אָבִינוּ. שֶׁפַּרְעֹה לֹא גָזַר אֶלָּא עַל הַזְּכָרִים, וְלָבָן בִּקֵּשׁ לַעֲקֹר אֶת־הַכֹּל, שֶׁנֶּאֱמַר:

The Questions Asked

והיא שעמדה

We say: "והקב"ה מצילנו מידם". We know ה' is with us in every גלות – how can we see it?

The answer we find in the words of והיא שעמדה. From the very fact that in every generation the גוים are trying to kill us and we are still around. This is the best proof that הקב"ה is מצילנו מידם. (ע"פ היעב"ץ)

This is what has stood by our fathers and us! For not just one alone has risen against us to destroy us, but in every generation they rise against us to destroy us; and the Holy One, blessed be He, saves us from their hand!

Put down the wine cup and uncover the Matzah.

Go forth and learn what Laban the Aramean wanted to do to our father Jacob. Pharaoh had issued a decree against the male children only, but Laban wanted to uproot everyone – as it is said:

The Questions Asked

עומדים עלינו is גמטריא 336. Who is coming upon us? 54=מדי, 66=יון, 34=בבל, 51=אדום and 131 ס-מ-א-ל (the name of the יצר הרע). Altogether they equal 336. (בית אברהם)

צא ולמד

What is צא ולמד referring to?

It is referring to what we said before, that in every גלות they tried to kill us. We say צא ולמד, meaning that if you go deeper into the history, you will see their whole ambition is to wipe us out. On the surface it would look as if יעקב and לבן got along, but if you look deeper, you would see that לבן wanted to kill יעקב. The פסוק must tell us ארמי אובד אבי, because if not, we would not know it, and so it is in every גלות. (הגר״א)

אֲרַמִּי אֹבֵד אָבִי, וַיֵּרֶד מִצְרַיְמָה, וַיָּגָר שָׁם בִּמְתֵי מְעָט. וַיְהִי שָׁם לְגוֹי גָּדוֹל, עָצוּם וָרָב:

וַיֵּרֶד מִצְרַיְמָה, אָנוּס עַל פִּי הַדִּבּוּר.

וַיָּגָר שָׁם. מְלַמֵּד שֶׁלֹּא יָרַד יַעֲקֹב אָבִינוּ לְהִשְׁתַּקֵּעַ בְּמִצְרַיִם, אֶלָּא לָגוּר שָׁם, שֶׁנֶּאֱמַר: וַיֹּאמְרוּ אֶל־פַּרְעֹה, לָגוּר בָּאָרֶץ בָּאנוּ, כִּי אֵין מִרְעֶה לַצֹּאן אֲשֶׁר לַעֲבָדֶיךָ, כִּי כָבֵד הָרָעָב בְּאֶרֶץ כְּנָעַן. וְעַתָּה, יֵשְׁבוּ־נָא עֲבָדֶיךָ בְּאֶרֶץ גֹּשֶׁן:

═══ **The Questions Asked** ═══

וירד מצרימה אנוס על פי הדיבור

❧ **W**hat does על פי הדיבור mean?

1) פשוט it means השי״ת told יעקב to go to מצרים.

2) At the ברית בין הבתרים, אברהם אבינו asked, "במה אדע כי אירשנה" (with what can I know they will inherit the land). These words showed that his אמונה was not 1000 percent, causing us to go into גלות to prove our אמונה even under dire conditions. With our אמונה, we were

"The Aramean wished to destroy my father; and he went down to Egypt and sojourned there, few in number; and he became there a nation – great and mighty and numerous."

"And he went down to Egypt forced by Divine decree."

"And he sojourned there" – this teaches that our father Jacob did not go down to Egypt to settle, but only to live there temporarily. Thus it is said, "They said to Pharaoh, We have come to sojourn in the land, for there is no pasture for your servants' flocks because the hunger is severe in the land of Canaan; and now, please, let your servants dwell in the land of Goshen."

The Questions Asked

able to מתקן (fix) what seemed to be missing in אברהם אבינו'ס אמונה. A רמז to this is that "אברהם אבינו" is the גמטריא of "פי הדיבור" – because of אברהם אבינו'ס words, we had to go into גלות. (בית אברהם)

3) The תנא is explaining why the גלות was דוקא in מצרים, a very hard country. He answers: The reason יעקב went to מצרים was because יוסף was there. יוסף was there because his brothers sold him out of jealousy. His brothers were jealous because of the לשון הרע that יוסף told to יעקב. Therefore, because of דיבור we had to go to מצרים. When we will be מתקן our דיבור (words), the גלות will end, since the entire גלות was only because of דיבור (as this גלות is only to finish the 190 years we left מצרים early). (ע"פ שבלי הלקט)

ויגר שם

Why does it say לגור, and not לישב?

It says "לגור" and not "לישב". From here we see that a איד in גלות is not supposed to feel comfortable, but as a stranger in a foreign country. לגור comes from the word גר. (מדרש בחידוש)

בִּמְתֵי מְעָט. כְּמָה שֶׁנֶּאֱמַר: בְּשִׁבְעִים נֶפֶשׁ, יָרְדוּ אֲבֹתֶיךָ מִצְרָיְמָה. וְעַתָּה, שָׂמְךָ יְיָ אֱלֹהֶיךָ, כְּכוֹכְבֵי הַשָּׁמַיִם לָרֹב.

וַיְהִי שָׁם לְגוֹי. מְלַמֵּד שֶׁהָיוּ יִשְׂרָאֵל מְצֻיָּנִים שָׁם:

The Questions Asked

Why did they דוקא want to stay in גושן?

The answer is: When פרעה took שרה as a wife, he gave her a כתובה and presents. One of the presents was ארץ גושן. Therefore, they wanted to stay in גושן, since it belonged to שרה it had a certain קדושה. The ראשי תיבות of "ג׳רש ש׳רה ו׳קבלה נ׳דוניא" is גושן. He divorced שרה and she kept her presents. (בית אברהם)

במתי מעט

Why does it say בשבעים נפש singular, and not נפשות plural?

The answer is: כלל ישראל is composed of many individuals, but they are all part of one נשמה. (ע״פ רש״י)

Why does it say 70 when there were only 69?

The answer is: יוכבד was born as they passed the gates of מצרים. דוקא she was the one to complete the number to 70. She had to be born

"Few in number" as it is said: "Your fathers went down to Egypt with seventy persons, and now, the Lord, your God, has made you as numerous as the stars of heaven."

"And he became there a nation," this teaches that Israel was distinctive there.

─────────── **The Questions Asked** ───────────

then, because without her the other 69 would not have been able to go to מצרים. The reason being that she was the mother of the redeemer, משה רבינו, and ה׳ always prepares the רפואה before the מכה. (מדרש - בית אהרן)

ויהי שם לגוי - מצוינים שם

❈ **H**ow were the בני ישראל in מצרים different than the מִצְרִים?

There were eight differences between a גוי and a איד in מצרים and in the זכות of 4 of them, they were זוכה to be redeemed: (מדרש)

1) They lived in different neighborhoods.
2) They looked different.
3) They didn't marry someone they weren't allowed to.
4) They had a lot of children.

The following 4 are the ones that in their זכות they were redeemed, since they were a כפרה on 4 things that caused the גלות:

1) They didn't change their names.
2) They didn't change their language.
3) They wore different clothes.
4) They didn't speak לשון הרע.

גָּדוֹל עָצוּם, כְּמָה שֶׁנֶּאֱמַר: וּבְנֵי יִשְׂרָאֵל, פָּרוּ וַיִּשְׁרְצוּ, וַיִּרְבּוּ וַיַּעַצְמוּ, בִּמְאֹד מְאֹד, וַתִּמָּלֵא הָאָרֶץ אֹתָם:

וָרָב. כְּמָה שֶׁנֶּאֱמַר: רְבָבָה כְּצֶמַח הַשָּׂדֶה נְתַתִּיךְ, וַתִּרְבִּי, וַתִּגְדְּלִי, וַתָּבֹאִי בַּעֲדִי עֲדָיִים: שָׁדַיִם נָכֹנוּ, וּשְׂעָרֵךְ צִמֵּחַ, וְאַתְּ עֵרֹם וְעֶרְיָה:

─────── **The Questions Asked** ───────

They were thereby forgiven for 4 things that יעקב אבינו did: (ע״פ מהר״ל)

1) He said "אנכי עשו בכרך" (he changed his name).
2) יעקב spoke two Aramaic words. (יגר שהדותא)
3) He gave יוסף the כתנת פסים.
4) He listened to the לשון הרע that יוסף told him.

גדול עצום

✿ **W**hy do we put גדול and עצום together (until now, we דרשן each word separate)?

Normally when a woman gives birth to many children at once, they are small and weak. However, in מצרים even though they had many children at one time, the children were big and strong. (בית אברהם)

✿ **W**hat does it mean the earth was filled with בני ישראל?

פשוט it means they populated the land. The literal translation is, the

"Great, mighty," as it is said: "And the children of Israel were fruitful and increased abundantly, and multiplied and became very, very mighty, and the land became filled with them."

"And numerous," as it is said: "I caused you to thrive like the plants of the field, and you increased and grew and became very beautiful, with your bosom fashioned and your hair grown long, but you were naked and bare."

─────────────── **The Questions Asked** ───────────────

earth was filled with them. This can be explained with what the מדרש says; the בני ישראל hid their children in the fields. When the מצריים went looking in the fields to get the children, the children sunk into the ground. This is why we say later רבבה כצמח השדה (they multiplied like the grass in the field), because when the מצריים passed by, they sprouted up like grass. (מדרש בחידוש)

ורב... ואת ערום ועריה

❧ **W**hat is בדמייך חיי referring to?

בדמייך חיי is referring to the דם of the קרבן פסח and the דם from the ברית מילה. (מדרש)

❧ **W**hy did השי״ת give us דוקא these two מצוות to be זוכה to the גאולה?

The answer is: The בני ישראל in מצרים were in a double גלות, רוחניות וגשמיות, and did not have זכויות to be redeemed. In order to get out of מצרים, they needed a מצוה-זכות - for the (גשמיות) גוף which was ברית מילה, and a זכות for the (רוחניות) נפש which was קרבן פסח. With the שחיטה of קרבן פסח, they left עבודה זרה, since the עבודה זרה of מצרים was the כבש. (בית אברהם)

וָאֶעֱבֹר עָלַיִךְ וָאֶרְאֵךְ מִתְבּוֹסֶסֶת בְּדָמָיִךְ וָאֹמַר לָךְ בְּדָמַיִךְ חֲיִי וָאֹמַר לָךְ בְּדָמַיִךְ חֲיִי:

וַיָּרֵעוּ אֹתָנוּ הַמִּצְרִים וַיְעַנּוּנוּ. וַיִּתְּנוּ עָלֵינוּ עֲבֹדָה קָשָׁה:

וַיָּרֵעוּ אֹתָנוּ הַמִּצְרִים. כְּמָה שֶׁנֶּאֱמַר: הָבָה נִתְחַכְּמָה לוֹ. פֶּן־יִרְבֶּה, וְהָיָה כִּי־תִקְרֶאנָה מִלְחָמָה, וְנוֹסַף גַּם הוּא עַל־שֹׂנְאֵינוּ, וְנִלְחַם־בָּנוּ וְעָלָה מִן־הָאָרֶץ:

════════════ **The Questions Asked** ════════════

וירעו אותנו

✦ **W**hat does the פסוק mean וירעו אותנו?

פשוט פשט is that they were bad to us. Another possible פשט is that they made us bad, so the question is:

✦ **H**ow did they make us bad by forcing us to work hard?

1) We worked so hard that we had no time to think of ה׳. (חת״ס)

2) By becoming friendly with us, we learned from their bad ways.

"I passed over you and saw you wallowing in your bloods, and I said to you 'By your blood you shall live,' and I said to you 'By your blood you shall live!'"

"The Egyptians treated us badly and they made us suffer, and they put hard work upon us."

"The Egyptians treated us badly," as it is said: "Come, let us act cunningly with [the people] lest they multiply and, if there should be a war against us, they will join our enemies, fight against us and leave the land."

═══════════════════ **The Questions Asked** ═══════════════════

The פשט is ויֵרעו אותנו – they became our friends and through this ויֵרעו אותנו, they made us bad. Then they were able to be ויֵרעו אותנו – be bad to us. (חת"ס)

הבה נתחכמה לו

❦ **W**hy couldn't פרעה just wipe us out? Why did he have to make us work hard?

It would have been a disgrace to their "so called" civilization if they would commit genocide to an entire nation, especially when that nation was invited in by them. Therefore, first he levied taxes, and when the בני ישראל couldn't pay, he made them work. When they couldn't fill their quota, he had an excuse to kill them. (רמב"ן)

❦ **W**hat was the great חכמה of פרעה's advice? It's כּולו רשעות, complete wickedness? (אור החיים הק')

The answer may be: True, it was רשעות, but פרעה was afraid his nation would not agree. He therefore told them: listen to my great

וַיְעַנּוּנוּ. כְּמָה שֶׁנֶּאֱמַר: וַיָּשִׂימוּ עָלָיו שָׂרֵי מִסִּים, לְמַעַן עַנֹּתוֹ בְּסִבְלֹתָם: וַיִּבֶן עָרֵי מִסְכְּנוֹת לְפַרְעֹה, אֶת־פִּתֹם וְאֶת־רַעַמְסֵס:

וַיִּתְּנוּ עָלֵינוּ עֲבֹדָה קָשָׁה. כְּמָה שֶׁנֶּאֱמַר: וַיַּעֲבִדוּ מִצְרַיִם אֶת־בְּנֵי יִשְׂרָאֵל בְּפָרֶךְ:

The Questions Asked

חכמה, my idea of בפה רך. Once he got them to enjoy the "חכמה", they looked away from the רשעות.

❧ **W**ho was פרעה talking to when he said "הבה נתחכמה לו"?

We say in the הגדה: "הבה נתחכמה לו פן ירבה והיה כי תקראנה מלחמה ונוסף גם הוא על שנאינו ונלחם בנו ועלה מן הארץ" The גמטריא of this פסוק is 3,316, which is the same as ג' באותה עצה, איוב יתרו בלעם, איוב שתק, יתרו ברח, בלעם יעץ. Which means that three ministers were at this meeting. בלעם gave the advice, יתרו ran away (not to be part of such a scheme) and איוב kept quiet. (גמרא - בית אברהם)

ויענונו

❧ **H**ow do we know that פרעה wanted to pain them? Perhaps he enslaved them because he wanted to build an empire?

The גמרא says that the cities of פתם and רעמסס were built on a type

"And they made us suffer," as it is said: "They set task-masters over [the people of Israel] to make them suffer with their burdens, and they built storage cities for Pharaoh, Pitom and Ramses."

"And they put hard work upon us," as it is said: "The Egyptians made the children of Israel work with rigor."

The Questions Asked

of earth that sunk every seven years, and so these cities had to be rebuilt. This is the proof he didn't enslave them for his own gain. (מדרש בחידוש)

ויתנו עלינו עבודה קשה

What is the difference between עבודה קשה and ויענונו?

עבודה קשה means work that breaks the body, ויענונו means mental anguish. When a person works hard and sees the fruits of his labor, he feels good. However, if a person works hard for no purpose (as in פתם and רעמסס) he becomes broken in spirit. Since we suffered this double pain, we were זוכה to the גאולה in body and spirit. עבודה קשה gave us the גאולת הגוף - physical גאולה, ויענונו gave us the גאולת הנפש - spiritual גאולה. (אמרי שפר)

בפרך

Why was this so difficult – a person can get used to hard work?

Since the מצריים wanted to pain us, they constantly switched the tasks of the slaves, and even forced the men to do women's work and the women to do men's work. (ע"פ המדרש)

וַנִּצְעַק אֶל־יְיָ אֱלֹהֵי אֲבֹתֵינוּ, וַיִּשְׁמַע יְיָ
אֶת־קֹלֵנוּ, וַיַּרְא אֶת־עָנְיֵנוּ, וְאֶת־
עֲמָלֵנוּ, וְאֶת לַחֲצֵנוּ:

וַנִּצְעַק אֶל־יְיָ אֱלֹהֵי אֲבֹתֵינוּ, כְּמָה
שֶׁנֶּאֱמַר: וַיְהִי בַיָּמִים הָרַבִּים הָהֵם,
וַיָּמָת מֶלֶךְ מִצְרַיִם, וַיֵּאָנְחוּ בְנֵי־יִשְׂרָאֵל מִן־הָעֲבֹדָה
וַיִּזְעָקוּ. וַתַּעַל שַׁוְעָתָם אֶל־הָאֱלֹהִים מִן־הָעֲבֹדָה:

וַיִּשְׁמַע יְיָ אֶת־קֹלֵנוּ. כְּמָה שֶׁנֶּאֱמַר: וַיִּשְׁמַע

―――――――――――― **The Questions Asked** ――――――――――――

ונצעק אל ה׳ אלהי אבותינו

❧ **W**hy does it say ונצעק אל ה׳ אלהי אבותינו our father's
G-d? Should it not have said אלוקינו our G-d?

The answer is: בני ישראל felt they didn't have their own זכויות and
asked ה׳ to help them in the זכות of their fathers. (כלי יקר - רשב״ץ)

וימת מלך מצרים

❧ **W**hy did the בני ישראל wait until the king died to
cry to ה׳?

1) בני ישראל were not permitted to cry to ה׳. But now, since the

"And we cried out to the Lord, the God of our fathers, and the Lord heard our voice and saw our suffering, our labor and our oppression."

"And we cried out to the Lord, the God of our fathers," as it is said: "During that long period, the king of Egypt died; and the children of Israel groaned because of the servitude, and they cried out. And their cry for help from their servitude rose up to God."

"And the Lord heard our voice" as it said: "And God heard

The Questions Asked

entire מצרים was in mourning, the בני ישראל were also able to cry, but in their hearts they cried to ה'. (של"ה הק')

2) Some say that פרעה didn't die, rather he just became a מצורע, which is considered like a dead person. בני ישראל cried because he killed their children to bathe in their blood. A רמז to this is וימת מלך מצרים = 926, and if you spell out the word מצורע it equals 926, מ"ם צדי"ק וא"ו רי"ש עי"ן. (מדרש - בית אהרן)

וישמע אלהים

Why does it say וישמע אלהים which is the מדה of דין, and not וישמע ה', the מדה of רחמים?

1) Because even according to the strictest דין, ה' had to redeem us, because of the promise He made with the אבות. (ריטב"א)

2) It says in the פסוק: "אלהים יבקש את הנרדף", which means even the מדת הדין helps the person who is being chased and oppressed. (בית אברהם)

אֱלֹהִים אֶת־נַאֲקָתָם, וַיִּזְכֹּר אֱלֹהִים אֶת־בְּרִיתוֹ, אֶת־אַבְרָהָם, אֶת־יִצְחָק, וְאֶת יַעֲקֹב:

וַיַּרְא אֶת־עָנְיֵנוּ: זוֹ פְּרִישׁוּת דֶּרֶךְ אֶרֶץ. כְּמָה שֶׁנֶּאֱמַר: וַיַּרְא אֱלֹהִים אֶת־בְּנֵי יִשְׂרָאֵל. וַיֵּדַע אֱלֹהִים:

וְאֶת עֲמָלֵנוּ. אֵלּוּ הַבָּנִים. כְּמָה שֶׁנֶּאֱמַר: כָּל־הַבֵּן הַיִּלּוֹד הַיְאֹרָה תַּשְׁלִיכֻהוּ, וְכָל־הַבַּת תְּחַיּוּן:

וְאֶת לַחֲצֵנוּ. זֶה הַדְּחַק. כְּמָה שֶׁנֶּאֱמַר: וְגַם־רָאִיתִי אֶת־הַלַּחַץ, אֲשֶׁר מִצְרַיִם לֹחֲצִים אֹתָם:

――― **The Questions Asked** ―――
עמלנו אלו הבנים

❧ **W**hy does עמלנו mean our children?

1) The hardest job is to raise your children.

their groaning, and God remembered His covenant with Abraham, Isaac and Jacob."

"And he saw our suffering," this refers to the separation of husband and wife, as it is said: "God saw the children of Israel and God took note."

"Our labor," this refers to the "children," as it is said: "Every boy that is born, you shall throw into the river and every girl you shall keep alive."

"And our oppression," this refers to the pressure, as it is said: "I have seen the oppression with which the Egyptians oppress them."

The Questions Asked

2) Everything a person works for – his money, house etc., is to bring up his children. (ריטב"א)

לחצנו זה הדחק

What does הדחק mean?

1) The answer is that the מצריים were not satisfied with forcing us to work hard, they wanted us to work under pressure as well. (ע"פ האמרי שפר)

2) Another פשט is: הדחק =117, which is the same amount of years בני ישראל worked עבודה קשה. From the time לוי was נפטר until ה' took us out was 117 years. ה' saw the עבודה קשה of 117 years and therefore took us out of מצרים earlier. (עיי' בית אברהם)

וַיּוֹצִאֵנוּ יְיָ מִמִּצְרַיִם, בְּיָד חֲזָקָה, וּבִזְרֹעַ נְטוּיָה, וּבְמֹרָא גָּדוֹל וּבְאֹתוֹת וּבְמוֹפְתִים:

וַיּוֹצִאֵנוּ יְיָ מִמִּצְרַיִם. לֹא עַל־יְדֵי מַלְאָךְ, וְלֹא עַל־יְדֵי שָׂרָף. וְלֹא עַל־יְדֵי שָׁלִיחַ. אֶלָּא הַקָּדוֹשׁ בָּרוּךְ הוּא בִּכְבוֹדוֹ וּבְעַצְמוֹ. שֶׁנֶּאֱמַר:

וְעָבַרְתִּי בְאֶרֶץ מִצְרַיִם בַּלַּיְלָה הַזֶּה, וְהִכֵּיתִי כָל־בְּכוֹר בְּאֶרֶץ מִצְרַיִם, מֵאָדָם וְעַד בְּהֵמָה, וּבְכָל־אֱלֹהֵי מִצְרַיִם אֶעֱשֶׂה שְׁפָטִים אֲנִי יְיָ:

וְעָבַרְתִּי בְאֶרֶץ־מִצְרַיִם בַּלַּיְלָה הַזֶּה, אֲנִי וְלֹא מַלְאָךְ. וְהִכֵּיתִי כָל בְּכוֹר בְּאֶרֶץ־מִצְרַיִם. אֲנִי וְלֹא שָׂרָף. וּבְכָל־אֱלֹהֵי מִצְרַיִם אֶעֱשֶׂה שְׁפָטִים, אֲנִי וְלֹא הַשָּׁלִיחַ. **אֲנִי** יְיָ. אֲנִי הוּא וְלֹא אַחֵר:

"The Lord took us out of Egypt, with a strong hand and an outstretched arm, and with a great manifestation, and with signs and wonders."

"The Lord took us out of Egypt," not through an angel, not through a seraph and not through a messenger. The Holy One, blessed be He, did it in His glory by Himself! Thus it is said:

"In that night I will pass through the land of Egypt, and I will smite every first-born in the land of Egypt, from man to beast, and I will carry out judgments against all the gods of Egypt, I the Lord."

"In that night I will pass through the land of Egypt," I and not an angel; **"And I will smite every first-born in the land of Egypt,"** I and not a seraph; **"And I will carry out judgments against all the gods of Egypt,"** I and not a messenger; **"I – the Lord,"** it is I, and none other!

═══════════════ The Questions Asked ═══════════════

לא על ידי שליח

✦ **W**hy did ה׳ have to take us out Himself? Couldn't He have sent a שליח?

1) The טומאה in מצרים was so great, that even if a מלאך would have gone there, he would have become טמא. (תורת אבות)

2) If he would have sent a מלאך, we would have felt obligated to give כבוד and recognition to the מלאך. This is also the reason why משה רבינו׳ס name is not mentioned in the entire הגדה, in order to stress the point that it is only ה׳ who took us out. (מעשה ה׳)

בְּיָד חֲזָקָה. זוֹ הַדֶּבֶר. כְּמָה שֶׁנֶּאֱמַר: הִנֵּה יַד־יְיָ הוֹיָה, בְּמִקְנְךָ אֲשֶׁר בַּשָּׂדֶה, בַּסּוּסִים בַּחֲמֹרִים בַּגְּמַלִּים, בַּבָּקָר וּבַצֹּאן, דֶּבֶר כָּבֵד מְאֹד:

וּבִזְרֹעַ נְטוּיָה. זוֹ הַחֶרֶב. כְּמָה שֶׁנֶּאֱמַר: וְחַרְבּוֹ שְׁלוּפָה בְּיָדוֹ, נְטוּיָה עַל־יְרוּשָׁלָיִם:

וּבְמוֹרָא גָּדוֹל, זֶה גִּלּוּי שְׁכִינָה. כְּמָה

The Questions Asked

ביד חזקה

Why does the פסוק mention five different animals?

The answer is: Five species of their animals died as punishment for five things the מצריים did to us. (אבן ישפה ע״פ המדרש)

1 - עבודה קשה

2 - They killed the children.

3 - They threw the children in the river.

4 - While the בני ישראל were working, the מצריים hit them.

5 - פרעה had blood baths with the blood of אידישע children.

Another answer is that they treated the בני ישראל like בהמות in five different ways:

1 -They had to carry heavy packages.

"With a strong hand," this refers to the *dever* (pestilence) as it is said: "Behold, the hand of the Lord will be upon your livestock in the field, upon the horses, the donkeys, the camels, the herds and the flocks, a very severe pestilence."

"And with an outstretched arm," this refers to the sword, as it is said: "His sword was drawn, in his hand, stretched out over Jerusalem."

"And with a great manifestation," this refers to the revelation

The Questions Asked

2 - They were not allowed to live in houses.
3 - They gave them spoiled food.
4 - They whipped them.
5 - They killed them for their blood.

Due to these five things, we were redeemed with five מעלות of (אבן ישפה) 1) ביד חזקה 2) זרוע נטויה 3) מורא גדול 4) אותות 5) מופתים

ובזרוע נטויה

The תנא says ובזרוע נטויה means the חרב, sword. Where was there a חרב during the מכות?

1) During מכת בכורות, השי"ת כביכול used His חרב. חרב is גימטריא 210. Since the בני ישראל were in מצרים for 210 years, the מצריים were smitten with the חרב. (בית אברהם)

2) The מדרש says that when the בכורים heard the warning for מכת בכורות, they started a civil war in מצרים to force פרעה to let בני ישראל leave. This is what the פסוק means by חרב – the חרב of the בכורי מצרים. (כל בו)

שֶׁנֶּאֱמַר: אוֹ הֲנִסָּה אֱלֹהִים, לָבוֹא לָקַחַת לוֹ גוֹי מִקֶּרֶב גּוֹי, בְּמַסֹּת בְּאֹתֹת וּבְמוֹפְתִים וּבְמִלְחָמָה, וּבְיָד חֲזָקָה וּבִזְרוֹעַ נְטוּיָה, וּבְמוֹרָאִים גְּדֹלִים. כְּכֹל אֲשֶׁר־עָשָׂה לָכֶם יְיָ אֱלֹהֵיכֶם בְּמִצְרַיִם, לְעֵינֶיךָ:

וּבְאֹתוֹת. זֶה הַמַּטֶּה, כְּמָה שֶׁנֶּאֱמַר: וְאֶת הַמַּטֶּה הַזֶּה תִּקַּח בְּיָדֶךָ. אֲשֶׁר תַּעֲשֶׂה־בּוֹ אֶת־הָאֹתֹת:

וּבְמוֹפְתִים. זֶה הַדָּם. כְּמָה שֶׁנֶּאֱמַר: וְנָתַתִּי מוֹפְתִים, בַּשָּׁמַיִם וּבָאָרֶץ:

The Questions Asked

ובמורא גדול

What is זו גילוי שכינה referring to?

The answer is that during the מכת בכורות, בני ישראל were actually able to see the שכינה. Therefore, by מתן תורה ה׳ said אנכי ה׳ אלהיך אשר הוצאתי אתכם מארץ מצרים – I am the one that saved you from מצרים in order that you should do my מצות, you saw me there!

גילוי שכינה is גימטריא משיח בן דוד. The next time ה׳ will reveal His שכינה to all, is when משיח בן דוד comes. (בית אברהם)

89 ✦ שואל כענין

of the Shechinah (Divine Presence), as it is said: "Has any God ever tried to take for himself a nation from the midst of another nation, with trials, signs and wonders, with war and with a strong hand and an outstretched arm, and with great manifestations, like all that the Lord your God, did for you in Egypt before your eyes!"

"And with signs," this refers to the staff, as it is said: "Take into your hand this staff with which you shall perform the signs."

"And wonders," this refers to the blood, as it is said: "And I shall show wonders in heaven and on earth."

The Questions Asked

ובאותות זה המטה

✑ **W**hat is מטה referring to?

1) The מטה is referring to the stick of אהרן that turned into a נחש and swallowed the other sticks, which was a (אות) sign that ה' sent them. (שבלי הלקט)

2) It's referring to the stick of משה, with which he performed the מכות. (מדרש)

ובמפתים זה הדם

✑ **W**hy do we pour a drop of wine out of our cup by each מכה?

To symbolize that we are throwing the מכות on our enemies. We therefore dispose of these drops rather than pour them back into the כוס. (ע״פ המהרי״ל)

נוהגים להטיף מעט מן הכוס בעת אמירת "דם ואש ותמרות עשן", וגם באמירת דם צפרדע וכו', וגם באמירת "דצ"ך עד"ש באח"ב".

אצל בני סוריא רק בעל הבית עושה כן, וזורק הטפות ומוזג כוסו. ואצל הרבה בני ספרד כולם נוהגים להטיף עד ששפכו כולו, ושופכים היין שבקערה וחוזרים ושוטפים את הכוס וממלאים אותו שנית.

The מנהג *is to pour a drop of wine from the* כוס *when we say:* "דם ואש ותמרות עשן" *when we mention each* מכה *separately, and again when we say:* "דצ"ך, עד"ש, באח"ב", *altogether 16 times.*

By the Syrians only the leader pours the drops. They are thrown away and his cup is refilled.

By many ספרדים *all the participants pour the drops till their* כוס *is empty. Then they wash out and refill their* כוס*.*

דָּם. וָאֵשׁ. וְתִמְרוֹת עָשָׁן:

דָּבָר אַחֵר. בְּיָד חֲזָקָה שְׁתַּיִם. וּבִזְרֹעַ נְטוּיָה שְׁתַּיִם. וּבְמוֹרָא גָּדוֹל שְׁתַּיִם. וּבְאֹתוֹת שְׁתַּיִם. וּבְמֹפְתִים שְׁתַּיִם: אֵלּוּ עֶשֶׂר מַכּוֹת שֶׁהֵבִיא הַקָּדוֹשׁ בָּרוּךְ הוּא עַל־הַמִּצְרִים בְּמִצְרַיִם, וְאֵלּוּ הֵן:

דָּם. צְפַרְדֵּעַ. כִּנִּים. עָרוֹב. דֶּבֶר. שְׁחִין. בָּרָד. אַרְבֶּה. חֹשֶׁךְ. מַכַּת בְּכוֹרוֹת:

Blood, and fire, and pillars of smoke.

Another explanation: "Strong hand" indicates two [plagues]; "Outstretched arm," another two; "Great manifestation," another two; "Signs," another two; and "Wonders," another two.

These are the Ten Plagues which the Holy One, blessed be He, brought upon the Egyptians, namely as follows:

The מנהג is to pour a drop of wine from the כוס when we say each מכה.

Blood. Frogs. Lice.

Wild Beasts. Pestilence. Boils.

Hail. Locust. Darkness.

Slaying of the First-born.

The Questions Asked

דבר אחר

Where is there a רמז that מופתים refers to מכת דם?

The answer is: מפתים is the גימטריא of מופת דם, 570. (בית אברהם)

How does the תנא דרשן from this פסוק the 10 מכות?

The answer is: ביד חזקה is 2 words, ובזרוע נטויה is 2 words, ובמורא גדול is 2 words, ובאתות is a לשון רבים (plural) (2), ובמופתים is also לשון רבים (2) – altogether 10, a רמז to the 10 מכות. (אברבנאל)

The Questions Asked

An explanation of what happened by the מכות, and to show השגחת השי"ת in punishing מדה כנגד מדה.

דם

How does the מדרש explain what happened by מכת דם?

All the water in מצרים turned into blood, including water that was in vessels. Even the saliva of the מצְרים turned into blood, and even the water content of wooden vessels turned into blood. When a מצרי sat on a chair, his clothes were soiled with blood from the wooden chair. If a מצרי and איד were partners in a water tank, when the מצרי took water from the tank it was blood, but when the איד took water it was crystal clear. The מצְרים were forced to either drink salt water from the sea or buy fresh water from a איד.

The מכה also caused the entire country of מצרים to stink from the stench of the blood and dead fish. Although the מצְרים smeared their bodies with perfumes, it was not powerful enough to overcome the strong, horrid smell.

What was the reason for מכת דם?

1) The מצריים served the Nile river, so ה' punished their god first, so that they should know it was ה' punishing them, and not their ע"ז. (ילקוט שמעוני)

2) They didn't allow the בני ישראל to go to the מקוה, or wash themselves properly. (שמות רבה)

The Questions Asked
---

3) An עבד does not have any possessions, since everything belongs to his master. ה׳ wanted בני ישראל to lose the mentality of slavery by the very first מכה. By מכת דם, the בני ישראל sold water to the מצריים and thereby had their own money. (ע״פ שמות רבה)

צפרדע

❧ *H*ow does the מדרש explain what happened by מכת צפרדע?

From every water in מצרים emerged frogs. Every cup of water, every drop of sweat and every drop of water on the ground, turned into frogs.

The frogs entered their dough and died as they baked in the oven. When a מצרי would eat the bread, the frogs would become alive in their stomachs and start to croak. The מצרִים would lie on the ground from the pain and croaking of the frogs inside them.

If a מצרי locked his door and windows, the frogs would enter even through marble floors. If they went to hide in tunnels the frogs would follow and enter. The מצריים were humiliated when the frogs bit their private parts when they went to the bathroom. A מצרי could not converse with his friend, since the croaking of the frogs was so loud.

❧ *W*hat was the reason for מכת צפרדע?

1) The מצריים would scream at the בני ישראל to get up early, so ה׳ made the frogs disturb their sleep. (תולדות אדם)

2) They didn't let the בני ישראל go to the bathroom (in the middle

of work), so when the מצריים went to the bathroom, the frogs bit and pulled out their intestines. (ע"פ מד"ר)

3) Since they didn't let the בני ישראל wash themselves, they were left with a terrible stench when the frogs died. (מדרש)

כינים

How does the מדרש explain what happened by מכת כינים?

The entire earth of מצרים turned into lice and from the earth it went onto the people and animals. Up until two feet of the earth turned into כנים, and all their food and drinks were full of lice. Wherever a מצרי stepped there was lice, many as large as a chicken egg. When the כנים bit the מצְרים and they wanted to scratch the itch, השם immobilized the hands of the מצְרים so that they could not scratch themselves. Since they were in such pain, they would rub themselves on the walls until blood was pouring from their completely peeled skins.

What was the reason for מכת כינים?

1) Since the בני ישראל had to work the earth, the earth turned into כינים. (ילקוט שמעוני)

2) Since the בני ישראל were not allowed to wash themselves, they were full of lice – so the מצריים were stricken with lice. (מדרש לקח טוב)

━━━━━━━━━━ **The Questions Asked** ━━━━━━━━━━

ערוב

❧ **H**ow does the מדרש explain what happened by מכת ערוב?

During the מכה of ערוב, all different species of wild animals came. Normally, animals travel together with their own species. But during the מכה they came mixed together, wild animals together with wild birds. השם brought them together with their natural habitat so they should feel comfortable and secure to attack. The מצְרים locked their houses and courtyards so that the animals should not be able to enter. השם brought from the sea animals that resemble humans, with arms almost 20 feet long. They tore through the roofs of the מצְרים houses and opened their doors, allowing the animals in to snatch their children. When מכת ערוב was over, not one animal was left in מצְרים, so that the מצְרים would not be able to use their hides or fur.

❧ **W**hat was the reason for מכת ערוב?

1) They sent בני ישראל to trap wild animals and the בני ישראל died while trying to trap them. (מדרש)

2) They used בני ישראל as sport for bullfights, therefore their animals were killed. (ע״פ מדרש הגדול)

דבר

❧ **H**ow does the מדרש explain what happened by מכת דבר?

During מכת דבר, all the different species of animals of the מצְרים

which were left in the fields died. Even though the nature of this מכה is to travel and spread over the entire land, not one animal of בני ישראל died, even if it was in between two בהמות of the מצרים! A בהמה which was partly owned by a איד also did not die. Even the sick בהמות of a איד which should have died during this time, did not die, so that the מצרים should not say, 'look, even בני ישראל were effected by this מכה.'

✤ **W**hat was the reason for מכת דבר?

1) They treated the בני ישראל like animals, using them as donkeys to pull their plows and carry their packages, and as horses to ride on. Therefore their בהמות died. (מדרש)

2) They forced בני ישראל away from their families in order to take care of their animals in the deserts and mountains. Therefore their בהמות died. (מדרש)

שחין

✤ **H**ow does the מדרש explain what happened by מכת שחין?

This מכה was brought through משה and אהרן. Each one took two fistfuls of hot ash. It fit miraculously into the one fist of משה רבינו. משה then threw it into the air and it spread over the entire מצרים. The boils were dry like leprosy on the outside, and full of blood and puss on the inside. As a result, the מצרים were unable to bathe in cold or hot water to relieve the itching. The שחין covered them from head to toe, causing their flesh to stink and look disgusting in the eyes of anyone who saw them.

What was the reason for מכת שחין?

1) Since they made the בני ישראל clean the baths, ה׳ punished them in a way that they could not bathe. (ע״פ מדרש רבה)

2) Since the מצריים hit the בני ישראל causing the בני ישראל to get boils, so, too, the מצריים got boils. (תולדות אדם)

ברד

How does the מדרש explain what happened during מכת ברד?

In מצרים it never rains or thunders, yet by מכת ברד hail came down with deafening thunder. The ברד was frozen water on the outside and fire on the inside. You were able to see the fire clearly through the ice. It was six טפחים high, in which the bottom three טפחים were the mixture of fire and ice, and the top three טפחים was a ball of fire.

The ברד acted as a sharp knife, cutting everything it encountered. People struck by the ברד froze, and were then burnt. All animals that were left in the fields, all trees and vegetation, were hit and burnt by the ברד except for the wheat and spelt. They were miraculously saved in order to serve as a threat to the מצרים, that if they don't free the בני ישראל, then מכת ארבה will eat everything that is left.

What was the reason for מכת ברד?

1) Since the בני ישראל were forced to work the fields, ה׳ destroyed them. (מדרש רבה)

2) Since they would lock the בני ישראל in prisons, the מצריים were forced to stay closed up in their houses. For if they would leave their houses, they would be killed by the ברד. (ע״פ התנחומא)

3) Since they whipped and screamed at the בני ישראל while they worked, they, too, were frightened by the thunder when the ברד struck them. (מדרש)

ארבה

How does the מדרש explain what happened during מכת ארבה?

The ארבה came all at once, covering the entire מצרים. There were so many ארבה that they touched each other, thereby covering the entire sky and one could not tell if it was day or night. They consumed everything, even the trees, and yet they did not leave. Instead, they entered the houses and ate all the food that was there. The ארבה swooped upon the faces of the מצְרים, bit them, and poked out their eyes. After the מכה, the wind removed every single ארבה, even the ones the מצְרים preserved to eat.

What was the reason for מכת ארבה?

1) Since the מצריים didn't properly feed בני ישראל, ה׳ took away their food. (בית אברהם)

2) רבינו חננאל says that from the פסוק, ״ואחריו לא יהיה כן״ we learn that as a זכר to the מכות, there will never again be a מכה of ארבה in מצרים. The רמב״ן says that he once witnessed a plague of locusts in all the

━━━━━━━━━━━━ **The Questions Asked** ━━━━━━━━━━━━

lands surrounding מצרים, but not one crossed the border into מצרים itself, just as the רבינו חננאל says. (רמב״ן)

חשך

❦ **H**ow does the מדרש explain what happened during מכת חשך?

During the מכה of חושך a dark, thick cloud descended from heaven, and you were able to feel the darkness. If the מצרים tried to light candles, they were immediately extinguished. During the first three days of the מכה, the מצרים could not see one another. During the following three days, the darkness was four times thicker so that it was impossible to move. Someone who was sitting could not stand and someone who was standing could not sit.

The בני ישראל were not affected by this darkness. To the contrary, even at night, wherever a איד went in מצרים, it was the light of day. The בני ישראל entered the houses of the מצרים to see their wealth, and although the מצרים could not move, not a penny of theirs was taken. The מצרים were petrified by the footsteps they heard in their houses, and were punished by nightmarish visions.

❦ **W**hat was the reason for מכת חשך?

1) Since they made the בני ישראל work day and night, ה׳ turned their day into night. (בית אברהם)

2) Since they locked בני ישראל in prisons, (and מצרים itself was one big prison) ה׳ made it that they couldn't walk or move. (מדרש)

רַבִּי יְהוּדָה הָיָה נוֹתֵן בָּהֶם סִמָּנִים:

דְּצַ"ךְ עַדַ"שׁ בְּאַחַ"ב:

רַבִּי יוֹסֵי הַגְּלִילִי אוֹמֵר: מִנַּיִן אַתָּה אוֹמֵר, שֶׁלָּקוּ הַמִּצְרִים בְּמִצְרַיִם עֶשֶׂר מַכּוֹת, וְעַל

═══════════ The Questions Asked ═══════════

מכת בכורות

❧ **H**ow does the מדרש explain what happened during מכת בכורות?

During מכת בכורות, every type of possible בכור in מצרים died: A בכור מצרי who was living in another country or a בכור of another nation who was living in מצרים; a בכור who was a servant or maid, a בכור of an animal, a בכור from the father only or a בכור from the mother, a male בכור or a female בכורה – they all perished. Even a statue or picture of a בכור was demolished. Dogs went to the burial plots of בכורים, undug the graves, and ate the bones. In a house where there wasn't a בכור, the oldest of the house died. However, a Jewish בכור even in the house of a מצרי, did not die.

❧ **W**hat was the reason for מכת בכורות?

1) Since they forced the בכור of ה' to work, ה' killed their בכור. (מדרש)

2) They thought they were the chosen nation, therefore ה' killed

Rabbi Yehudah referred to them by acronyms.

DeTzaCh (blood, frogs, lice);

ADaSh (beasts, pestilence, boils);

BeAChaV (hail, locust, darkness, first–born).

Rabbi Yosi the Gallilean said: How do you know that the Egyptians were stricken by ten plagues in Egypt, and then

───────────── **The Questions Asked** ─────────────

everything of theirs that had the name of בכור, to show that only בני ישראל have a connection with בכור, being the first, chosen, and superior nation. (ע"פ האוה"ח הק')

דצ"ך עד"ש באח"ב

❧ **W**hy did רבי יהודה have to give these סימנים?

Since in תהילים the מכות are written in a different order, ר' יהודה gave us a סימן to help us remember the correct order. (הגהות מיימוניות)

ועל הים לקו חמישים מכות

❧ **W**hat are some of the נסים that happened at קריעת ים-סוף?

1) Even though the מצרים saw the great נסים of the עשרה מכות and begged בני ישראל to leave מצרים, they still chased after בני ישראל.

2) The מצרים chasing the בני ישראל did not fall or stumble, and took

הַיָּם, לָקוּ חֲמִשִּׁים מַכּוֹת? בְּמִצְרַיִם מָה הוּא אוֹמֵר: וַיֹּאמְרוּ הַחַרְטֻמִּם אֶל־פַּרְעֹה, אֶצְבַּע אֱלֹהִים הִוא. וְעַל הַיָּם מָה הוּא אוֹמֵר? וַיַּרְא

The Questions Asked

this as a good sign that they should continue the chase and not return to מצרים.

3) The מצרים shot arrows at the בני ישראל. The ענן absorbed them and threw the arrows back to the מצרים, so that not even one arrow reached the בני ישראל.

4) The ים-סוף did not split at once, rather as the בני ישראל proceeded into the ים, it kept on splitting before them.

5) The water formed as a canopy over the בני ישראל.

6) The depths of the sea dried up completely as if water never passed over it.

7) The floor of the sea turned into bricks of marble.

8) Even though the ocean floor is slanted, the water froze in a way that the בני ישראל should be able to walk directly across it.

9) Even the old and weak were able to walk fast and securely through the ים.

10) The water on both sides of בני ישראל towered 1,200,000 feet so that all the nations of the world should witness the נס.

11) All the waters of the entire world split, including water that was in barrels, so that no one could deny that קריעת ים-סוף was a miracle.

were struck by fifty plagues at the sea? In Egypt it says of them, "The magicians said to Pharaoh 'This is the finger of God.' At the sea it

━━━━━━━━━━━━━━ **The Questions Asked** ━━━━━━━━━━━━━━

12) The ים-סוף waters split into 12 columns, allowing each שבט to proceed in his own path.

13) Each of the above columns of water was clear as glass, enabling the שבטים to see one another.

14) When the בני ישראל wanted a drink, they touched the wall of water and a fountain of fresh sweet water flowed.

15) When they finished drinking, the water froze and did not descend to the ground.

16) Fruit trees grew by the columns of water, and a mother was able to pick a fruit to give it to her child.

17) Vegetables sprouted from the ocean floor allowing the animals of בני ישראל to eat as they passed.

18) The sound of the splitting of the sea was deafening and was heard all over the world, causing the people to get goose-bumps from fright.

19) Although there was a thunderous noise from the howling wind, not one pregnant woman miscarried from fright.

20) Even though the מצרים saw the fantastic miracle of קריעת ים-סוף, they continued chasing after the בני ישראל, thinking that the ים will stay split for them.

21) The ים returned to its normal state all at once (not slowly melting like ice), covering the מצריים in the process.

יִשְׂרָאֵל אֶת־הַיָּד הַגְּדֹלָה, אֲשֶׁר עָשָׂה יְיָ בְּמִצְרַיִם,
וַיִּירְאוּ הָעָם אֶת־יְיָ. וַיַּאֲמִינוּ בַּייָ, וּבְמֹשֶׁה עַבְדּוֹ.

The Questions Asked

22) Part of the river bed turned into quicksand, swallowing up the מִצְרִים.

23) The river bed turned into cement, holding the מִצְרִים in place until the בני ישראל finished crossing the ים.

24) The water that was towering above came down as rocks on the מִצְרִים.

25) Stones and coals descended on the מצריים from the heavens.

26) The very same wind which froze the water for the בני ישראל, melted the water for the מִצְרִים.

27) The מִצְרִים suffered from the smell of the salt-water while the בני ישראל enjoyed pleasant smells from גַּן־עֵדֶן.

28) One wheel was dislodged from the chariots. This caused it to wobble and as a result, to break every bone of the מִצְרִים.

29) The מִצְרִים who were still on dry land did not want to go forward, but their horses refused to turn their heads and carried on.

30) The water exceeded its borders to drown any מצרי who escaped from the ים with the use of magic.

31) The waters continued flowing into מצרים to drown the families of those who were in the ים.

32) The water tossed the מצרי and his chariot into the air. When they fell, the chariot was on top and the מצרי underneath it.

says, "Israel saw the great hand that the Lord laid against Egypt; and the people feared the Lord, and they believed in the Lord and in His

The Questions Asked

33) The waters were so powerful that they removed their clothes and ripped their flesh.

34) Most of the מצְרים fell out of their chariots. The biggest רשעים were thrashed about like straw in the water, the least wicked sunk immediately to the bottom like lead.

35) Members of other nations who came to help פרעה did not die, but suffered from the raging water.

36) The מצְרים were pained when they realized that they will drown and the בני ישראל would be saved.

37) The ים spit the מצְרים onto dry land.

38) The מצְרים did not die in the ים but were semi-conscious, allowing the בני ישראל to take their own revenge.

39) The entire time the מצְרים entered the ים, they were engulfed with darkness.

40) השם raised the land of מצרים, so that those who remained in מצרים will see the downfall of the מצְרים by the ים.

41) Those on the ים saw the entire מצרים go up in flames.

42) פרעה did תשובה and remained alive.

43) To convince the מצְרים to chase after the בני ישראל, פרעה gave away all his riches to those who will join him. The מצְרים took these treasures with them, and the ים spit it out for the בני ישראל to take.

44) The earth swallowed all of the מצְרים.

כַּמָּה לָקוּ בָּאֶצְבַּע, עֶשֶׂר מַכּוֹת: אֱמוֹר מֵעַתָּה, בְּמִצְרַיִם לָקוּ עֶשֶׂר מַכּוֹת, וְעַל־הַיָּם, לָקוּ חֲמִשִּׁים מַכּוֹת:

רַבִּי אֱלִיעֶזֶר אוֹמֵר: מִנַּיִן שֶׁכָּל־מַכָּה וּמַכָּה, שֶׁהֵבִיא הַקָּדוֹשׁ בָּרוּךְ הוּא עַל הַמִּצְרִים בְּמִצְרַיִם, הָיְתָה שֶׁל אַרְבַּע מַכּוֹת? שֶׁנֶּאֱמַר: יְשַׁלַּח־בָּם חֲרוֹן אַפּוֹ, עֶבְרָה וָזַעַם וְצָרָה. מִשְׁלַחַת מַלְאֲכֵי רָעִים. עֶבְרָה אַחַת. וָזַעַם שְׁתַּיִם. וְצָרָה שָׁלֹשׁ. מִשְׁלַחַת מַלְאֲכֵי רָעִים אַרְבַּע: אֱמוֹר מֵעַתָּה, בְּמִצְרַיִם לָקוּ אַרְבָּעִים מַכּוֹת, וְעַל הַיָּם לָקוּ מָאתַיִם מַכּוֹת:

=========== **The Questions Asked** ===========

45) The punishment was מדה כנגד מדה. Just as the מצרים killed the בני ישראל by throwing their babies into the water, so, too, they were killed by being thrown into the water.

46) Even though many of the בני ישראל served עבודה זרה and took the עבודה זרה with them, השם performed the נס for them anyway, in the זכות of the אמונה that they followed משה רבינו.

47) The בני ישראל saw יעקב אבינו, who came to witness the great נסים of קריעת ים-סוף.

servant Moses." Now, how often were they smitten by 'the finger'? Ten plagues! Thus you must conclude that in Egypt they were smitten by ten plagues, at the sea they were smitten by fifty plagues!

Rabbi Eliezer said: How do we know that each individual plague which the Holy One, blessed be He, brought upon the Egyptians in Egypt consisted of four plagues? For it is said: "He sent against them His fierce anger, fury, and indignation, and trouble, a discharge of messengers of evil": 'Fury,' is one; 'Indignation,' makes two; 'Trouble,' makes three; 'Discharge of messengers of evil,' makes four. Thus you must now say that in Egypt they were struck by forty plagues, and at the sea they were stricken by two hundred plagues.

The Questions Asked

48) השם appeared to בני ישראל so that they should see who is making the נסים for them.

49) The entire כלל ישראל were זוכה (merited) to נבואה, reciting the שירה with משה רבינו, word for word.

50) Even the youngest children, even a fetus in his mother's womb, said שירה and saw כביכול השי״ת.

רבי אליעזר אומר וגו'

❧ **W**hat does it mean there were four/five מכות in each מכה?

The answer is: If a person hits someone, it can cause several different results. The victim can be: hurt, bleeding, crying, embarrassed, unable to work, loses money. One action can cause many different damages. For example in מכת דם, the מצרים were thirsty, their fish died, they suffered monetary loss because they had to pay for water etc. (בית אברהם)

רַבִּי עֲקִיבָא אוֹמֵר: מִנַּיִן שֶׁכָּל־מַכָּה וּמַכָּה, שֶׁהֵבִיא הַקָּדוֹשׁ בָּרוּךְ הוּא עַל הַמִּצְרִים בְּמִצְרַיִם, הָיְתָה שֶׁל חָמֵשׁ מַכּוֹת? שֶׁנֶּאֱמַר: יְשַׁלַּח־בָּם חֲרוֹן אַפּוֹ, עֶבְרָה וָזַעַם וְצָרָה. מִשְׁלַחַת מַלְאֲכֵי רָעִים. חֲרוֹן אַפּוֹ אַחַת. עֶבְרָה שְׁתַּיִם. וָזַעַם שָׁלֹשׁ. וְצָרָה אַרְבַּע. מִשְׁלַחַת מַלְאֲכֵי רָעִים חָמֵשׁ: אֱמוֹר מֵעַתָּה, בְּמִצְרַיִם לָקוּ חֲמִשִּׁים מַכּוֹת, וְעַל הַיָּם לָקוּ חֲמִשִּׁים וּמָאתַיִם מַכּוֹת:

כַּמָּה מַעֲלוֹת טוֹבוֹת לַמָּקוֹם עָלֵינוּ:

אִלּוּ הוֹצִיאָנוּ מִמִּצְרַיִם, וְלֹא עָשָׂה בָהֶם שְׁפָטִים, **דַּיֵּנוּ:**

אִלּוּ עָשָׂה בָהֶם שְׁפָטִים, וְלֹא עָשָׂה בֵאלֹהֵיהֶם, **דַּיֵּנוּ:**

אִלּוּ עָשָׂה בֵאלֹהֵיהֶם, וְלֹא הָרַג אֶת־בְּכוֹרֵיהֶם, **דַּיֵּנוּ:**

Rabbi Akiva said: How do we know that each individual plague which the Holy One, blessed be He, brought upon the Egyptians in Egypt consisted of five plagues? For it is said: "He sent against them his fierce anger, fury, and indignation, and trouble, a discharge of messengers of evil": "His fierce anger," is one; "fury," makes two; "indignation," makes three; "trouble," makes four; "discharge of messengers of evil," makes five. Thus you must now say that in Egypt they were struck by fifty plagues, and at the sea they were stricken by two hundred and fifty plagues.

How many levels of favors has the Omnipresent One bestowed upon us:

If He had brought us out from Egypt, and had not carried out judgments against them   **Dayenu,** it would have sufficed us!

If He had carried out judgments against them, and not against their idols   **Dayenu,** it would have sufficed us!

If He had destroyed their idols, and had not smitten their first–born   **Dayenu,** it would have sufficed us!

=============== **The Questions Asked** ===============

דיינו

❧ *H*ow come there are 15 דיינו'ס?

In the בית המקדש there were 15 steps going from the עזרה to the היכל, which represents the 15 levels of קדושה that a person can reach. In similar fashion, we went 15 steps until we entered ארץ ישראל and were זוכה to the בית המקדש. (ע"פ הריטב"א)

אִלּוּ הָרַג אֶת־בְּכוֹרֵיהֶם, וְלֹא נָתַן לָֽנוּ
אֶת־מָמוֹנָם, **דַּיֵּֽנוּ:**

אִלּוּ נָתַן לָֽנוּ אֶת־מָמוֹנָם, וְלֹא קָֽרַע לָֽנוּ
אֶת־הַיָּם, **דַּיֵּֽנוּ:**

אִלּוּ קָֽרַע לָֽנוּ אֶת־הַיָּם, וְלֹא הֶעֱבִירָֽנוּ
בְּתוֹכוֹ בֶּחָרָבָה, **דַּיֵּֽנוּ:**

אִלּוּ הֶעֱבִירָֽנוּ בְּתוֹכוֹ בֶּחָרָבָה, וְלֹא שִׁקַּע
צָרֵֽינוּ בְּתוֹכוֹ, **דַּיֵּֽנוּ:**

אִלּוּ שִׁקַּע צָרֵֽינוּ בְּתוֹכוֹ, וְלֹא סִפֵּק צָרְכֵּֽנוּ
בַּמִּדְבָּר אַרְבָּעִים שָׁנָה, **דַּיֵּֽנוּ:**

אִלּוּ סִפֵּק צָרְכֵּֽנוּ בַּמִּדְבָּר אַרְבָּעִים שָׁנָה,
וְלֹא הֶאֱכִילָֽנוּ אֶת־הַמָּן, **דַּיֵּֽנוּ:**

אִלּוּ הֶאֱכִילָֽנוּ אֶת־הַמָּן, וְלֹא נָתַן לָֽנוּ
אֶת־הַשַּׁבָּת, **דַּיֵּֽנוּ:**

אִלּוּ נָתַן לָֽנוּ אֶת־הַשַּׁבָּת, וְלֹא קֵֽרְבָֽנוּ
לִפְנֵי הַר סִינַי, **דַּיֵּֽנוּ:**

If He had smitten their first–born, and had not given us their wealth **Dayenu,** it would have sufficed us!

If He had given us their wealth, and had not split the sea for us **Dayenu,** it would have sufficed us!

If He had split the sea for us, and had not taken us through it on dry land **Dayenu,** it would have sufficed us!

If He had taken us through the sea on dry land, and had not drowned our oppressors in it **Dayenu,** it would have sufficed us!

If He had drowned our oppressors in it, and had not supplied our needs in the desert for forty years **Dayenu,** it would have sufficed us!

If He had supplied our needs in the desert for forty years, and had not fed us the manna **Dayenu,** it would have sufficed us!

If He had fed us the manna, and had not given us the Shabbat **Dayenu,** it would have sufficed us!

If He had given us the Shabbat, and had not brought us before Mount Sinai **Dayenu,** it would have sufficed us!

===== **The Questions Asked** =====

ולא נתן לנו את ממונם

❦ **H**ow can we say השי״ת didn't have to give us their money – He promised us רכוש גדול?!

1) He would have given it to us, but we would have been happy without it.

2) He gave us a רכוש גדול twice, by יציאת מצרים and again by קריעת ים סוף. (חופת אליהו)

אִלּוּ קֵרְבָנוּ לִפְנֵי הַר סִינַי, וְלֹא נָתַן לָנוּ אֶת־הַתּוֹרָה, דַּיֵּנוּ:

אִלּוּ נָתַן לָנוּ אֶת־הַתּוֹרָה, וְלֹא הִכְנִיסָנוּ לְאֶרֶץ יִשְׂרָאֵל דַּיֵּנוּ:

אִלּוּ הִכְנִיסָנוּ לְאֶרֶץ יִשְׂרָאֵל, וְלֹא בָנָה לָנוּ אֶת־בֵּית הַבְּחִירָה דַּיֵּנוּ:

עַל אַחַת כַּמָּה וְכַמָּה טוֹבָה כְּפוּלָה וּמְכֻפֶּלֶת לַמָּקוֹם עָלֵינוּ:

שֶׁהוֹצִיאָנוּ מִמִּצְרַיִם, וְעָשָׂה בָהֶם שְׁפָטִים,

וְעָשָׂה בֵאלֹהֵיהֶם, וְהָרַג אֶת־בְּכוֹרֵיהֶם,

The Questions Asked

ולא נתן לנו את התורה

What would we have gained if we would have gone to הר סיני but not receive the תורה?

The מדרש says that the אבות and the שבטים were מקיים the entire תורה before it was given. They were capable of knowing the entire תורה

If He had brought us before Mount Sinai, and had not given us the Torah   **Dayenu,** it would have sufficed us!

If He had given us the Torah, and had not brought us into the land of Israel   **Dayenu,** it would have sufficed us!

If He had brought us into the land of Israel, and had not built for us the Beit Habechirah (Chosen House; the Beit Hamikdash)

     Dayenu, it would have sufficed us!

Thus how much more so should we be grateful to the Omnipresent One for the doubled and redoubled goodness that He has bestowed upon us;

For He has brought us

out of Egypt,   and carried out judgments against them,

and against their idols,   and smote their first–born,

─────────── **The Questions Asked** ───────────

because they did not have a רצון for גשמיות. They therefore instinctively knew on their own the will of ה'. By הר סיני we were on that same level of קדושה, and would have been able to know the תורה, the רצון of השי"ת, by ourselves. (קדושת לוי)

על אחת כמה וכמה...
לכפר על כל עונותנו

❧ **W**hy do we say the בית המקדש was a כפרה for us?

1) We were מקריב קרבנות in the בית המקדש. (ע״פ שבלי הלקט)

2) The מדרש says that when ה' was angry and wanted to destroy the בני ישראל, He destroyed the בית המקדש instead. (ע״פ הבית אברהם)

וְנָתַן לָנוּ אֶת־מָמוֹנָם,   וְקָרַע לָנוּ אֶת־הַיָּם,

וְהֶעֱבִירָנוּ בְתוֹכוֹ בֶּחָרָבָה, וְשִׁקַּע צָרֵינוּ בְּתוֹכוֹ,

וְסִפֵּק צָרְכֵּנוּ בַּמִּדְבָּר

אַרְבָּעִים שָׁנָה,   וְהֶאֱכִילָנוּ אֶת־הַמָּן,

וְנָתַן לָנוּ אֶת־הַשַּׁבָּת,   וְקֵרְבָנוּ לִפְנֵי הַר סִינַי,

וְנָתַן לָנוּ אֶת־הַתּוֹרָה, וְהִכְנִיסָנוּ לְאֶרֶץ יִשְׂרָאֵל,

וּבָנָה לָנוּ אֶת־בֵּית הַבְּחִירָה,

לְכַפֵּר עַל־כָּל־עֲוֹנוֹתֵינוּ.

עד כאן אומרים בשבת הגדול.
Until this part is said on שבת הגדול.

כל אחד ואחד מחוייב לשמוע או לומר רבן גמליאל היה אומר וכו', ולכן חייב בעל
הסדר לבארו שכל אחד יבינו. שבזה יוצאים חיוב סיפור יציאת מצרים.
Everyone must recite or hear this section of the הגדה. *It therefore must*
be explained so that all will understand.

רַבָּן גַּמְלִיאֵל הָיָה אוֹמֵר: כָּל שֶׁלֹּא
אָמַר שְׁלֹשָׁה דְבָרִים אֵלּוּ בַּפֶּסַח,
לֹא יָצָא יְדֵי חוֹבָתוֹ, וְאֵלּוּ הֵן:

פֶּסַח. מַצָּה. וּמָרוֹר:

and gave us their wealth,	and split the sea for us,
and took us through it on dry land,	and drowned our oppressors in it,
and supplied our needs in the desert for forty years,	and fed us the manna,
and gave us the Shabbat,	and brought us before Mount Sinai,
and gave us the Torah,	and brought us into the land of Israel

and built for us the Beit Habechirah
to atone for all our sins.

Until here to be said on Shabbos Hagadol.

Rabban Gamliel used to say: Whoever does not discuss the following three things on Passover has not fulfilled his duty,

namely:

Passover (the Passover–sacrifice);

Matzah (the unleavened bread)

and Maror (the bitter herbs).

━━━━━━━━━━━━━━━ The Questions Asked ━━━━━━━━━━━━━━━

רבן גמליאל

❧ **W**hy are these מצוות different than any other מצוה, that we must say a reason for them?

1) Since the תורה gives the reason for all three מצוות, we must do the מצוה of פסח מצה ומרור, while having in mind their reason. (דרך פקודיך)

מביטים על הזרוע ואומרים:
Look at the זרוע *and say:*

פֶּסַח שֶׁהָיוּ אֲבוֹתֵינוּ אוֹכְלִים, בִּזְמַן שֶׁבֵּית הַמִּקְדָּשׁ הָיָה קַיָּם, עַל שׁוּם מָה? עַל שׁוּם שֶׁפָּסַח הַקָּדוֹשׁ בָּרוּךְ הוּא, עַל בָּתֵּי אֲבוֹתֵינוּ בְּמִצְרַיִם, שֶׁנֶּאֱמַר: וַאֲמַרְתֶּם זֶבַח פֶּסַח הוּא לַיְיָ, אֲשֶׁר פָּסַח עַל בָּתֵּי בְנֵי יִשְׂרָאֵל בְּמִצְרַיִם, בְּנָגְפּוֹ אֶת־מִצְרַיִם וְאֶת־בָּתֵּינוּ הִצִּיל, וַיִּקֹּד הָעָם וַיִּשְׁתַּחֲווּ.

פיוט שנוהגין הספרדים לאמרו בליל הסדר.
This song is recited by the ספרדים.

אֱמוּנִים עִרְכוּ שֶׁבַח. לָאֵל וְטִבְחוּ טֶבַח.
וַאֲמַרְתֶּם זֶבַח פֶּסַח הוּא לַיְיָ:

הֵרִימוּ קוֹל שִׁירִים. שִׂמְחוּ בְלֵיל שִׁמּוּרִים.
עַל מַצּוֹת וּמְרוֹרִים. אִכְלוּ וּשְׁתוּ יֵינָי:
וַאֲמַרְתֶּם זֶבַח פֶּסַח הוּא לַיְיָ:

The Questions Asked

2) רבן גמליאל isn't referring to the מצוה of מצה ומרור, but to the מצוה

רִאשׁוֹן לְכָל רִאשׁוֹנִים. עַל יַד צִיר אֱמוּנִים.
מִיַּד כָּל מְעַנִּים. הִצִּיל כָּל הֲמוֹנָי:

וַאֲמַרְתֶּם זֶבַח פֶּסַח הוּא לַיְיָ:

נִסֵּי אֵל זָכַרְתִּי. וַחֲסָדָיו סִפַּרְתִּי.
עַתָּה יָדַעְתִּי. כִּי גָדוֹל יְיָ:

וַאֲמַרְתֶּם זֶבַח פֶּסַח הוּא לַיְיָ:

כְּכוֹכְבֵי הַשָּׁמַיִם. מְנַשֶּׁה וְאֶפְרַיִם.
יָצְאוּ מִמִּצְרַיִם. כָּל צִבְאוֹת יְיָ:

וַאֲמַרְתֶּם זֶבַח פֶּסַח הוּא לַיְיָ:

הִנְחִיל תּוֹרָתוֹ. לְעַמּוֹ וַעֲדָתוֹ.
שׁוֹמְרֵי מִצְוָתוֹ. עַם נוֹשַׁע בַּיְיָ:

וַאֲמַרְתֶּם זֶבַח פֶּסַח הוּא לַיְיָ:

נִפְלָאִים מַעֲשֶׂיךָ. וַעֲצוּמִים נִסֶּיךָ.
יֹאמְרוּ כָּל־חוֹסֶיךָ. טוֹב לַחֲסוֹת בַּיְיָ:

וַאֲמַרְתֶּם זֶבַח פֶּסַח הוּא לַיְיָ:

יגביה המצה ויאמר:

We pick up or point to the מצה and say:

מַצָּה זוֹ שֶׁאָנוּ אוֹכְלִים, עַל שׁוּם מָה? עַל שׁוּם שֶׁלֹּא הִסְפִּיק בְּצֵקָם שֶׁל אֲבוֹתֵינוּ לְהַחֲמִיץ, עַד שֶׁנִּגְלָה עֲלֵיהֶם מֶלֶךְ מַלְכֵי הַמְּלָכִים, הַקָּדוֹשׁ בָּרוּךְ הוּא, וּגְאָלָם, שֶׁנֶּאֱמַר: וַיֹּאפוּ אֶת־הַבָּצֵק, אֲשֶׁר הוֹצִיאוּ מִמִּצְרַיִם, עֻגֹת מַצּוֹת, כִּי לֹא חָמֵץ: כִּי גֹרְשׁוּ מִמִּצְרַיִם, וְלֹא יָכְלוּ לְהִתְמַהְמֵהַּ, וְגַם צֵדָה לֹא עָשׂוּ לָהֶם.

יגביה המרור ויאמר:

We pick up or point to the moror and say:

מָרוֹר זֶה שֶׁאָנוּ אוֹכְלִים, עַל שׁוּם מָה? עַל

The Questions Asked

---

of סיפור יציאת מצרים. To be יוצא the מצוה of סיפור יציאת מצרים, one must say these פסוקים. (ע״פ הריטב״א)

פסח

❧ **H**ow do we remember that ה׳ passed over our houses by eating the קרבן פסח?

Since the קרבן is called "קרבן פסח", we remember the idea of פסח that ה׳ passed over our houses by eating this food (פסח means Passover).

(בית אברהם)

Passover – the Passover–lamb that our fathers ate during the time of the Beit Hamikdash – for what reason [did they do so]? Because the Omnipresent passed over our fathers' houses in Egypt, as it is said: "You shall say, It is a Passover–offering to the Lord, because He passed over the houses of the children of Israel in Egypt when He struck the Egyptians with a plague, and He saved our houses. And the people bowed and prostrated themselves."

We pick up or point to the (middle) מצה and say:

This Matzah that we eat for what reason? Because the dough of our fathers did not have time to become leavened before the King of the kings of kings, the Holy One, blessed be He, revealed Himself to them and redeemed them. Thus it is said: "They baked Matzah–cakes from the dough that they had brought out of Egypt, because it was not leavened; for they had been driven out of Egypt and could not delay, and they had also not prepared any [other] provisions."

Take the maror into your hand or point to it and say:

This Maror that we eat for what reason? Because the Egyptians

––––––––––––––––––––––––––––– **The Questions Asked** ––––––––––––––––––––––––––––––

מצה

❧ *H*ow is it possible that everybody had dough?

1) They were preparing to have bread in the מדבר. (אבן ישפה)

2) According to the סדר עולם, פסח that year was on a Friday, so they were baking לכבוד שבת as people bake חלה in their houses for שבת. (בית אברהם)

שׁוּם שֶׁמָּרְרוּ הַמִּצְרִים אֶת־חַיֵּי אֲבוֹתֵינוּ בְּמִצְרַיִם, שֶׁנֶּאֱמַר: וַיְמָרְרוּ אֶת־חַיֵּיהֶם בַּעֲבֹדָה קָשָׁה, בְּחֹמֶר וּבִלְבֵנִים, וּבְכָל־עֲבֹדָה בַּשָּׂדֶה: אֵת כָּל־עֲבֹדָתָם, אֲשֶׁר עָבְדוּ בָהֶם בְּפָרֶךְ.

צריך לומר "בכל דור ודור וכו'" בהרגש וכוונה הכי גדול, שהוא היסוד של כל הסדר, לידע ולהרגיש שאותנו גאל השי"ת ממצרים. א - דנשמת כל אחד ואחד יצא ממצרים; ב - אם לא נגאלו אבותינו גם אנחנו היום היו משעובדים שם.

This paragraph is the main idea of the סדר*, to know and feel that you were personally taken out of* מצרים*. We must, therefore, say this paragraph with utmost feeling.*

בְּכָל דּוֹר וָדוֹר חַיָּב אָדָם לִרְאוֹת אֶת־עַצְמוֹ, כְּאִלּוּ הוּא יָצָא מִמִּצְרָיִם, שֶׁנֶּאֱמַר: וְהִגַּדְתָּ לְבִנְךָ בַּיּוֹם הַהוּא לֵאמֹר: בַּעֲבוּר זֶה עָשָׂה יְיָ לִי, בְּצֵאתִי מִמִּצְרָיִם. לֹא אֶת־אֲבוֹתֵינוּ בִּלְבָד, גָּאַל הַקָּדוֹשׁ בָּרוּךְ הוּא, אֶלָּא אַף אוֹתָנוּ גָּאַל עִמָּהֶם, שֶׁנֶּאֱמַר: וְאוֹתָנוּ הוֹצִיא מִשָּׁם, לְמַעַן הָבִיא אֹתָנוּ, לָתֶת לָנוּ אֶת־הָאָרֶץ אֲשֶׁר נִשְׁבַּע לַאֲבֹתֵינוּ.

embittered our fathers' lives in Egypt, as it is said: "They made their lives bitter with hard service, with mortar and with bricks, and with all manner of service in the field; all their service which they made them serve with rigor."

This paragraph is the main idea of the סדר, to know and feel that you were personally taken out of מצרים. Since: 1) Your נשמה was taken out of מצרים. 2) If our forefathers would not have been taken out of מצרים we would still be there. Therefore we must say this paragraph with utmost feeling.

In every generation a person is obligated to regard himself as if he had come out of Egypt, as it is said: "You shall tell your child on that day, it is because of this that the Lord did for me when I left Egypt." The Holy One, blessed be He, redeemed not only our fathers from Egypt, but He redeemed also us with them, as it is said: "It was us that He brought out from there, so that He might bring us to give us the land that He swore to our fathers."

═══════════ **The Questions Asked** ═══════════

מרור

✥ **W**hy do we say מצה and then מרור, if the מרור, the bitterness came first?

We eat מרור tonight to strengthen our אמונה that even something that is bitter is actually good. First we eat מצה which symbolizes our אמונה in השי״ת, that we went with Him to the מדבר and did not ask any questions, such as, 'how will we survive in the desert without food?', and then we can eat the מרור. We saw in מצרים that the מרור was for our good, to be זוכה to קבלת התורה. (אבן ישפה)

יגביה הכוס, יכסה המצות ויאמר בשמחה.

We cover the מצות pick up the כוס, and say with שמחה.

לְפִיכָךְ אֲנַחְנוּ חַיָּבִים לְהוֹדוֹת, לְהַלֵּל, לְשַׁבֵּחַ, לְפָאֵר, לְרוֹמֵם, לְהַדֵּר, לְנַצֵּחַ, לְבָרֵךְ, לְעַלֵּה וּלְקַלֵּס, לְמִי שֶׁעָשָׂה לַאֲבוֹתֵינוּ וְלָנוּ אֶת־ כָּל־הַנִּסִּים הָאֵלּוּ. הוֹצִיאָנוּ מֵעַבְדוּת לְחֵרוּת, מִיָּגוֹן לְשִׂמְחָה, וּמֵאֵבֶל לְיוֹם טוֹב, וּמֵאֲפֵלָה לְאוֹר גָּדוֹל, וּמִשִּׁעְבּוּד לִגְאֻלָּה. וְנֹאמַר לְפָנָיו שִׁירָה חֲדָשָׁה. הַלְלוּיָהּ:

מניחים את הכוס ומגלים את המצות. הספרדים אין מניחים הכוס עד אחר ברכת גאל ישראל ולכן מניחים המצות מכוסים.

We put down the כוס and uncover the מצות. The ספרדים do not put down the כוס and therefore leave the מצות covered.

הַלְלוּיָהּ. הַלְלוּ עַבְדֵי יְיָ. הַלְלוּ אֶת־שֵׁם יְיָ. יְהִי שֵׁם יְיָ מְבֹרָךְ מֵעַתָּה וְעַד עוֹלָם: מִמִּזְרַח שֶׁמֶשׁ עַד מְבוֹאוֹ. מְהֻלָּל שֵׁם יְיָ. רָם עַל־כָּל־גּוֹיִם יְיָ. עַל הַשָּׁמַיִם כְּבוֹדוֹ: מִי כַּיְיָ אֱלֹהֵינוּ. הַמַּגְבִּיהִי לָשָׁבֶת: הַמַּשְׁפִּילִי

> *Cover the Matzah, refill and raise the cup. The cup is to be held in the hand until the completion of the blessing, "Who Has Redeemed Us..." Some put the cup down after the following paragraph and pick it up again by the blessing.*

Thus it is our duty to thank, to laud, to praise, to glorify, to exalt, to adore, to bless, to elevate and to honor the One who did all these miracles for our fathers and for us. He took us from slavery to freedom, from sorrow to joy, and from mourning to festivity, and from deep darkness to great light and from bondage to redemption. Let us therefore recite before Him Halleluyah, Praise God!

Halleluyah – Praise God! Offer praise, you servants of the Lord; praise the Name of the Lord. May the Lord's Name be blessed from now and to all eternity. From the rising of the sun to its setting, the Lord's Name is praised. The Lord is high above all nations, His glory is over the heavens. Who is like the Lord, our God, who

═══════════════ **The Questions Asked** ═══════════════

לפיכך

✦ **W**hy do we say ten different praises in לפיכך?

We mention in לפיכך five things that ה׳ saved us from, and granted us the opposite מאפלה לאורה וכו׳. Therefore, we say to ה׳ 10 different praises, להודות להלל וכו׳. (בית אברהם)

הללויה

✦ **W**hy do we divide הלל, saying at this point only two paragraphs of the הלל?

Since these two paragraphs are about יציאת מצרים, we want to include them in מגיד.

לִרְאוֹת בַּשָּׁמַיִם וּבָאָרֶץ: מְקִימִי מֵעָפָר דָּל. מֵאַשְׁפֹּת יָרִים אֶבְיוֹן: לְהוֹשִׁיבִי עִם־נְדִיבִים. עִם נְדִיבֵי עַמּוֹ: מוֹשִׁיבִי עֲקֶרֶת הַבַּיִת אֵם הַבָּנִים שְׂמֵחָה. הַלְלוּיָהּ:

בְּצֵאת יִשְׂרָאֵל מִמִּצְרָיִם, בֵּית יַעֲקֹב מֵעַם לֹעֵז: הָיְתָה יְהוּדָה לְקָדְשׁוֹ. יִשְׂרָאֵל מַמְשְׁלוֹתָיו: הַיָּם רָאָה וַיָּנֹס, הַיַּרְדֵּן יִסֹּב לְאָחוֹר: הֶהָרִים רָקְדוּ כְאֵילִים. גְּבָעוֹת כִּבְנֵי־צֹאן: מַה־לְּךָ הַיָּם כִּי תָנוּס. הַיַּרְדֵּן תִּסֹּב לְאָחוֹר: הֶהָרִים תִּרְקְדוּ כְאֵילִים. גְּבָעוֹת כִּבְנֵי־צֹאן: מִלִּפְנֵי אָדוֹן חוּלִי אָרֶץ. מִלִּפְנֵי אֱלוֹהַּ יַעֲקֹב: הַהֹפְכִי הַצּוּר אֲגַם־מָיִם. חַלָּמִישׁ לְמַעְיְנוֹ־מָיִם.

dwells on high yet looks down so low upon heaven and earth! He raises the poor from the dust, He lifts the needy from the dunghill, to seat them with nobles, with the nobles of His people. He restores the barren woman to the house, into a joyful mother of children. Halleluyah – praise God.

When Israel went out of Egypt, the House of Jacob from a people of a foreign language, Judah became His holy one, Israel His dominion. The sea saw and fled, the Jordan turned backward. The mountains skipped like rams, the hills like young sheep. What is with you, O sea, that you flee; Jordan, that you turn backward? Mountains, why do you skip like rams; hills, like a pool of water, the flint–stone into a spring of water.

The cup should be raised and held in the right hand.

The Questions Asked

הים ראה וינס

What did the ocean see?

The מדרש answers, it saw the ארון of יוסף. If a person serves ה׳ בדרך הטבע within the call of duty and bounds of nature, ה׳ will help him בדרך הטבע, within the bounds of nature. A person who serves השי״ת למעלה מן הטבע, above and beyond the call of duty, ה׳ will (מדה במדה) help him beyond the natural course of things. This is why the צדיקים have supernatural powers and are able to perform miracles to help people. When the ocean saw the ארון of יוסף, who served השי״ת, למעלה מן הטבע (by not listening to אשת פוטיפר), in his זכות, the ocean changed its טבע and split for the בני ישראל. (ע״פ הבאר מים חיים)

נוסח הברכה של "אשר גאלנו וכו'" לפי מנהג הספרדים נמצא להלן בעמוד 127.

The version of the ברכה "אשר גאלנו" for ספרדים is found on page 127.

בָּרוּךְ אַתָּה יְיָ, אֱלֹהֵינוּ מֶלֶךְ הָעוֹלָם, אֲשֶׁר גְּאָלָנוּ וְגָאַל אֶת־אֲבוֹתֵינוּ מִמִּצְרַיִם, וְהִגִּיעָנוּ לַלַּיְלָה [הַלַּיְלָה] הַזֶּה, לֶאֱכָל־בּוֹ מַצָּה וּמָרוֹר. כֵּן, יְיָ אֱלֹהֵינוּ וֵאלֹהֵי אֲבוֹתֵינוּ, יַגִּיעֵנוּ לְמוֹעֲדִים וְלִרְגָלִים אֲחֵרִים, הַבָּאִים לִקְרָאתֵנוּ לְשָׁלוֹם. שְׂמֵחִים בְּבִנְיַן עִירֶךָ, וְשָׂשִׂים בַּעֲבוֹדָתֶךָ, וְנֹאכַל שָׁם מִן הַזְּבָחִים וּמִן הַפְּסָחִים (במוצאי שבת אומרים מִן הַפְּסָחִים וּמִן הַזְּבָחִים), אֲשֶׁר יַגִּיעַ דָּמָם, עַל קִיר מִזְבַּחֲךָ לְרָצוֹן, וְנוֹדֶה לְךָ שִׁיר חָדָשׁ עַל גְּאֻלָּתֵנוּ, וְעַל פְּדוּת נַפְשֵׁנוּ: בָּרוּךְ אַתָּה יְיָ, גָּאַל יִשְׂרָאֵל:

═══════════ **The Questions Asked** ═══════════

גאל ישראל

❧ **W**hy do we say the ברכה on the גאולה now, and not in the beginning of מגיד?

1) At this point, we feel as if we actually left מצרים, so now is the time we can really thank ה'. (ע"פ מהר"ל ובית אברהם)

ברכת "אשר גאלנו" על פי נוסח הספרדים.

The "אשר גאלנו" ברכה *according to the* מנהג *of the* ספרדים.

בָּרוּךְ אַתָּה יְיָ אֱלֹהֵינוּ מֶלֶךְ הָעוֹלָם אֲשֶׁר גְּאָלָנוּ וְגָאַל אֶת-אֲבוֹתֵינוּ מִמִּצְרַיִם וְהִגִּיעָנוּ הַלַּיְלָה הַזֶּה לֶאֱכוֹל בּוֹ מַצָּה וּמָרוֹר. כֵּן יְיָ אֱלֹהֵינוּ וֵאלֹהֵי אֲבוֹתֵינוּ הַגִּיעֵנוּ לְמוֹעֲדִים וְלִרְגָלִים אֲחֵרִים הַבָּאִים לִקְרָאתֵנוּ לְשָׁלוֹם. שְׂמֵחִים בְּבִנְיַן עִירָךְ וְשָׂשִׂים בַּעֲבוֹדָתָךְ. וְנֹאכַל שָׁם מִן הַזְּבָחִים וּמִן הַפְּסָחִים אֲשֶׁר יַגִּיעַ דָּמָם עַל קִיר מִזְבַּחָךְ לְרָצוֹן. וְנוֹדֶה לָךְ שִׁיר חָדָשׁ עַל גְּאוּלָּתֵנוּ וְעַל פְּדוּת נַפְשֵׁנוּ: בָּרוּךְ אַתָּה יְיָ גָּאַל יִשְׂרָאֵל:

Blessed are You, God, our God, King of the universe, who has redeemed us and redeemed our fathers from Egypt, and enabled us to attain this night to eat matzah and maror. So too, God, our God and God of our fathers, enable us to attain other holidays and festivals that

כוס שני

הִנְנִי מוּכָן וּמְזֻמָּן לְקַיֵּם מִצְוַת כּוֹס שֵׁנִי מֵאַרְבַּע כּוֹסוֹת [שהוא נגד בשורת הישועה שאמר הקב"ה לישראל והצלתי אתכם מעבודתם, שהוא כנגד אות ה' ראשונה של שם הוי"ה ב"ה שהוא בינה והן תרין ריעין דלא מתפרשין ושהוא כנגד רוח זנות לבטל אותו] **לְשֵׁם יִחוּד קוּדְשָׁא בְּרִיךְ הוּא וּשְׁכִינְתֵּיהּ בִּדְחִילוּ וּרְחִימוּ לְיַחֵד שֵׁם י"ה בו"ה בְּיִחוּדָא שְׁלִים עַל יְדֵי הַהוּא טָמִיר וְנֶעְלָם בְּשֵׁם כָּל-יִשְׂרָאֵל. וִיהִי נֹעַם יְיָ אֱלֹהֵינוּ עָלֵינוּ, וּמַעֲשֵׂה יָדֵינוּ כּוֹנְנָה עָלֵינוּ, וּמַעֲשֵׂה יָדֵינוּ כּוֹנְנֵהוּ:**

בני ספרדים אין מברכים על כוס זה.
The ספרדים *do not recite a* ברכה *on this* כוס.

בָּרוּךְ אַתָּה יְיָ, אֱלֹהֵינוּ מֶלֶךְ הָעוֹלָם, בּוֹרֵא פְּרִי הַגָּפֶן:

שותים בהסיבת שמאל.
Drink it leaning on the left side.

The Questions Asked

2) Since the מצוה is to feel as if you went out of מצרים, only now can you say the ברכה.

שיר חדש על גאולתנו

Why by the ברכה on גאולת מצרים do we *daven* for the גאולה העתידה?

1) גאולת מצרים was not only a redemption from מצרים, rather it encompasses all the גאולות-redemptions from all the different types

will come to us in peace with happiness in the rebuilding of Your city, and with rejoicing in Your service [in the Bet Hamikdash]. Then we shall eat (Note: if the festival is on any day except Saturday night say: of the sacrifices and of the Passover–offerings; if the Seder is on Saturday Night say: of the Passover–offerings and of the sacrifices) whose blood shall be sprinkled on the wall of Your altar for acceptance; and we shall thank You with a new song for our redemption and for the deliverance of our souls. Blessed are You, God, who redeemed Israel.

Recite the following blessing, and drink the cup in the reclining position:

Blessed are You, our God, King of the universe, who creates the fruit of the vine.

The Questions Asked

of גלות and pains. Therefore, when we thank השי״ת for taking us out of מצרים, we ask him to bring the entire redemption with the coming of משיח. (אבן ישפה)

2) The אמונה in השי״ת and יציאת מצרים includes the belief that השי״ת will once again save us from all the גוים and gather us to ארץ ישראל. Therefore, to show our complete אמונה and thanks for גאולת מצרים, we *daven* that השי״ת should speedily redeem us again. (ע״פ הסמ״ק)

רחצה

כיון שהיה הפסק גדול מ״ורחץ״ עד ״מוציא-מצה״, חוששים שמא נגעו ידיו במקום הטינופת, לכן נוטלים הידים ומברכים על נטילת ידים.

Now the hands are washed with recital of the blessing for washing the hands.

בָּרוּךְ אַתָּה יְיָ אֱלֹהֵינוּ מֶלֶךְ הָעוֹלָם, אֲשֶׁר קִדְּשָׁנוּ בְּמִצְוֹתָיו, וְצִוָּנוּ עַל נְטִילַת יָדָיִם:

מוציא מצה

נוטלים ב׳ מצות והפרוסה באמצע משום מצות לחם משנה כמו בכל יום טוב, ומברכים תחלה ברכת ״המוציא לחם מן הארץ״ משום דתדיר ושאינו תדיר, תדיר קודם, לפני שמברכים ״על אכילת מצה״ על הפרוסה שהוא לחם עוני, שדרכו של עני לאכול פרוסות.

First we take the two whole מצות *with the broken piece inside it to have* לחם משנה *like every* יום טוב*. We say the* ברכה *of* המוציא *before the* ברכה *of* אכילת מצה *because* תדיר ושאינו תדיר, תדיר קודם*, which means a* מצוה *which is done frequently takes precedence over a* מצוה *which is done less frequently.* (שולחן ערוך)

RACHTZAH / WASHING THE HANDS

We have to wash our hands now with a ברכה *even though we washed them in the beginning of the* סדר*. Since there was a* הפסק *(lapse of time) we are afraid we might have touched a place which requires us to wash again.* (שולחן ערוך)

Blessed are You, Lord, our God, King of the universe, who has sanctified us with His commandments and commanded us concerning the washing of the hands.

One should not speak until after making the next 2 blessings and eating the Matzah.

MOTZI / BLESSING OVER THE MATZAH

MATZAH / EATING THE MATZAH

Take the Matzot in the order that they are lying on the tray – the broken piece between the two whole Matzot; hold them in your hand and recite the following blessing:

מניח את המצה התחתונה, ובעודו אוחז את העליונה ואת הפרוסה מברך "על אכילת מצה". ויכוין בברכה זו לצאת גם על המצה של כורך ואפיקומן. לכתחלה יאכל כזית א׳ לשם מצות מוציא - סעודת יום טוב, וכזית א׳ לשם מצות מצה, וכל כזית יאכל בתוך שיעור של 4-2 דקות.

ויכוון לקיים מצות עשה של אכילת מצה.

You drop the bottom מצה *and hold only the broken* מצה *and the top whole one. You say the* ברכה *of* אכילת מצה *on the* לחם עני*. A broken piece of bread is what an* עני *eats.*

You should have in mind to be יוצא *with this* ברכה *the* מצה *of* כורך *and the* אפיקומן*.*

לכתחילה *you should eat two* כזיתים*, one* כזית *for the* מצוה *of* מוציא*, and one* כזית *for the* מצוה *of* מצה*. Each* כזית *must be eaten in a span of 2-4 minutes. This applies to the* מרור *and* כורך *as well.* (שולחן ערוך)

אין טובלין את המצה במלח בעת הסדר, מפני חביבת מצוות מצה אוכלין אותה בלי טעם אחר. ומנהג בני ספרד לטבול את המצה במלח.

We do not dip the מצה *into salt at the* סדר*, since out of love for the* מצוות מצה*, we want to eat it without any other taste. However, many* בני ספרד *do dip the* מצה *into salt. We try to refrain from speaking till after* כורך. (שולחן ערוך)

בָּרוּךְ אַתָּה יְיָ, אֱלֹהֵינוּ מֶלֶךְ הָעוֹלָם, הַמּוֹצִיא לֶחֶם מִן הָאָרֶץ:

בָּרוּךְ אַתָּה יְיָ, אֱלֹהֵינוּ מֶלֶךְ הָעוֹלָם, אֲשֶׁר קִדְּשָׁנוּ בְּמִצְוֹתָיו וְצִוָּנוּ עַל אֲכִילַת מַצָּה:

Do not break anything off the Matzot. First put down the third Matzah (the bottom one) and recite the following blessing over the broken Matzah and the top one.

When reciting the following blessing, have in mind that it refers also to the eating of the "Sandwich" of Korech – which will be made with the third Matzah – and also the eating of the Afikoman.

Blessed are You, Lord, our God, King of the universe, who brings forth bread from the earth.

Blessed are You, Lord, our God, King of the universe, who has sanctified us with His commandments and commanded us concerning the eating of Matzah.

Now break off a kezayit *(the volume of one olive) of the 2 Matzot held, and eat the 2 pieces together not in a reclining position.*

The Questions Asked

מוציא - מצה

What special סגולה is there in the eating of מצה?

אכילת מצה is גימטריא 596 which equals דא הוא מיכלא דאסוותא which is what the זוהר הקודש calls מצה. This means that מצה is a רפואה for all ailments. מצה is also called in the זוהר a food of אמונה. Eating מצה strengthens a person's אמונה in ה׳. This could be why מצה is a רפואה – because by having אמונה that everything is from ה׳, a person is זוכה to a רפואה. (בית אברהם)

מרור

לוקח כזית מרור וטובלו בחרוסת זכר לטיט שנשתעבדו בו ישראל, ושוב מנערו כדי שלא לבטל טעם המרור ומברך ואוכלו, ומכוין לקיים מצות אכילת מרור, ויכוין לפטור בברכה זו גם את המרור של "כורך". אצל הרבה ספרדים בעל הבית מברך וכולם עונים אמן ויוצאים בברכתו.

We take a כזית *of* מרור *and dip it into the* חרוסת *as a* זכר *to the* טיט *which the* בני ישראל *were forced to work bitterly hard to make bricks. After dipping it we shake off the* חרוסת*, since we must not remove the bitter taste of the* מרור*. When reciting the* ברכה *on the* מרור*, we should have in mind the* מרור *we will eat by* כורך*. Since the* מרור *is a* זכר *to the* עבדות*, it is not eaten with* הסיבה*. The* מנהג *by many* ספרדים *is that the leader recites the* ברכה *and the people listen and answer* אמן*.*

אוכלו שלא בהסיבה כיון שהוא זכר לעבדות.

It is not eaten reclining.

בָּרוּךְ אַתָּה יְיָ אֱלֹהֵינוּ מֶלֶךְ הָעוֹלָם, אֲשֶׁר קִדְּשָׁנוּ בְּמִצְוֹתָיו וְצִוָּנוּ עַל אֲכִילַת מָרוֹר:

The Questions Asked

מרור

Why is the מצה first? מרור should be first, since first we had the pain, and then we had the מצה?

The answer is: Tonight we eat מרור to strengthen our אמונה that

MAROR / EATING THE BITTER HERBS

We take a כזית of מרור and dip it into the חרוסת and say the ברכה of
"על אכילת מרור."

Recite the following blessing:

Blessed are You, Lord, our God, King of the universe,
who has sanctified us with His commandments
and commanded us concerning the eating of Maror.

Now eat the Maror, without reclining.

The Questions Asked

even something that is bitter is actually good for us, like we say
גם זו לטובה. Therefore, we first eat the מצה which is the food of
אמונה, only then can we eat the מרור and have אמונה that even
though it is bitter, it is still good for us. The idea being, that since
ה' is a טוב ומטיב, everything is for our own good even if we don't
understand it.

❧ **W**hat special סגולה is there in the eating of מרור?

The שפת אמת says that by eating מרור a person can be זוכה not to
take bitter medicines for the entire year.

❧ **W**hat was good about the bitterness in מצרים?

1) The זוהר says that if the מצריים had not enslaved the בני ישראל,
the בני ישראל would have become assimilated with the מצריים. (מדרש)

2) If the בני ישראל would have always been free people, they would
not have felt the special relationship with ה' when He redeemed
them. (ע"פ האמרי שפר)

כורך

פורס כזית מהמצה השלישית ונוטל כזית מרור (ובני ספרד טובלים אותו בחרוסת), כורכם יחד ואוכלו בהסיבה ואומר:

You take the bottom מצה *and make a sandwich with the* מרור *(the* ספרדים *also dip it into the* חרוסת*) and say:*

נוסח "זכר למקדש כהלל" לפי מנהג הספרדים נמצא להלן בעמוד 137.

The version of "זכר למקדש כהלל" *for* ספרדים *is found on page 137.*

זֵכֶר לְמִקְדָּשׁ כְּהִלֵּל: כֵּן עָשָׂה הִלֵּל בִּזְמַן שֶׁבֵּית הַמִּקְדָּשׁ הָיָה קַיָּם. הָיָה כּוֹרֵךְ פֶּסַח מַצָּה וּמָרוֹר וְאוֹכֵל בְּיַחַד. לְקַיֵּם מַה שֶּׁנֶּאֱמַר: עַל־מַצּוֹת וּמְרוֹרִים יֹאכְלֻהוּ:

אוכלו בהסיבה כמו שעשה הלל.

The כורך *should be eaten reclining as* הלל *did.*

The Questions Asked

כורך

Why do we eat the מצה and מרור together?

1) הלל held that the מצוה of פסח מצה ומרור is to wrap them up and

KORECH / EATING THE MATZAH AND BITTER HERBS TOGETHER

Take the third Matzah, and also a kezayit *(the volume of one olive) of the Chazeret (Maror) – which is to be dipped into Kharoset. (The* ספרדים *also dip it into the* חרוסת*). Combine the two [like a sandwich], and say the following and eat in a reclining position:*

Thus did Hillel do at the time of the Bet Hamikdash: He would combine Passover – lamb, Matzah and Maror and eat them together, as it said: "They shall eat it with Matzah and bitter herbs."

Now eat them together – in the reclining position.

ברכת "אשר גאלנו" על פי נוסח הספרדים.
The ברכה "אשר גאלנו" *according to the* מנהג *of the* ספרדים.

זֵכֶר לְמִקְדָּשׁ כְּהִלֵּל הַזָּקֵן: שֶׁהָיָה
כּוֹרְכָן וְאוֹכְלָן בְּבַת אַחַת.
לְקַיֵּם מַה שֶׁנֶּאֱמַר: עַל־מַצּוֹת
וּמְרוֹרִים יֹאכְלוּהוּ:

━━━━━━━━━━ **The Questions Asked** ━━━━━━━━━━

eat them together. Since we don't have the קרבן פסח, we just eat the מצה and מרור together. (שולחן ערוך)

שולחן עורך

אוכלים סעודת יום טוב. מנהג בני סוריא לחלק הזרוע (שנצלה ונתבשל) וכן הביצה של הקערה לכל המסובין. בעת אכילת הביצה אומרים "זכר לקרבן חגיגה".

We now eat the סעודת יום טוב. *The Syrian* מנהג *is to divide the* זרוע *(which was roasted and then cooked) to be eaten by all present. The* ביצה *from the* קערה *is also divided to all the participants. Before eating the* ביצה *they say* "זכר לקרבן חגיגה".

יש נוהגים ללמוד, מענין קרבן פסח, באמצע הסעודה.

During שולחן עורך, *many have a* מנהג *to learn about the* קרבן פסח.

The Questions Asked

2) Tonight we realize that the pain we may sometimes experience is also good and we are happy and accept it with the same שמחה that we accept the חסד of ה׳. As the גמרא says, a person must make the ברכה on the bad (ברוך דיין אמת), with the same שמחה he makes the ברכה (הטוב והמטיב) on the good. (ע״פ האוהב ישראל)

שלחן עורך

Why do we need a special סימן for שולחן עורך?

To remind us not to eat just because we are hungry, but because it's a מצוה of סעודות יום טוב. It also reminds us to leave enough room to eat the אפיקומן with an appetite as the הלכה requires. This will show that we are eating לשם שמים.

SHULCHAN ORECH / THE FESTIVE MEAL

Now eat and drink to your heart's delight. It is permitted to drink wine between the second and third cups.

The Questions Asked

❧ **W**hy do some people eat an egg and dip it in salt-water before they start eating the סעודה?

The answer is: The same day of the week that פסח comes out on, is the same day that תשעה באב will be. We therefore eat eggs as a זכר to the אבילות and the salt-water as a זכר to the tears. (שולחן ערוך)

❧ **W**hy are we making a זכר of תשעה באב (tonight)?

The answer is: When a person is on a high, he has to remember that there will also be times when things won't be so great. He must prepare himself for the low days, so that when low days come, he will draw חיזוק from the high days. (ע"פ האורחות חיים)

❧ **E**ye Witness Report of the קרבן פסח by a Roman Commissioner. (ע"פ היעב"ץ)

This is an eye witness description of the ceremony of the קרבן פסח written by a Roman official who was stationed in ירושלים during the period shortly before the חורבן בית שני. His account corresponds to all the details laid down in the Torah and elaborated upon by our חכמים. He describes the beauty of the עבודה and the impression it made on him.

"When the beginning of the month, which they would all call ניסן arrives, the king and the שופטים dispatch messengers to the area surrounding ירושלים with the following message: whoever possesses

sheep and cattle should hurry to bring them to the capital so that there be a sufficient supply for the עולי רגל, both for their קרבנות and for their food. If anyone does not obey this order, his money will be confiscated for the use of the בית המקדש. All owners of cattle would hurry to obey, and on the way to ירושלים they would bring their herds through a river to cleanse them of any dirt. When they reach the mountains around ירושלים, they are so numerous that the grass could not be seen. It appears to have become completely white because of the many sheep there.

"On the 10th of the month, everyone goes out to buy his קרבן which they call the "פסח". There is a rule among them that no one asks another to let him go first, even if it were דוד המלך or שלמה המלך. When I suggested to one of the כהנים that this was not polite, he told me that all must serve השם, and in the presence of השם all are equal.

"When the 14th of the month arrives, the לוים go up a high tower of the בית המקדש which they called Lul, and blow on three silver trumpets. Then they make a proclamation: Oh people of Hashem, Listen! The time has come to offer the קרבן פסח, for the One who makes His שכינה rest in this great holy house. When the people hear this announcement, they put on their festive clothing because starting from noon it is יום טוב for the Yidden, since this is the time for the קרבן.

"At the entrance to the עזרה, 12 לויים stand outside with silver sticks in their hands. Inside, another 12 stand with golden sticks. Those outside are to supervise the עולה רגל, so that in the confusion, they do not harm one another or quarrel in their great haste. The לויים who stand inside have to keep order among those who are leaving the עזרה. They close the gates of the עזרה when the עזרה is full.

═══════════════════ **The Questions Asked** ═══════════════════

"At the place where they offer the קרבנות, there are several rows of כהנים, some with silver cups and some with golden cups in their hands. The כהנים in one row all have silver cups and those in another row all have golden ones, so that it looks most majestic. The כהן at the head of each row receives a cup of blood from the sacrificed animal and passes it to his neighbor and he to his neighbor until it reaches the מזבח. The one standing nearest to the מזבח pours it on the מזבח and sends back the empty cup. This would be also passed from hand to hand until it reached the other end of the row. This was done in such a way that each כהן received a full כלי with one hand and an empty one in the other. There was no delay in this procedure. The כהנים were so זריזים (fast) that it seemed as if the כלים were flying like arrows from the bow of a trained marksman. They used to practice for 30 days before the required time, so that there should be no mistakes and they would know their tasks perfectly.

"At the same place were two high platforms upon which two כהנים stood with trumpets of silver. These are sounded (תקיעה, תרועה, תקיעה) whenever a new group of עולה רגל begins to bring its קרבן so that the לויים who are standing on their platforms will know that they must now sing הלל -- בשמחה והודאה, accompanied with musical instruments. The owner of the קרבן also says הלל. If all the קרבנות have not yet been slaughtered then the הלל is repeated.

"After the שחיטה, the עולה רגל go to the עזרה. Here, all the walls have iron teeth and prongs so the offerings can be hung and skinned. There are also bundles of sticks, so that if there aren't any vacant hooks, a person will suspend a stick from his shoulder to his friend's shoulder so that he can skin the lamb on it. The parts that are to be offered on the מזבח are given to the כהנים and then the owner goes

צפון

צריכים לאכול את האפיקומן בהסיבה, ורוב הפוסקים כתבו שצריך לאוכלו קודם חצות לילה, שהוא זכר לקרבן פסח שנאכל עד חצות, ואומר: הנני מוכן ומזומן לקיים מצות אכילת אפיקומן. וצריך ליתן כזית לכל אחד ואחד ואם אין נוטלים המצה בפרוסה שהצניעה די מצרף מצה אחרת עמו. בני ספרד אומרים קודם אכילתו "זכר לקרבן פסח הנאכל על השובע".

The אפיקומן *must be eaten with* הסיבה*. Most* פוסקים *say it should be eaten before* חצות*, just like the* קרבן פסח *was eaten before* חצות.

לכתחילה יש לאכול כשיעור ב׳ זיתים, אחד זכר לקרבן פסח וכזית אחד זכר להקרבן חגיגה שנאכל קודם הקרבן פסח. להלכה יוצא בכזית אחד, כיון שהאפיקומן הוא זכר להקרבן פסח.

לכתחילה *you should eat two* כזיתים*. One* כזית *is a* זכר *for the* קרבן פסח*, the other* כזית *is a* זכר *for the* כזית מצה *which was eaten with the* קרבן פסח*. However, with one* כזית *you are* יוצא*, since the* אפיקומן *is a* זכר *to the* קרבן פסח*. If there is not enough* מצה *from the* אפיקומן *- hidden* מצה *for all those present, the* בעל הבית *should supplement it with other* מצה*. The* ספרדים *before eating the* אפיקומן *say, "this is a remembrance to the* קרבן פסח *which was eaten to make us satisfied".*

אחר אכילת אפיקומן אסור לאכול או לשתות חוץ מתה או קפה.

You may be not eat or drink anything besides water after the אפיקומן *besides the last two cups of wine.*

The Questions Asked

away joyfully, like a victorious warrior returning from battle. For it is considered a great disgrace among the Yidden if one does not bring the קרבן פסח at the right time.

"While the כהנים are busy with this task (but not doing the actual

TZAFUN / HIDING AWAY

After the meal, take the Afikoman and divide it among all the members of the household, by giving everyone a kezayit (the volume of one olive).

It is to be eaten in the reclining position and this ought to be done before midnight.

Take care not to drink after the Afikoman.

──────────── **The Questions Asked** ────────────

עבודה) they wear short red tunics reaching to the thighs. They are red so that any blood that spills does not show. They stand barefoot and their sleeves reach only to their elbows so that they should not be hampered while they work. On their heads they wear a small hat consisting of three אמות of cloth wound into a turban. People have told me that the כהן גדול has a white turban made of 40 folds of cloth.

"The ovens on which they roast the קרבנות are built at the entrance of their houses. They told me that this was to proclaim publicly their faith and enhance the joyous spirit of the יום טוב. They sing (הלל) joyfully while they eat and their voices can be heard from afar. No one locks his door that night in ירושלים out of respect for the many strangers passing through the streets.

"When King Alphonso The Great of Spain read this description he said, 'The Yidden deserve to be honored for their glorious past.'"

צפון

❧ **W**hy is it called צפון?

1) The answer is: צפון comes from the word hidden – until now the אפיקומן was hidden. The word אפיקומן is נוטריקון of 2 words, אפיק-מן,

בָּרֵךְ

ברכת המזון

נוסח ברכת המזון לפי מנהג הספרדים נמצא להלן בעמוד 162.
The version of ברכת המזון *for* ספרדים *is found on page 162.*

שִׁיר הַמַּעֲלוֹת בְּשׁוּב יְיָ אֶת שִׁיבַת צִיּוֹן הָיִינוּ כְּחֹלְמִים: אָז יִמָּלֵא שְׂחוֹק פִּינוּ וּלְשׁוֹנֵנוּ רִנָּה אָז יֹאמְרוּ בַגּוֹיִם הִגְדִּיל יְיָ לַעֲשׂוֹת עִם אֵלֶּה: הִגְדִּיל יְיָ לַעֲשׂוֹת עִמָּנוּ הָיִינוּ שְׂמֵחִים: שׁוּבָה יְיָ אֶת שְׁבִיתֵנוּ כַּאֲפִיקִים בַּנֶּגֶב: הַזֹּרְעִים בְּדִמְעָה בְּרִנָּה יִקְצֹרוּ: הָלוֹךְ יֵלֵךְ וּבָכֹה נֹשֵׂא מֶשֶׁךְ הַזָּרַע בֹּא יָבֹא בְרִנָּה נֹשֵׂא אֲלֻמֹּתָיו:

The Questions Asked

take out the food. ספרים say אפיקומן is a סגולה for פרנסה, since it means "bring the מזון" (food). (בית אברהם)

BARECH / GRACE AFTER MEALS

A Song of Ascents. When the Lord will return the exiles of Zion, we will have been like dreamers. Then our mouth will be filled with laughter, and our tongue with joyous song. Then will they say among the nations, "The Lord has done great things for these." The Lord has done great things for us, we were joyful. Lord, return our exiles as streams in the Negev. Those who sow in tears will reap with joyous song. He goes along weeping, carrying the bag of seed; he will surely come [back] with joyous song, carrying his sheaves.

The Questions Asked

There is a מנהג to save a piece of the אפיקומן for a whole year as a סגולה. The שולחן ערוך says that some people loop a string through it and hang it in a prominent place.

2) In many houses the children hide the אפיקומן and do not return the אפיקומן to their father unless he promises to give them a present. This is done to increase the חשיבות of the מצוה (to show a רצון to pay, even unfairly, to be מקיים the מצוה) and as a ploy to keep the children up during the סדר to be מקיים the מצוה of והגדת לבנך. (ע״פ הרא״ש)

ברך

Who wrote ברכת המזון?

יהושע בן נון and משה רבינו. Therefore, ברכת המזון is the גימטריא of משה and יהושע 730. (משה רבינו wrote הזן את הכל, יהושע wrote על הארץ ועל המזון, later on דוד and שלמה added the ברכה of בונה ירושלים which is a תפילה for ירושלים, and not a תפילה thanking השי״ת for the מזון.) (בית אברהם)

הִנְנִי מוּכָן וּמְזֻמָּן לְקַיֵּם מִצְוַת עֲשֵׂה שֶׁל בִּרְכַּת הַמָּזוֹן

המזמן: רַבּוֹתַי מִיר וֶועלן בֶּענְטשְׁן! (רַבּוֹתַי נְבָרֵךְ)

המסובין: יְהִי שֵׁם יְיָ מְבֹרָךְ מֵעַתָּה וְעַד עוֹלָם.

המזמן: יְהִי שֵׁם יְיָ מְבֹרָךְ מֵעַתָּה וְעַד עוֹלָם. בִּרְשׁוּת מָרָנָן וְרַבָּנָן וְרַבּוֹתַי, נְבָרֵךְ (אֱלֹהֵינוּ) שֶׁאָכַלְנוּ מִשֶּׁלּוֹ.

המסובין: בָּרוּךְ (אֱלֹהֵינוּ) שֶׁאָכַלְנוּ מִשֶּׁלּוֹ וּבְטוּבוֹ חָיִינוּ.

המזמן: בָּרוּךְ (אֱלֹהֵינוּ) שֶׁאָכַלְנוּ מִשֶּׁלּוֹ וּבְטוּבוֹ חָיִינוּ.

בָּרוּךְ הוּא וּבָרוּךְ שְׁמוֹ:

בָּרוּךְ אַתָּה יְיָ, אֱלֹהֵינוּ מֶלֶךְ הָעוֹלָם, הַזָּן אֶת הָעוֹלָם כֻּלּוֹ בְּטוּבוֹ בְּחֵן בְּחֶסֶד וּבְרַחֲמִים הוּא נוֹתֵן לֶחֶם לְכָל בָּשָׂר כִּי לְעוֹלָם חַסְדּוֹ. וּבְטוּבוֹ הַגָּדוֹל תָּמִיד לֹא חָסַר לָנוּ, וְאַל יֶחְסַר לָנוּ מָזוֹן לְעוֹלָם וָעֶד. בַּעֲבוּר שְׁמוֹ הַגָּדוֹל, כִּי הוּא אֵל זָן וּמְפַרְנֵס

When the Grace after Meal is said with a quorum of three
or more males over the age of 13, the leader begins:

Gentlemen, let us say Grace!

The others respond: May the Name of the Lord be blessed from now and forever.

The Leader [repeats the response and] continues: With the permission of the masters, teachers and gentlemen, let us bless [If there is a quorum of ten males over the age of 13, add: our God] He of whose bounty we have eaten.

The others respond: Blessed be He of whose bounty we have eaten.

The leader repeats this response.

Blessed are You, our God, King of the universe, who, in His goodness, feeds the whole world with grace, with kindness and with mercy. He gives food to all flesh, for His kindness is everlasting. Through His great goodness to us continuously we do not lack food, and may we never lack it, for the sake of His great Name. For He is a [benevolent] God

לַכֹּל וּמֵטִיב לַכֹּל, וּמֵכִין מָזוֹן לְכָל בְּרִיּוֹתָיו אֲשֶׁר בָּרָא. [כָּאָמוּר, פּוֹתֵחַ אֶת יָדֶךָ, וּמַשְׂבִּיעַ לְכָל חַי רָצוֹן:] בָּרוּךְ אַתָּה יְיָ, הַזָּן אֶת הַכֹּל:

נוֹדֶה לְךָ יְיָ אֱלֹהֵינוּ עַל שֶׁהִנְחַלְתָּ לַאֲבוֹתֵינוּ, אֶרֶץ חֶמְדָּה טוֹבָה וּרְחָבָה, וְעַל שֶׁהוֹצֵאתָנוּ יְיָ אֱלֹהֵינוּ מֵאֶרֶץ מִצְרַיִם, וּפְדִיתָנוּ מִבֵּית עֲבָדִים, וְעַל בְּרִיתְךָ שֶׁחָתַמְתָּ בִּבְשָׂרֵנוּ, וְעַל תּוֹרָתְךָ שֶׁלִּמַּדְתָּנוּ, וְעַל חֻקֶּיךָ שֶׁהוֹדַעְתָּנוּ וְעַל חַיִּים חֵן וָחֶסֶד שֶׁחוֹנַנְתָּנוּ, וְעַל אֲכִילַת מָזוֹן שָׁאַתָּה זָן וּמְפַרְנֵס אוֹתָנוּ תָּמִיד, בְּכָל יוֹם וּבְכָל עֵת וּבְכָל שָׁעָה:

וְעַל הַכֹּל יְיָ אֱלֹהֵינוּ אֲנַחְנוּ מוֹדִים לָךְ, וּמְבָרְכִים אוֹתָךְ, יִתְבָּרַךְ שִׁמְךָ בְּפִי כָּל חַי תָּמִיד לְעוֹלָם וָעֶד.

who feeds and sustains all, does good to all, and prepares food for all His creatures whom He has created, as it is said: You open Your hand and satisfy the desire of every living thing. Blessed are You Lord, who provides food for all.

We thank You, Lord, our God, for having given as a heritage to our fathers a precious, good and spacious land; for having brought us out, Lord our God, from the land of Egypt and redeemed us from the house of slaves; for Your covenant which You have sealed in our flesh; for Your Torah which You have taught us; for Your statutes which You have made known to us; for the life, favor and kindness which You have graciously bestowed upon us; and for the food we eat with which You constantly feed and sustain us every day, at all times, and at every hour.

For all this, Lord our God, we thank You and bless You. May Your Name be blessed by the mouth of every living

כַּכָּתוּב, וְאָכַלְתָּ וְשָׂבָעְתָּ, וּבֵרַכְתָּ אֶת יְיָ אֱלֹהֶיךָ עַל הָאָרֶץ הַטֹּבָה אֲשֶׁר נָתַן לָךְ. בָּרוּךְ אַתָּה יְיָ, עַל הָאָרֶץ וְעַל הַמָּזוֹן:

רַחֵם נָא יְיָ אֱלֹהֵינוּ, עַל יִשְׂרָאֵל עַמֶּךָ, וְעַל יְרוּשָׁלַיִם עִירֶךָ, וְעַל צִיּוֹן מִשְׁכַּן כְּבוֹדֶךָ, וְעַל מַלְכוּת בֵּית דָּוִד מְשִׁיחֶךָ, וְעַל הַבַּיִת הַגָּדוֹל וְהַקָּדוֹשׁ שֶׁנִּקְרָא שִׁמְךָ עָלָיו. אֱלֹהֵינוּ, אָבִינוּ, רְעֵנוּ, זוּנֵנוּ, פַּרְנְסֵנוּ, וְכַלְכְּלֵנוּ, וְהַרְוִיחֵנוּ, וְהַרְוַח לָנוּ יְיָ אֱלֹהֵינוּ מְהֵרָה מִכָּל צָרוֹתֵינוּ, וְנָא, אַל תַּצְרִיכֵנוּ יְיָ אֱלֹהֵינוּ, לֹא לִידֵי מַתְּנַת בָּשָׂר וָדָם, וְלֹא לִידֵי הַלְוָאָתָם. כִּי אִם לְיָדְךָ הַמְּלֵאָה, הַפְּתוּחָה, הַקְּדוֹשָׁה וְהָרְחָבָה, שֶׁלֹּא נֵבוֹשׁ וְלֹא נִכָּלֵם לְעוֹלָם וָעֶד:

(לשבת רְצֵה וְהַחֲלִיצֵנוּ יְיָ אֱלֹהֵינוּ בְּמִצְוֹתֶיךָ וּבְמִצְוַת יוֹם הַשְּׁבִיעִי הַשַּׁבָּת הַגָּדוֹל וְהַקָּדוֹשׁ הַזֶּה. כִּי יוֹם זֶה גָּדוֹל

being, constantly and forever. As it is written: When you have eaten and are satiated, you shall bless the Lord your God, for the good land which He has given you. Blessed are You, Lord, for the land and for the food.

Have mercy, Lord our God, upon Israel Your people, upon Jerusalem Your city, upon Zion the abode of Your glory, upon the kingship of the house of David Your anointed, and upon the great and holy House which is called by Your Name. Our God, our Father, Our Shepherd, feed us, sustain us, nourish us and give us comfort; and speedily, Lord our God, grant us relief from all our afflictions. Lord, our God, please do not make us dependent upon the gifts of mortal men nor upon their loans, but only upon Your full, open, holy and generous hand, that we may not be shamed or disgraced forever and ever.

(On Shabbat add: **May it please You,** God, our God, to strengthen us through Your commandments, and through the precept of the Seventh Day, this great and holy Shabbat. For this day is great and holy before

וְקָדוֹשׁ הוּא לְפָנֶיךָ, לִשְׁבָּת בּוֹ וְלָנוּחַ בּוֹ בְּאַהֲבָה כְּמִצְוַת רְצוֹנֶךָ וּבִרְצוֹנְךָ הָנִיחַ לָנוּ יְיָ אֱלֹהֵינוּ, שֶׁלֹּא תְהֵא צָרָה וְיָגוֹן וַאֲנָחָה בְּיוֹם מְנוּחָתֵנוּ. וְהַרְאֵנוּ יְיָ אֱלֹהֵינוּ בְּנֶחָמַת צִיּוֹן עִירֶךָ, וּבְבִנְיַן יְרוּשָׁלַיִם עִיר קָדְשֶׁךָ, כִּי אַתָּה הוּא בַּעַל הַיְשׁוּעוֹת וּבַעַל הַנֶּחָמוֹת:)

אֱלֹהֵינוּ וֵאלֹהֵי אֲבוֹתֵינוּ, יַעֲלֶה וְיָבֹא וְיַגִּיעַ, וְיֵרָאֶה, וְיֵרָצֶה, וְיִשָּׁמַע, וְיִפָּקֵד, וְיִזָּכֵר זִכְרוֹנֵנוּ וּפִקְדוֹנֵנוּ, וְזִכְרוֹן אֲבוֹתֵינוּ, וְזִכְרוֹן מָשִׁיחַ בֶּן דָּוִד עַבְדֶּךָ, וְזִכְרוֹן יְרוּשָׁלַיִם עִיר קָדְשֶׁךָ, וְזִכְרוֹן כָּל עַמְּךָ בֵּית יִשְׂרָאֵל לְפָנֶיךָ לִפְלֵיטָה לְטוֹבָה לְחֵן וּלְחֶסֶד וּלְרַחֲמִים, לְחַיִּים (טוֹבִים) וּלְשָׁלוֹם

בְּיוֹם חַג הַמַּצּוֹת הַזֶּה.

זָכְרֵנוּ יְיָ אֱלֹהֵינוּ בּוֹ לְטוֹבָה. וּפָקְדֵנוּ בוֹ לִבְרָכָה. וְהוֹשִׁיעֵנוּ בוֹ לְחַיִּים טוֹבִים, וּבִדְבַר יְשׁוּעָה וְרַחֲמִים, חוּס וְחָנֵּנוּ, וְרַחֵם עָלֵינוּ וְהוֹשִׁיעֵנוּ, כִּי אֵלֶיךָ עֵינֵינוּ, כִּי אֵל מֶלֶךְ חַנּוּן וְרַחוּם אָתָּה:

You, to refrain from work and to rest thereon with love, in accordance with the commandment of Your will. In Your will, God, our God, bestow upon us tranquillity, that there shall be no trouble, sadness or grief on the day of our rest. God, our God, let us see the consolation of Zion Your city, and the rebuilding of Jerusalem Your holy city, for You are the Master of [all] salvations and the Master of [all] consolations.)

Our God and God of our fathers, may there ascend, come and reach, be seen and accepted, heard, recalled and remembered before You, the remembrance and recollection of us, the remembrance of our fathers, the remembrance of Mashiach the son of David Your servant, the remembrance of Jerusalem Your holy city, and the remembrance of all Your people the House of Israel, for deliverance, well–being, grace, kindness, mercy, good life and peace,

on this day of the Festival of Matzot,

on this Festival of holy convocation. Remember us on this [day], Lord, our God, for good; recollect us on this [day] for blessing; help us on this [day] for good life. With the promise of deliverance and compassion, spare us and be gracious to us; have mercy upon us and deliver us; for our eyes are directed to You, for You, God, are a gracious and merciful King.

וּבְנֵה יְרוּשָׁלַיִם עִיר הַקֹּדֶשׁ בִּמְהֵרָה בְיָמֵינוּ. בָּרוּךְ אַתָּה יְיָ, בּוֹנֵה בְרַחֲמָיו יְרוּשָׁלָיִם. אָמֵן

בָּרוּךְ אַתָּה יְיָ אֱלֹהֵינוּ מֶלֶךְ הָעוֹלָם, הָאֵל אָבִינוּ, מַלְכֵּנוּ, אַדִּירֵנוּ בּוֹרְאֵנוּ, גּוֹאֲלֵנוּ, יוֹצְרֵנוּ, קְדוֹשֵׁנוּ קְדוֹשׁ יַעֲקֹב, רוֹעֵנוּ רוֹעֵה יִשְׂרָאֵל. הַמֶּלֶךְ הַטּוֹב, וְהַמֵּטִיב לַכֹּל, שֶׁבְּכָל יוֹם וָיוֹם הוּא הֵטִיב, הוּא מֵטִיב, הוּא יֵיטִיב לָנוּ. הוּא גְמָלָנוּ, הוּא גוֹמְלֵנוּ, הוּא יִגְמְלֵנוּ לָעַד לְחֵן וּלְחֶסֶד וּלְרַחֲמִים וּלְרֶוַח הַצָּלָה וְהַצְלָחָה בְּרָכָה וִישׁוּעָה, נֶחָמָה, פַּרְנָסָה וְכַלְכָּלָה, וְרַחֲמִים, וְחַיִּים וְשָׁלוֹם, וְכָל טוֹב, וּמִכָּל טוּב לְעוֹלָם אַל יְחַסְּרֵנוּ:

הָרַחֲמָן, הוּא יִמְלוֹךְ עָלֵינוּ לְעוֹלָם וָעֶד.

הָרַחֲמָן, הוּא יִתְבָּרַךְ בַּשָּׁמַיִם וּבָאָרֶץ.

Rebuild Jerusalem the holy city speedily in our days. Blessed are You, Lord, who in His mercy rebuilds Jerusalem. Amen.

Blessed are You, Lord, our God, King of the universe, benevolent God, our Father, our King, our Might, our Creator, our Redeemer, our Maker, our Holy One, the Holy One of Jacob, our Shepherd, the Shepherd of Israel, the King who is good and does good to all, each and every day. He has done good for us, He does good for us, and He will do good for us; He has bestowed, He bestows, and He will forever bestow upon us grace, kindness and mercy, relief, salvation and success, blessing and help, consolation, sustenance and nourishment, compassion, life, peace and all goodness; and may He never cause us to lack any good.

May the Merciful One reign over us forever and ever.

May the Merciful One be blessed in heaven and on earth.

הָרַחֲמָן, הוּא יִשְׁתַּבַּח לְדוֹר דּוֹרִים, וְיִתְפָּאַר בָּֽנוּ לָעַד וּלְנֵֽצַח נְצָחִים, וְיִתְהַדַּר בָּֽנוּ לָעַד וּלְעוֹלְמֵי עוֹלָמִים.

הָרַחֲמָן, הוּא יְפַרְנְסֵֽנוּ בְּכָבוֹד.

הָרַחֲמָן, הוּא יִשְׁבּוֹר עֻלֵּֽנוּ מֵעַל צַוָּארֵֽנוּ וְהוּא יוֹלִיכֵֽנוּ קוֹמְמִיּוּת לְאַרְצֵֽנוּ.

הָרַחֲמָן, הוּא יִשְׁלַח לָֽנוּ בְּרָכָה מְרֻבָּה בַּבַּֽיִת הַזֶּה, וְעַל שֻׁלְחָן זֶה שֶׁאָכַֽלְנוּ עָלָיו.

הָרַחֲמָן, הוּא יִשְׁלַח לָֽנוּ אֶת אֵלִיָּֽהוּ הַנָּבִיא זָכוּר לַטּוֹב, וִיבַשֶּׂר לָֽנוּ בְּשׂוֹרוֹת טוֹבוֹת יְשׁוּעוֹת וְנֶחָמוֹת.

הָרַחֲמָן, הוּא יְבָרֵךְ אֶת אָבִי מוֹרִי בַּֽעַל הַבַּֽיִת הַזֶּה, וְאֶת אִמִּי מוֹרָתִי בַּֽעֲלַת הַבַּֽיִת הַזֶּה, (הָרַחֲמָן, הוּא יְבָרֵךְ (אוֹתִי וְאֶת אִשְׁתִּי וְאֶת זַרְעִי וְאֶת) אָבִי מוֹרִי וְאֶת אִמִּי מוֹרָתִי וְאֶת זְקֵנִי וּזְקֵנָתִי וְאֶת כָּל

May the Merciful One be praised for all generations, and be glorified in us forever and all eternity, and honored in us forever and ever.

May the Merciful One sustain us with honor.

May the Merciful One break the yoke of exile from our neck and may He lead us upright to our land.

May the Merciful One send abundant blessing into this house and upon this table at which we have eaten.

May the Merciful One send us Elijah the Prophet may he be remembered for good and may he bring us good tidings, salvation and consolation.

May the Merciful One bless my father, my teacher, the master of this house, and my mother, my teacher, the mistress of this house; them, their household, their children,

הַמְסוּבִּין כַּאן), אוֹתָם וְאֶת בֵּיתָם וְאֶת זַרְעָם וְאֶת כָּל אֲשֶׁר לָהֶם, אוֹתָנוּ וְאֶת כָּל אֲשֶׁר לָנוּ, כְּמוֹ שֶׁנִּתְבָּרְכוּ אֲבוֹתֵינוּ, אַבְרָהָם יִצְחָק וְיַעֲקֹב: בַּכֹּל, מִכֹּל, כֹּל. כֵּן יְבָרֵךְ אוֹתָנוּ כֻּלָּנוּ יַחַד. בִּבְרָכָה שְׁלֵמָה, וְנֹאמַר אָמֵן:

בַּמָּרוֹם יְלַמְּדוּ עֲלֵיהֶם וְעָלֵינוּ זְכוּת, שֶׁתְּהֵא לְמִשְׁמֶרֶת שָׁלוֹם, וְנִשָּׂא בְרָכָה מֵאֵת יְיָ וּצְדָקָה מֵאֱלֹהֵי יִשְׁעֵנוּ, וְנִמְצָא חֵן וְשֵׂכֶל טוֹב בְּעֵינֵי אֱלֹהִים וְאָדָם:

(לשבת הָרַחֲמָן, הוּא יַנְחִילֵנוּ יוֹם שֶׁכֻּלּוֹ שַׁבָּת וּמְנוּחָה לְחַיֵּי הָעוֹלָמִים.)

הָרַחֲמָן, הוּא יַנְחִילֵנוּ יוֹם שֶׁכֻּלּוֹ טוֹב. יוֹם שֶׁכֻּלּוֹ אָרוּךְ, יוֹם שֶׁצַּדִּיקִים יוֹשְׁבִים וְעַטְרוֹתֵיהֶם בְּרָאשֵׁיהֶם, וְנֶהֱנִים מִזִּיו הַשְּׁכִינָה.

and all that is theirs; us, and all that is ours. Just as He blessed our forefathers, Abraham, Isaac and Jacob, "in everything," "from everything," with "everything," so may He bless all of us (the children of the Covenant) together with a perfect blessing, and let us say, Amen.

From On High, may there be invoked upon him and upon us such merit which will bring a safeguarding of peace. May we receive blessing from the Lord and just kindness from the God of our salvation, and may we find grace and good understanding in the eyes of God and man.

(On Shabbat add: May the Merciful One cause us to inherit that day which will be all Shabbat and rest for life everlasting.)

May the Merciful One cause us to inherit that day which is all good.

הָרַחֲמָן, הוּא יְזַכֵּנוּ לִימוֹת הַמָּשִׁיחַ וּלְחַיֵּי הָעוֹלָם הַבָּא. מִגְדּוֹל יְשׁוּעוֹת מַלְכּוֹ, וְעֹשֶׂה חֶסֶד לִמְשִׁיחוֹ לְדָוִד וּלְזַרְעוֹ עַד עוֹלָם: עֹשֶׂה שָׁלוֹם בִּמְרוֹמָיו, הוּא יַעֲשֶׂה שָׁלוֹם עָלֵינוּ, וְעַל כָּל יִשְׂרָאֵל, וְאִמְרוּ אָמֵן:

יְראוּ אֶת יְיָ קְדשָׁיו, כִּי אֵין מַחְסוֹר לִירֵאָיו: כְּפִירִים רָשׁוּ וְרָעֵבוּ, וְדוֹרְשֵׁי יְיָ לֹא יַחְסְרוּ כָל טוֹב: הוֹדוּ לַייָ כִּי טוֹב, כִּי לְעוֹלָם חַסְדּוֹ: פּוֹתֵחַ אֶת יָדֶךָ, וּמַשְׂבִּיעַ לְכָל חַי רָצוֹן: בָּרוּךְ הַגֶּבֶר אֲשֶׁר יִבְטַח בַּייָ, וְהָיָה יְיָ מִבְטַחוֹ: נַעַר הָיִיתִי גַם זָקַנְתִּי וְלֹא רָאִיתִי צַדִּיק נֶעֱזָב, וְזַרְעוֹ מְבַקֶּשׁ לָחֶם: יְיָ עֹז לְעַמּוֹ יִתֵּן, יְיָ יְבָרֵךְ אֶת עַמּוֹ בַשָּׁלוֹם:

May the Merciful One grant us the privilege of reaching the days of the Mashiach and the life of the World to Come. He is a tower of salvation to His king, and bestows kindness upon His anointed, to David and his descendants forever. He who makes peace in His heights, may He make peace for us and for all Israel; and say, Amen.

Fear the Lord, you His holy ones, for those who fear Him suffer no want. Young lions are in need and go hungry, but those who seek the Lord shall not lack any good. Give thanks to the Lord for He is good, for His kindness is everlasting. You open Your hand and satisfy the desire of every living thing. Blessed is the man who trusts in the Lord, and the Lord will be his trust.

ברכת המזון על פי נוסח הספרדים.
ספרדים. *of the* מנהג *according to the* ברכת המזון

ברכת המזון

לַמְנַצֵּחַ בִּנְגִינֹת מִזְמוֹר שִׁיר: אֱלֹהִים יְחָנֵּנוּ וִיבָרְכֵנוּ, יָאֵר פָּנָיו אִתָּנוּ סֶלָה: לָדַעַת בָּאָרֶץ דַּרְכֶּךָ. בְּכָל גּוֹיִם יְשׁוּעָתֶךָ: יוֹדוּךָ עַמִּים אֱלֹהִים, יוֹדוּךָ עַמִּים כֻּלָּם: יִשְׂמְחוּ וִירַנְּנוּ לְאֻמִּים, כִּי תִשְׁפֹּט עַמִּים מִישֹׁר, וּלְאֻמִּים בָּאָרֶץ תַּנְחֵם סֶלָה: יוֹדוּךָ עַמִּים אֱלֹהִים, יוֹדוּךָ עַמִּים כֻּלָּם: אֶרֶץ נָתְנָה יְבוּלָהּ. יְבָרְכֵנוּ אֱלֹהִים אֱלֹהֵינוּ: יְבָרְכֵנוּ אֱלֹהִים, וְיִירְאוּ אוֹתוֹ כָּל אַפְסֵי אָרֶץ:

אֲבָרְכָה אֶת יְיָ בְּכָל עֵת. תָּמִיד תְּהִלָּתוֹ בְּפִי: סוֹף דָּבָר הַכֹּל נִשְׁמָע. אֶת הָאֱלֹהִים יְרָא וְאֶת מִצְוֹתָיו שְׁמוֹר, כִּי זֶה כָּל הָאָדָם: תְּהִלַּת יְיָ יְדַבֶּר פִּי. וִיבָרֵךְ כָּל בָּשָׂר שֵׁם קָדְשׁוֹ לְעוֹלָם וָעֶד: וַאֲנַחְנוּ נְבָרֵךְ יָהּ מֵעַתָּה וְעַד עוֹלָם הַלְלוּיָהּ: וַיְדַבֵּר אֵלַי, זֶה הַשֻּׁלְחָן אֲשֶׁר לִפְנֵי יְיָ:

המזמן: הַב לָן וְנִבְרִיךְ לְמַלְכָּא עִלָּאָה קַדִּישָׁא:

עונים: שָׁמַיִם:

המברך אומר: בִּרְשׁוּת מַלְכָּא עִלָּאָה קַדִּישָׁא, (לשבת: וּבִרְשׁוּת שַׁבָּת

מַלְכְּתָא)• וּבִרְשׁוּת יוֹמָא טָבָא אֻשְׁפִּיזָא קַדִּישָׁא)• וּבִרְשׁוּת מוֹרַי

וְרַבּוֹתַי, וּבִרְשׁוּתְכֶם, נְבָרֵךְ (בעשרה: אֱלֹהֵינוּ) שֶׁאָכַלְנוּ מִשֶּׁלּוֹ:

עונים: בָּרוּךְ (בעשרה: אֱלֹהֵינוּ) שֶׁאָכַלְנוּ מִשֶּׁלּוֹ וּבְטוּבוֹ הַגָּדוֹל תָּמִיד

חָיִינוּ:

המזמן: בָּרוּךְ (בעשרה: אֱלֹהֵינוּ) שֶׁאָכַלְנוּ מִשֶּׁלּוֹ וּבְטוּבוֹ הַגָּדוֹל

תָּמִיד חָיִינוּ:

(בָּרוּךְ הוּא וּבָרוּךְ שְׁמוֹ וּבָרוּךְ זִכְרוֹ לְעוֹלְמֵי עַד:)

בָּרוּךְ אַתָּה יְיָ אֱלֹהֵינוּ מֶלֶךְ הָעוֹלָם
הָאֵל הַזָּן אוֹתָנוּ וְאֶת הָעוֹלָם
כֻּלּוֹ בְּטוּבוֹ בְּחֵן בְּחֶסֶד בְּרֶוַח
וּבְרַחֲמִים רַבִּים. נוֹתֵן לֶחֶם לְכָל
בָּשָׂר כִּי לְעוֹלָם חַסְדּוֹ. וּבְטוּבוֹ
הַגָּדוֹל תָּמִיד לֹא חָסַר לָנוּ וְאַל יֶחְסַר

לָנוּ מָזוֹן תָּמִיד לְעוֹלָם וָעֶד. כִּי הוּא
אֵל זָן וּמְפַרְנֵס לַכֹּל וְשֻׁלְחָנוֹ עָרוּךְ
לַכֹּל וְהִתְקִין מִחְיָה וּמָזוֹן לְכָל
בְּרִיּוֹתָיו אֲשֶׁר בָּרָא בְּרַחֲמָיו וּבְרוֹב
חֲסָדָיו כָּאָמוּר פּוֹתֵחַ אֶת יָדֶךָ
וּמַשְׂבִּיעַ לְכָל חַי רָצוֹן: בָּרוּךְ אַתָּה
יְיָ הַזָּן אֶת הַכֹּל:

נוֹדֶה לְּךָ יְיָ אֱלֹהֵינוּ עַל שֶׁהִנְחַלְתָּ לַאֲבוֹתֵינוּ
אֶרֶץ חֶמְדָּה טוֹבָה וּרְחָבָה בְּרִית וְתוֹרָה
חַיִּים וּמָזוֹן. עַל שֶׁהוֹצֵאתָנוּ מֵאֶרֶץ מִצְרַיִם
וּפְדִיתָנוּ מִבֵּית עֲבָדִים וְעַל בְּרִיתְךָ שֶׁחָתַמְתָּ
בִּבְשָׂרֵנוּ. וְעַל תּוֹרָתְךָ שֶׁלִּמַּדְתָּנוּ. וְעַל חֻקֵּי
רְצוֹנָךְ שֶׁהוֹדַעְתָּנוּ. וְעַל חַיִּים וּמָזוֹן שֶׁאַתָּה זָן
וּמְפַרְנֵס אוֹתָנוּ:

וְעַל הַכֹּל יְיָ אֱלֹהֵינוּ אֲנַחְנוּ מוֹדִים

לָךְ וּמְבָרְכִים אֶת שְׁמָךְ כָּאָמוּר וְאָכַלְתָּ וְשָׂבָעְתָּ. וּבֵרַכְתָּ אֶת יְיָ אֱלֹהֶיךָ עַל הָאָרֶץ הַטֹּבָה אֲשֶׁר נָתַן לָךְ: בָּרוּךְ אַתָּה יְיָ עַל הָאָרֶץ וְעַל הַמָּזוֹן:

רַחֵם יְיָ אֱלֹהֵינוּ עָלֵינוּ וְעַל יִשְׂרָאֵל עַמָּךְ. וְעַל יְרוּשָׁלַיִם עִירָךְ וְעַל הַר צִיּוֹן מִשְׁכַּן כְּבוֹדָךְ וְעַל הֵיכָלָךְ וְעַל מְעוֹנָךְ וְעַל דְּבִירָךְ וְעַל הַבַּיִת הַגָּדוֹל וְהַקָּדוֹשׁ שֶׁנִּקְרָא שִׁמְךָ עָלָיו. אָבִינוּ רְעֵנוּ זוּנֵנוּ פַּרְנְסֵנוּ כַּלְכְּלֵנוּ הַרְוִיחֵנוּ הַרְוַח לָנוּ מְהֵרָה מִכָּל צָרוֹתֵינוּ. וְנָא אַל תַּצְרִיכֵנוּ יְיָ אֱלֹהֵינוּ לִידֵי מַתְּנוֹת בָּשָׂר וָדָם. וְלֹא לִידֵי הַלְוָאָתָם אֶלָּא לְיָדְךָ הַמְּלֵאָה וְהָרְחָבָה הָעֲשִׁירָה וְהַפְּתוּחָה יְהִי רָצוֹן שֶׁלֹּא נֵבוֹשׁ בָּעוֹלָם הַזֶּה וְלֹא נִכָּלֵם לָעוֹלָם הַבָּא. וּמַלְכוּת בֵּית דָּוִד מְשִׁיחָךְ תַּחֲזִירֶנָּה לִמְקוֹמָהּ בִּמְהֵרָה בְיָמֵינוּ:

(לשבת **רְצֵה** וְהַחֲלִיצֵנוּ יְיָ אֱלֹהֵינוּ בְּמִצְוֹתֶיךָ וּבְמִצְוַת יוֹם הַשְּׁבִיעִי הַשַּׁבָּת הַגָּדוֹל וְהַקָּדוֹשׁ הַזֶּה כִּי יוֹם גָּדוֹל וְקָדוֹשׁ הוּא מִלְּפָנֶיךָ נִשְׁבּוֹת בּוֹ וְנָנוּחַ בּוֹ וְנִתְעַנֵּג בּוֹ כְּמִצְוַת חֻקֵּי רְצוֹנָךְ. וְאַל תְּהִי צָרָה וְיָגוֹן בְּיוֹם מְנוּחָתֵנוּ. וְהַרְאֵנוּ בְּנֶחָמַת צִיּוֹן בִּמְהֵרָה בְיָמֵינוּ. כִּי אַתָּה הוּא בַּעַל הַנֶּחָמוֹת. וְגַם שֶׁאָכַלְנוּ וְשָׁתִינוּ חָרְבַּן בֵּיתְךָ הַגָּדוֹל וְהַקָּדוֹשׁ לֹא שָׁכַחְנוּ. אַל תִּשְׁכָּחֵנוּ לָנֶצַח וְאַל תִּזְנָחֵנוּ לָעַד כִּי אֵל מֶלֶךְ גָּדוֹל וְקָדוֹשׁ אָתָּה.)

אֱלֹהֵינוּ וֵאלֹהֵי אֲבוֹתֵינוּ יַעֲלֶה וְיָבוֹא וְיַגִּיעַ וְיֵרָאֶה וְיֵרָצֶה וְיִשָּׁמַע וְיִפָּקֵד וְיִזָּכֵר זִכְרוֹנֵנוּ וְזִכְרוֹן אֲבוֹתֵינוּ זִכְרוֹן יְרוּשָׁלַיִם עִירָךְ וְזִכְרוֹן מָשִׁיחַ בֶּן דָּוִד עַבְדָּךְ. וְזִכְרוֹן כָּל עַמְּךָ בֵּית יִשְׂרָאֵל לְפָנֶיךָ. לִפְלֵיטָה לְטוֹבָה. לְחֵן לְחֶסֶד וּלְרַחֲמִים לְחַיִּים טוֹבִים וּלְשָׁלוֹם בְּיוֹם

חַג הַמַּצּוֹת הַזֶּה, בְּיוֹם טוֹב מִקְרָא קֹדֶשׁ הַזֶּה.

לְרַחֵם בּוֹ עָלֵינוּ וּלְהוֹשִׁיעֵנוּ. זָכְרֵנוּ יְיָ אֱלֹהֵינוּ בּוֹ לְטוֹבָה. וּפָקְדֵנוּ בוֹ לִבְרָכָה. וְהוֹשִׁיעֵנוּ בוֹ

לְחַיִּים טוֹבִים. בִּדְבַר יְשׁוּעָה וְרַחֲמִים חוּס וְחָנֵּנוּ וַחֲמוֹל וְרַחֵם עָלֵינוּ וְהוֹשִׁיעֵנוּ כִּי אֵלֶיךָ עֵינֵינוּ. כִּי אֵל מֶלֶךְ חַנּוּן וְרַחוּם אָתָּה:

וְתִבְנֶה יְרוּשָׁלַיִם עִירָךְ בִּמְהֵרָה בְיָמֵינוּ: בָּרוּךְ אַתָּה יְיָ, בּוֹנֵה יְרוּשָׁלָיִם. (ואומר בלחש: אָמֵן):

בָּרוּךְ אַתָּה יְיָ, אֱלֹהֵינוּ מֶלֶךְ הָעוֹלָם, לָעַד הָאֵל אָבִינוּ, מַלְכֵּנוּ, אַדִּירֵנוּ, בּוֹרְאֵנוּ, גּוֹאֲלֵנוּ, קְדוֹשֵׁנוּ קְדוֹשׁ יַעֲקֹב, רוֹעֵנוּ רוֹעֵה יִשְׂרָאֵל. הַמֶּלֶךְ הַטּוֹב וְהַמֵּטִיב לַכֹּל שֶׁבְּכָל יוֹם וָיוֹם הוּא הֵטִיב לָנוּ הוּא מֵטִיב לָנוּ הוּא יֵיטִיב לָנוּ. הוּא גְמָלָנוּ. הוּא גוֹמְלֵנוּ. הוּא יִגְמְלֵנוּ לָעַד חֵן וָחֶסֶד וְרַחֲמִים וְרֶוַח וְהַצָּלָה וְכָל טוֹב:

הָרַחֲמָן הוּא יִשְׁתַּבַּח עַל כִּסֵּא כְבוֹדוֹ.

הָרַחֲמָן הוּא יִשְׁתַּבַּח בַּשָּׁמַיִם וּבָאָרֶץ.

הָרַחֲמָן הוּא יִשְׁתַּבַּח בָּנוּ לְדוֹר דּוֹרִים.

הָרַחֲמָן הוּא קֶרֶן לְעַמּוֹ יָרִים.

הָרַחֲמָן הוּא יִתְפָּאַר בָּנוּ לָנֶצַח נְצָחִים.

הָרַחֲמָן הוּא יְפַרְנְסֵנוּ בְּכָבוֹד וְלֹא בְּבִזּוּי בְּהֶתֵּר וְלֹא בְאִסּוּר בְּנַחַת וְלֹא בְצָעַר.

הָרַחֲמָן הוּא יִתֵּן שָׁלוֹם בֵּינֵינוּ.

הָרַחֲמָן הוּא יִשְׁלַח בְּרָכָה רְוָחָה וְהַצְלָחָה בְּכָל מַעֲשֵׂה יָדֵינוּ.

הָרַחֲמָן הוּא יַצְלִיחַ אֶת דְּרָכֵינוּ.

הָרַחֲמָן הוּא יִשְׁבּוֹר עוֹל גָּלוּת מְהֵרָה מֵעַל צַוָּארֵנוּ.

הָרַחֲמָן הוּא יוֹלִיכֵנוּ מְהֵרָה קוֹמְמִיּוּת לְאַרְצֵנוּ.

הָרַחֲמָן הוּא יְרַפְּאֵנוּ רְפוּאָה שְׁלֵמָה רְפוּאַת הַנֶּפֶשׁ וּרְפוּאַת הַגּוּף.

הָרַחֲמָן הוּא יִפְתַּח לָנוּ אֶת יָדוֹ הָרְחָבָה.

הָרַחֲמָן הוּא יְבָרֵךְ כָּל אֶחָד וְאֶחָד מִמֶּנּוּ בִּשְׁמוֹ הַגָּדוֹל כְּמוֹ שֶׁנִּתְבָּרְכוּ אֲבוֹתֵינוּ אַבְרָהָם יִצְחָק וְיַעֲקֹב בַּכֹּל מִכֹּל כֹּל. כֵּן יְבָרֵךְ אוֹתָנוּ יַחַד בְּרָכָה שְׁלֵמָה. וְכֵן יְהִי רָצוֹן וְנֹאמַר אָמֵן.

(לשבת הָרַחֲמָן הוּא יַנְחִילֵנוּ עוֹלָם שֶׁכֻּלּוֹ שַׁבָּת וּמְנוּחָה לְחַיֵּי הָעוֹלָמִים:)

הָרַחֲמָן הוּא יַנְחִילֵנוּ, לְיוֹם שֶׁכֻּלּוֹ טוֹב:

הָרַחֲמָן הוּא יַגִּיעֵנוּ לְמוֹעֲדִים אֲחֵרִים הַבָּאִים לִקְרָאתֵנוּ לְשָׁלוֹם:

הָרַחֲמָן הוּא יִטַּע תּוֹרָתוֹ וְאַהֲבָתוֹ בְּלִבֵּנוּ וְתִהְיֶה יִרְאָתוֹ עַל פָּנֵינוּ לְבִלְתִּי נֶחֱטָא. וְיִהְיוּ כָל מַעֲשֵׂינוּ לְשֵׁם שָׁמַיִם:

הָרַחֲמָן הוּא יְבָרֵךְ אֶת הַשֻּׁלְחָן הַזֶּה שֶׁאָכַלְנוּ עָלָיו וִיסַדֵּר בּוֹ כָּל מַעֲדַנֵּי עוֹלָם וְיִהְיֶה כְּשֻׁלְחָנוֹ שֶׁל אַבְרָהָם אָבִינוּ כָּל רָעֵב מִמֶּנּוּ יֹאכַל וְכָל צָמֵא מִמֶּנּוּ יִשְׁתֶּה. וְאַל יֶחְסַר מִמֶּנּוּ כָּל טוּב לָעַד וּלְעוֹלְמֵי עוֹלָמִים אָמֵן:

הָרַחֲמָן הוּא יְבָרֵךְ בַּעַל הַבַּיִת הַזֶּה וּבַעַל הַסְּעֻדָּה הַזֹּאת. הוּא וּבָנָיו וְאִשְׁתּוֹ וְכָל אֲשֶׁר לוֹ. בְּבָנִים שֶׁיִּחְיוּ. וּבִנְכָסִים שֶׁיִּרְבּוּ. בָּרֵךְ יְיָ חֵילוֹ וּפֹעַל יָדָיו תִּרְצֶה. וְיִהְיוּ נְכָסָיו וּנְכָסֵינוּ מֻצְלָחִים וּקְרוֹבִים לָעִיר. וְאַל יִזְדַּקֵּק לְפָנָיו וְלֹא לְפָנֵינוּ שׁוּם דְּבַר חֵטְא וְהִרְהוּר עָוֹן. שָׂשׂ וְשָׂמֵחַ כָּל הַיָּמִים בְּעֹשֶׁר וְכָבוֹד מֵעַתָּה וְעַד עוֹלָם. לֹא יֵבוֹשׁ בָּעוֹלָם הַזֶּה וְלֹא יִכָּלֵם לָעוֹלָם הַבָּא. אָמֵן כֵּן יְהִי רָצוֹן:

הָרַחֲמָן הוּא יְבָרֵךְ אֶת כָּל הַמְסֻבִּים בַּשֻּׁלְחָן הַזֶּה, וְיִתֵּן לָנוּ הַקָּדוֹשׁ בָּרוּךְ הוּא מִשְׁאֲלוֹת לִבֵּנוּ לְטוֹבָה:

הָרַחֲמָן הוּא יְחַיֵּינוּ וִיזַכֵּנוּ וִיקָרְבֵנוּ לִימוֹת הַמָּשִׁיחַ וּלְבִנְיַן בֵּית הַמִּקְדָּשׁ וּלְחַיֵּי הָעוֹלָם הַבָּא. מִגְדּוֹל יְשׁוּעוֹת מַלְכּוֹ וְעֹשֶׂה חֶסֶד לִמְשִׁיחוֹ לְדָוִד וּלְזַרְעוֹ עַד עוֹלָם:

כְּפִירִים רָשׁוּ וְרָעֵבוּ. וְדֹרְשֵׁי יְיָ לֹא יַחְסְרוּ כָל טוֹב: נַעַר הָיִיתִי גַּם זָקַנְתִּי וְלֹא רָאִיתִי צַדִּיק נֶעֱזָב. וְזַרְעוֹ מְבַקֶּשׁ לָחֶם: כָּל הַיּוֹם חוֹנֵן וּמַלְוֶה. וְזַרְעוֹ לִבְרָכָה. מַה שֶּׁאָכַלְנוּ יִהְיֶה לְשָׂבְעָה. וּמַה שֶּׁשָּׁתִינוּ יִהְיֶה לִרְפוּאָה. וּמַה שֶּׁהוֹתַרְנוּ יִהְיֶה לִבְרָכָה כְּדִכְתִיב וַיִּתֵּן לִפְנֵיהֶם וַיֹּאכְלוּ וַיּוֹתִירוּ כִּדְבַר יְיָ: בְּרוּכִים אַתֶּם לַייָ. עוֹשֵׂה שָׁמַיִם וָאָרֶץ: בָּרוּךְ הַגֶּבֶר אֲשֶׁר יִבְטַח בַּייָ. וְהָיָה יְיָ מִבְטַחוֹ: יְיָ עֹז לְעַמּוֹ יִתֵּן. יְיָ יְבָרֵךְ אֶת עַמּוֹ בַשָּׁלוֹם:

עֹשֶׂה שָׁלוֹם בִּמְרוֹמָיו הוּא בְּרַחֲמָיו יַעֲשֶׂה שָׁלוֹם עָלֵינוּ וְעַל כָּל עַמּוֹ יִשְׂרָאֵל וְאִמְרוּ אָמֵן:

כוס שלישי

הִנְנִי מוּכָן וּמְזֻמָּן לְקַיֵּם מִצְוַת כּוֹס שְׁלִישִׁי מֵאַרְבַּע כּוֹסוֹת [שהוא נגד בשורת הישועה שאמר הקב"ה לישראל וגאלתי אתכם בזרוע נטוי', שהוא כנגד אות ו' של שם הוי"ה ב"ה שהוא תפארת ושהוא כנגד רוח המדה רעה לבטל אותו] **לְשֵׁם יִחוּד קוּדְשָׁא בְּרִיךְ הוּא וּשְׁכִינְתֵּיהּ בִּדְחִילוּ וּרְחִימוּ לְיַחֵד שֵׁם י"ה בו"ה בְּיִחוּדָא שְׁלִים עַל יְדֵי הַהוּא טָמִיר וְנֶעְלָם בְּשֵׁם כָּל-יִשְׂרָאֵל. וִיהִי נֹעַם יְיָ אֱלֹהֵינוּ עָלֵינוּ, וּמַעֲשֵׂה יָדֵינוּ כּוֹנְנָה עָלֵינוּ, וּמַעֲשֵׂה יָדֵינוּ כּוֹנְנֵהוּ:**

בני ספרדים מכוונים בברכת "בורא פרי הגפן" לפטור כוס רביעי.
The ספרדים *have in mind with the* ברכה *to be* יוצא *also the fourth* כוס.

בָּרוּךְ אַתָּה יְיָ, אֱלֹהֵינוּ מֶלֶךְ הָעוֹלָם, בּוֹרֵא פְּרִי הַגָּפֶן:

שותים בהסיבה.
Drink it leaning.

שפוך חמתך

מוזגין כוס רביעי וגם מוזגים כוס מיוחדת לאליהו הנביא, ופותחים את הדלת ויש עומדים ואומרים "ברוך הבא" ומתחילים לומר "שפוך חמתך" בהתרגשות.

We pour the fourth כוס *and a special* כוס *in honor of* אליהו הנביא*. We open the door for* אליהו הנביא *and say* "שפוך חמתך" *with great emotion for the* גאולה*. Many stand and say* "ברוך הבא" *and stay standing until* "לא לנו".

Recite the blessing for the wine, and drink in reclining position.

Blessed are You, Lord, our God, King of the universe, who creates the fruit of the vine.

We pour the כוס של אליהו and open the door for him and say "שפוך חמתך". Many stand and say "ברוך הבא" and stay standing until "לא לנו".

========================== **The Questions Asked** ==========================

שפוך חמתך

❦ **W**hy do we open the door now?

1) We open the door to show that we believe that just like in מצרים, the בני ישראל were protected by ה', such it is so that in all generations ה' watches over כלל ישראל. We show our אמונה by opening the door in the hope that in the זכות of our אמונה, אליהו הנביא will come and announce משיח. The reason we close the door is because today, when we live among the גוים, it's a סכנה to leave a door open and we are not allowed to rely on נסים. (שו״ע)

2) Tradition tells us that tonight אליהו הנביא actually comes to everyone's home and drinks a drop from his כוס. Therefore, many have a מנהג to add to the 4th כוס a little bit from the כוס של אליהו, and some use the wine for קידוש in the morning.

The story is told of the Belzer Rebbe zt"l, who, as a small child, started to cry after שפוך חמתך. His father asked him, "Why are you

שְׁפֹךְ חֲמָתְךָ אֶל־הַגּוֹיִם, אֲשֶׁר לֹא יְדָעוּךָ וְעַל־מַמְלָכוֹת אֲשֶׁר בְּשִׁמְךָ לֹא קָרָאוּ: כִּי אָכַל אֶת־יַעֲקֹב. וְאֶת־נָוֵהוּ הֵשַׁמּוּ: שְׁפָךְ־עֲלֵיהֶם זַעְמֶךָ, וַחֲרוֹן אַפְּךָ יַשִּׂיגֵם: תִּרְדֹּף בְּאַף וְתַשְׁמִידֵם, מִתַּחַת שְׁמֵי יְיָ:

הלל

גומרים את ההלל בשמחה ובהתלהבות רבה.
We finish saying the הלל *with great joy and emotion.*

לֹא לָנוּ יְיָ לֹא לָנוּ כִּי לְשִׁמְךָ תֵּן כָּבוֹד, עַל

The Questions Asked

crying"? He answered: the רבי in (ישיבה) חדר told us that אליהו הנביא enters when we open our doors and I didn't see אליהו הנביא come in! His father told him: don't cry – if you will be careful to never

Pour out Your wrath upon the nations that do
not acknowledge You, and upon the
kingdoms that do not call upon Your Name. For
they have devoured Jacob and laid waste his
habitation. Pour out Your indignation upon them,
and let the wrath of Your anger overtake them.
Pursue them with anger, and destroy them from
beneath the heavens of the Lord.

HALLEL / PRAISE

Not to us, Lord, not to us, but to Your Name give glory,

──────────── **The Questions Asked** ────────────

look at things you're not supposed to look at, you will be זוכה to see
‫אליהו הנביא‬. ‫(אמרי קודש)‬

הלל

❧ **W**hy is it called הלל here, when we already said some of it during מגיד?

The answer is: Since we are now finishing the הלל, it is considered
as if we are saying the whole הלל. Like the גמרא says, the person
who finishes the מצוה is considered as if he did the entire מצוה, ‫"אין‬
‫המצוה נקראת אלא על שם גומרה"‬. ‫(בית אברהם)‬

חַסְדְּךָ עַל אֲמִתֶּךָ. לָמָּה יֹאמְרוּ הַגּוֹיִם, אַיֵּה נָא אֱלֹהֵיהֶם. וֵאלֹהֵינוּ בַשָּׁמָיִם כֹּל אֲשֶׁר חָפֵץ עָשָׂה. עֲצַבֵּיהֶם כֶּסֶף וְזָהָב, מַעֲשֵׂה יְדֵי אָדָם. פֶּה לָהֶם וְלֹא יְדַבֵּרוּ, עֵינַיִם לָהֶם וְלֹא יִרְאוּ. אָזְנַיִם לָהֶם וְלֹא יִשְׁמָעוּ, אַף לָהֶם וְלֹא יְרִיחוּן. יְדֵיהֶם וְלֹא יְמִישׁוּן, רַגְלֵיהֶם וְלֹא יְהַלֵּכוּ, לֹא יֶהְגּוּ בִּגְרוֹנָם. כְּמוֹהֶם יִהְיוּ עֹשֵׂיהֶם, כֹּל אֲשֶׁר בֹּטֵחַ בָּהֶם: יִשְׂרָאֵל בְּטַח בַּיְיָ, עֶזְרָם וּמָגִנָּם הוּא. בֵּית אַהֲרֹן בִּטְחוּ בַיְיָ, עֶזְרָם וּמָגִנָּם הוּא. יִרְאֵי יְיָ בִּטְחוּ בַיְיָ, עֶזְרָם וּמָגִנָּם הוּא:

יְיָ זְכָרָנוּ יְבָרֵךְ, יְבָרֵךְ אֶת בֵּית יִשְׂרָאֵל, יְבָרֵךְ אֶת בֵּית אַהֲרֹן. יְבָרֵךְ יִרְאֵי יְיָ, הַקְּטַנִּים עִם הַגְּדֹלִים. יֹסֵף יְיָ עֲלֵיכֶם, עֲלֵיכֶם וְעַל בְּנֵיכֶם. בְּרוּכִים אַתֶּם לַייָ, עֹשֵׂה שָׁמַיִם וָאָרֶץ. הַשָּׁמַיִם שָׁמַיִם לַייָ, וְהָאָרֶץ נָתַן לִבְנֵי אָדָם. לֹא הַמֵּתִים יְהַלְלוּ יָהּ, וְלֹא כָּל יֹרְדֵי

for the sake of Your kindness and Your truth. Why should the nations say, "Where, now, is their God?" Our God is in heaven, whatever He desires, He does. Their idols are of silver and gold, the product of human hands: they have a mouth, but cannot speak; they have eyes, but cannot see; they have ears, but cannot hear; they have a nose, but cannot smell; their hands cannot feel; their feet cannot walk; they can make no sound with their throat. Like them should be their makers, everyone that trusts in them. Israel, trust in the Lord! He is their help and their shield. House of Aaron, trust in the Lord! He is their help and their shield. You who fear the Lord, trust in the Lord! He is their help and their shield.

The Lord, mindful of us, will bless. He will bless the House of Israel; He will bless the House of Aaron; He will bless those who fear the Lord, the small with the great. May the Lord increase [blessing] upon you, upon you and upon your children. You are blessed unto the Lord, the Maker of heaven and earth. The heavens are the heavens of the Lord, but the earth He gave to the children of man. The dead do not praise God, nor do those that go down into the silence [of the grave]. But

דוּמָה. וַאֲנַחְנוּ נְבָרֵךְ יָהּ, מֵעַתָּה וְעַד עוֹלָם, הַלְלוּיָהּ:

אָהַבְתִּי כִּי יִשְׁמַע יְיָ, אֶת קוֹלִי תַּחֲנוּנָי. כִּי הִטָּה אָזְנוֹ לִי וּבְיָמַי אֶקְרָא: אֲפָפוּנִי חֶבְלֵי מָוֶת, וּמְצָרֵי שְׁאוֹל מְצָאוּנִי צָרָה וְיָגוֹן אֶמְצָא. וּבְשֵׁם יְיָ אֶקְרָא, אָנָּה יְיָ מַלְּטָה נַפְשִׁי. חַנּוּן יְיָ וְצַדִּיק, וֵאלֹהֵינוּ מְרַחֵם. שֹׁמֵר פְּתָאִים יְיָ דַּלּוֹתִי וְלִי יְהוֹשִׁיעַ. שׁוּבִי נַפְשִׁי לִמְנוּחָיְכִי, כִּי יְיָ גָּמַל עָלָיְכִי. כִּי חִלַּצְתָּ נַפְשִׁי מִמָּוֶת אֶת עֵינִי מִן דִּמְעָה, אֶת רַגְלִי מִדֶּחִי. אֶתְהַלֵּךְ לִפְנֵי יְיָ, בְּאַרְצוֹת הַחַיִּים. הֶאֱמַנְתִּי כִּי אֲדַבֵּר, אֲנִי עָנִיתִי מְאֹד. אֲנִי אָמַרְתִּי בְחָפְזִי כָּל הָאָדָם כֹּזֵב.

מָה אָשִׁיב לַייָ, כָּל תַּגְמוּלוֹהִי עָלָי. כּוֹס יְשׁוּעוֹת אֶשָּׂא, וּבְשֵׁם יְיָ אֶקְרָא. נְדָרַי לַייָ אֲשַׁלֵּם, נֶגְדָה נָּא לְכָל עַמּוֹ. יָקָר בְּעֵינֵי יְיָ הַמָּוְתָה לַחֲסִידָיו. אָנָּה יְיָ כִּי אֲנִי עַבְדֶּךָ

we will bless God, from now to eternity. Halleluyah

Praise God.

I love the Lord, because He hears my voice, my prayers.
For He turned His ear to me; all my days I will call [upon
Him]. The pangs of death encompassed me, and the agonies
of the grave came upon me, trouble and sorrow I encounter
and I call upon the Name of the Lord: Please, Lord, deliver
my soul! The Lord is gracious and just, our God is
compassionate. The Lord watches over the simpletons; I was
brought low and He saved me. Return, my soul, to your
rest, for the Lord has dealt kindly with you. For You have
delivered my soul from death, my eyes from tears, my foot
from stumbling. I will walk before the Lord in the lands of
the living. I had faith even when I said, "I am greatly
afflicted;" [even when] I said in my haste, "All men are
deceitful."

What can I repay the Lord for all His kindness
to me? I will raise the cup of salvation and
call upon the Name of the Lord. I will pay my vows
to the Lord in the presence of all His people.
Precious in the eyes of the Lord is the death of His
pious ones. I thank you, Lord, for I am Your servant.

אָנִּי עַבְדְּךָ, בֶּן אֲמָתֶךָ פִּתַּחְתָּ לְמוֹסֵרָי. לְךָ אֶזְבַּח זֶבַח תּוֹדָה וּבְשֵׁם יְיָ אֶקְרָא. נְדָרַי לַייָ אֲשַׁלֵּם נֶגְדָה נָּא לְכָל עַמּוֹ. בְּחַצְרוֹת בֵּית יְיָ בְּתוֹכֵכִי יְרוּשָׁלָיִם הַלְלוּיָהּ.

הַלְלוּ אֶת יְיָ, כָּל גּוֹיִם, שַׁבְּחוּהוּ כָּל הָאֻמִּים. כִּי גָבַר עָלֵינוּ חַסְדּוֹ, וֶאֱמֶת יְיָ לְעוֹלָם הַלְלוּיָהּ:

הבעל הבית אומר "הודו לה' כי טוב וכו'" ושאר בני הבית עונים "הודו לה' כי טוב וכו'". וכן בשאר ג' הפסוקים, הוא אומר "יאמר נא וכו'" והם עונים "הודו לה' כי טוב וכו'".

The בעל הבית *says* "הודו לה' כי טוב וכו'" *and the participants respond with* "הודו לה' כי טוב וכו'". *The same applies to the other 3 verses. The* בעל הבית *says* "יאמר נא ישראל וכו'" *and the participants respond with* "הודו לה' כי טוב וכו'"

הוֹדוּ לַייָ כִּי טוֹב, כִּי לְעוֹלָם חַסְדּוֹ:
יֹאמַר נָא יִשְׂרָאֵל, כִּי לְעוֹלָם חַסְדּוֹ:
יֹאמְרוּ נָא בֵית אַהֲרֹן, כִּי לְעוֹלָם חַסְדּוֹ:
יֹאמְרוּ נָא יִרְאֵי יְיָ, כִּי לְעוֹלָם חַסְדּוֹ:

I am Your servant the son of Your handmaid, You have loosened my bonds. To You I will bring an offering of thanksgiving, and I will call upon the Name of the Lord. I will pay my vows to the Lord in the presence of all His people, in the courtyards of the House of the Lord, in the midst of Jerusalem. Halleluyah Praise God.

Praise the Lord, all nations! Extol Him, all peoples! For His kindness was mighty over us, and the truth of the Lord is everlasting. Halleluyah Praise God.

Give thanks to the Lord, for He is good,

> for His kindness is everlasting.

Let Israel say [it],

> for His kindness is everlasting.

Let the House of Aaron say [it],

> for His kindness is everlasting.

Let those who fear the Lord say [it],

> for His kindness is everlasting.

מִן הַמֵּצַר קָרָאתִי יָּהּ, עָנָנִי בַמֶּרְחָב יָהּ. יְיָ לִי לֹא אִירָא, מַה יַּעֲשֶׂה לִי אָדָם. יְיָ לִי בְּעֹזְרָי, וַאֲנִי אֶרְאֶה בְשֹׂנְאָי. טוֹב לַחֲסוֹת בַּייָ, מִבְּטֹחַ בָּאָדָם. טוֹב לַחֲסוֹת בַּייָ מִבְּטֹחַ בִּנְדִיבִים. כָּל גּוֹיִם סְבָבוּנִי בְּשֵׁם יְיָ כִּי אֲמִילַם. סַבּוּנִי גַם סְבָבוּנִי בְּשֵׁם יְיָ כִּי אֲמִילַם. סַבּוּנִי כִדְבֹרִים דֹּעֲכוּ כְּאֵשׁ קוֹצִים, בְּשֵׁם יְיָ כִּי אֲמִילַם. דָּחֹה דְחִיתַנִי לִנְפֹּל, וַייָ עֲזָרָנִי. עָזִּי וְזִמְרָת יָהּ, וַיְהִי לִי לִישׁוּעָה. קוֹל רִנָּה וִישׁוּעָה בְּאָהֳלֵי צַדִּיקִים, יְמִין יְיָ עֹשָׂה חָיִל. יְמִין יְיָ רוֹמֵמָה, יְמִין יְיָ עֹשָׂה חָיִל. לֹא אָמוּת כִּי אֶחְיֶה, וַאֲסַפֵּר מַעֲשֵׂי יָהּ. יַסֹּר יִסְּרַנִּי יָּהּ, וְלַמָּוֶת לֹא נְתָנָנִי. פִּתְחוּ לִי שַׁעֲרֵי צֶדֶק, אָבֹא בָם אוֹדֶה יָהּ. זֶה הַשַּׁעַר לַייָ, צַדִּיקִים יָבֹאוּ בוֹ.

אוֹדְךָ כִּי עֲנִיתָנִי, וַתְּהִי לִי לִישׁוּעָה. אוֹדְךָ כִּי עֲנִיתָנִי וַתְּהִי לִי לִישׁוּעָה.

Out of narrow confines I called to God; God answered me with abounding relief. The Lord is with me, I will not fear what can man do to me? The Lord is with me, through my helpers, and I can face my enemies. It is better to rely on the Lord, than to trust in man. It is better to rely on the Lord, than to trust in nobles. All nations surround me, but I cut them down in the Name of the Lord. They surrounded me, they encompassed me, but I cut them down in the Name of the Lord. They surrounded me like bees, yet they are extinguished like a fire of thorns; I cut them down in the Name of the Lord. You [my foes] pushed me again and again to fall, but the Lord helped me. God is my strength and song, and this has been my salvation. The sound of joyous song and salvation is in the tents of the righteous: "The right hand of the Lord performs deeds of valor. The right hand of the Lord is exalted; the right hand of the Lord performs deeds of valor!" I shall not die, but I shall live and relate the deeds of God. God has chastised me, but He did not give me over to death. Open for me the gates of righteousness; I will enter them and give thanks to God. This is the gate of the Lord, the righteous will enter it.

I thank You for You have answered me, and You have been a help to me. I thank You for You have answered me, and You have been a help to me.

אֶבֶן מָאֲסוּ הַבּוֹנִים, הָיְתָה לְרֹאשׁ פִּנָּה. אֶבֶן מָאֲסוּ הַבּוֹנִים, הָיְתָה לְרֹאשׁ פִּנָּה.

מֵאֵת יְיָ הָיְתָה זֹּאת, הִיא נִפְלָאת בְּעֵינֵינוּ: מֵאֵת יְיָ הָיְתָה זֹּאת, הִיא נִפְלָאת בְּעֵינֵינוּ.

זֶה הַיּוֹם עָשָׂה יְיָ, נָגִילָה וְנִשְׂמְחָה בוֹ. זֶה הַיּוֹם עָשָׂה יְיָ נָגִילָה וְנִשְׂמְחָה בוֹ.

הבעל הבית אומר "אנא ה' הושיעה נא" ובני הבית עונים "אנא ה' הושיעה נא". וב"אנא ה' הצליחה נא" עונים "אנא ה' הצליחה נא".
The בעל הבית says "אנא ה' הושיעה נא" and the participants respond with "אנא ה' הושיעה נא". The בעל הבית says "אנא ה' הצליחה נא" and the participants respond with "אנא ה' הצליחה נא".

אָנָּא יְיָ הוֹשִׁיעָה נָּא:

אָנָּא יְיָ הוֹשִׁיעָה נָּא:

אָנָּא יְיָ הַצְלִיחָה נָא:

אָנָּא יְיָ הַצְלִיחָה נָא:

בָּרוּךְ הַבָּא בְּשֵׁם יְיָ, בֵּרַכְנוּכֶם מִבֵּית יְיָ. בָּרוּךְ הַבָּא בְּשֵׁם יְיָ, בֵּרַכְנוּכֶם מִבֵּית יְיָ.

The stone scorned by the builders has become the main cornerstone. The stone scorned by the builders has become the main cornerstone.

This was indeed from the Lord, it is wondrous in our eyes. This was indeed from the Lord, it is wondrous in our eyes.

This day the Lord has made, let us be glad and rejoice on it. This day the Lord has made, let us be glad and rejoice on it.

O Lord, please help us!

O Lord, please help us!

O Lord, please grant us success!

O Lord, please grant us success!

Blessed is he who comes in the Name of the Lord; we bless you from the House of the Lord. Blessed is he who comes in the Name of the Lord; we bless you from the House of the Lord.

אֵל יְיָ וַיָּאֶר לָנוּ, אִסְרוּ חַג בַּעֲבֹתִים עַד קַרְנוֹת הַמִּזְבֵּחַ. אֵל יְיָ וַיָּאֶר לָנוּ, אִסְרוּ חַג בַּעֲבֹתִים, עַד קַרְנוֹת הַמִּזְבֵּחַ.

אֵלִי אַתָּה וְאוֹדֶךָּ אֱלֹהַי אֲרוֹמְמֶךָּ. אֵלִי אַתָּה וְאוֹדֶךָּ אֱלֹהַי אֲרוֹמְמֶךָּ:

הוֹדוּ לַייָ כִּי טוֹב, כִּי לְעוֹלָם חַסְדּוֹ: הוֹדוּ לַייָ כִּי טוֹב, כִּי לְעוֹלָם חַסְדּוֹ.

הוֹדוּ לַייָ כִּי טוֹב, כִּי לְעוֹלָם חַסְדּוֹ:
הוֹדוּ לֵאלֹהֵי הָאֱלֹהִים, כִּי לְעוֹלָם חַסְדּוֹ:
הוֹדוּ לַאֲדֹנֵי הָאֲדֹנִים, כִּי לְעוֹלָם חַסְדּוֹ:
לְעֹשֵׂה נִפְלָאוֹת גְּדֹלוֹת לְבַדּוֹ, כִּי לְעוֹלָם חַסְדּוֹ:
לְעֹשֵׂה הַשָּׁמַיִם בִּתְבוּנָה, כִּי לְעוֹלָם חַסְדּוֹ:
לְרוֹקַע הָאָרֶץ עַל הַמָּיִם, כִּי לְעוֹלָם חַסְדּוֹ:
לְעֹשֵׂה אוֹרִים גְּדֹלִים, כִּי לְעוֹלָם חַסְדּוֹ:
אֶת הַשֶּׁמֶשׁ לְמֶמְשֶׁלֶת בַּיּוֹם, כִּי לְעוֹלָם חַסְדּוֹ:
אֶת הַיָּרֵחַ וְכוֹכָבִים
לְמֶמְשְׁלוֹת בַּלָּיְלָה, כִּי לְעוֹלָם חַסְדּוֹ:

The Lord is Almighty, He gave us light; bind the festival–offering until [you bring it to] the horns of the altar. The Lord is Almighty, He gave us light; bind the festival–offering until [you bring it to] the horns of the altar.

You are my God and I will thank You; my God, I will exalt You. You are my God and I will thank You; my God, I will exalt You.

Give thanks to the Lord, for He is good, for His kindness is everlasting. Give thanks to the Lord, for He is good, for His kindness is everlasting.

Give thanks to the God of gods
for His kindness is everlasting;

Give thanks to the Lord of lords
for His kindness is everlasting;

Who alone does great wonders
for His kindness is everlasting;

Who made the heavens with understanding
for His kindness is everlasting;

Who stretched out the earth above the waters
for His kindness is everlasting;

Who made the great lights for His kindness is everlasting;

The sun, to rule by day
for His kindness is everlasting;

The moon and stars, to rule by night
for His kindness is everlasting;

לְמַכֵּה מִצְרַיִם בִּבְכוֹרֵיהֶם, כִּי לְעוֹלָם חַסְדּוֹ:
וַיּוֹצֵא יִשְׂרָאֵל מִתּוֹכָם, כִּי לְעוֹלָם חַסְדּוֹ:
בְּיָד חֲזָקָה וּבִזְרוֹעַ נְטוּיָה, כִּי לְעוֹלָם חַסְדּוֹ:
לְגֹזֵר יַם סוּף לִגְזָרִים, כִּי לְעוֹלָם חַסְדּוֹ:
וְהֶעֱבִיר יִשְׂרָאֵל בְּתוֹכוֹ, כִּי לְעוֹלָם חַסְדּוֹ:
וְנִעֵר פַּרְעֹה וְחֵילוֹ בְיַם סוּף, כִּי לְעוֹלָם חַסְדּוֹ:
לְמוֹלִיךְ עַמּוֹ בַּמִּדְבָּר, כִּי לְעוֹלָם חַסְדּוֹ:
לְמַכֵּה מְלָכִים גְּדֹלִים, כִּי לְעוֹלָם חַסְדּוֹ:
וַיַּהֲרֹג מְלָכִים אַדִּירִים, כִּי לְעוֹלָם חַסְדּוֹ:
לְסִיחוֹן מֶלֶךְ הָאֱמֹרִי, כִּי לְעוֹלָם חַסְדּוֹ:
וּלְעוֹג מֶלֶךְ הַבָּשָׁן, כִּי לְעוֹלָם חַסְדּוֹ:
וְנָתַן אַרְצָם לְנַחֲלָה, כִּי לְעוֹלָם חַסְדּוֹ:
נַחֲלָה לְיִשְׂרָאֵל עַבְדּוֹ, כִּי לְעוֹלָם חַסְדּוֹ:
שֶׁבְּשִׁפְלֵנוּ זָכַר לָנוּ, כִּי לְעוֹלָם חַסְדּוֹ:
וַיִּפְרְקֵנוּ מִצָּרֵינוּ, כִּי לְעוֹלָם חַסְדּוֹ:
נֹתֵן לֶחֶם לְכָל בָּשָׂר, כִּי לְעוֹלָם חַסְדּוֹ:
הוֹדוּ לְאֵל הַשָּׁמָיִם, כִּי לְעוֹלָם חַסְדּוֹ:

Who struck Egypt through their first–born
                    for His kindness is everlasting;
And brought Israel out of their midst
                    for His kindness is everlasting;
With a strong hand and with an outstretched arm
                    for His kindness is everlasting;
Who split the Sea of Reeds into sections
                    for His kindness is everlasting;
And led Israel through it   for His kindness is everlasting;
And cast Pharaoh and his army into the Sea of Reeds
                    for His kindness is everlasting;
Who led His people through the desert
                    for His kindness is everlasting;
Who struck great kings   for His kindness is everlasting;
And slew mighty kings   for His kindness is everlasting;
Sichon, king of the Amorites for His kindness is everlasting;
And Og, king of Bashan   for His kindness is everlasting;
And gave their land as a heritage
                    for His kindness is everlasting;
A heritage to Israel, His servant
                    for His kindness is everlasting;
Who remembered us in our lowliness
                    for His kindness is everlasting;
And delivered us from our oppressors
                    for His kindness is everlasting;
Who gives food to all flesh for His kindness is everlasting;
Thank the God of heaven   for His kindness is everlasting.

נוסח "נשמת" לפי מנהג הספרדים נמצא להלן בעמוד 200.

The version of "נשמת" for ספרדים is found on page 200.

מה שבסוגריים הוא בנוסח ספרד.

The words in brackets are נוסח ספרד.

נִשְׁמַת כָּל חַי, תְּבָרֵךְ אֶת שִׁמְךָ יְיָ אֱלֹהֵינוּ. וְרוּחַ כָּל בָּשָׂר, תְּפָאֵר וּתְרוֹמֵם זִכְרְךָ מַלְכֵּנוּ תָּמִיד, מִן הָעוֹלָם וְעַד הָעוֹלָם אַתָּה אֵל. וּמִבַּלְעָדֶיךָ אֵין לָנוּ מֶלֶךְ גּוֹאֵל וּמוֹשִׁיעַ, פּוֹדֶה וּמַצִּיל וּמְפַרְנֵס [וְעוֹנֶה] וּמְרַחֵם, בְּכָל עֵת צָרָה וְצוּקָה. אֵין לָנוּ מֶלֶךְ [עוֹזֵר וְסוֹמֵךְ] אֶלָּא אָתָּה: אֱלֹהֵי הָרִאשׁוֹנִים וְהָאַחֲרוֹנִים, אֱלוֹהַּ כָּל בְּרִיּוֹת, אֲדוֹן כָּל תּוֹלָדוֹת, הַמְהֻלָּל בְּרֹב הַתִּשְׁבָּחוֹת, הַמְנַהֵג עוֹלָמוֹ בְּחֶסֶד, וּבְרִיּוֹתָיו בְּרַחֲמִים. וַיְיָ [עֵר, הִנֵּה] לֹא יָנוּם וְלֹא יִישָׁן, הַמְעוֹרֵר יְשֵׁנִים וְהַמֵּקִיץ נִרְדָּמִים, [מְחַיֶּה מֵתִים וְרוֹפֵא חוֹלִים, פּוֹקֵחַ עִוְרִים וְזוֹקֵף כְּפוּפִים] וְהַמֵּשִׂיחַ אִלְּמִים, וְהַמַּתִּיר אֲסוּרִים, וְהַסּוֹמֵךְ נוֹפְלִים, וְהַזּוֹקֵף כְּפוּפִים, [וְהַמְפַעְנֵחַ נֶעֱלָמִים,] לְךָ לְבַדְּךָ אֲנַחְנוּ

The soul of every living being shall bless Your Name, Lord, our God; and the spirit of all flesh shall always glorify and exalt Your remembrance, our King.

From the beginning to the end of the world You are Almighty God; and other than You we have no King, Redeemer and Savior who delivers, rescues, sustains, answers and is merciful in every time of trouble and distress; we have no King but You.

[You are] the God of the first and of the last [generations], God of all creatures, Lord of all events, who is extolled with manifold praises, who directs His world with kindness and His creatures with compassion.

Behold, the Lord neither slumbers nor sleeps. He arouses the sleepers and awakens the slumberous, gives speech to the mute, releases the bound, supports the falling and raises up those who are bowed.

To You alone we give thanks. Even if our mouths

מוֹדִים. אִלּוּ פִינוּ מָלֵא שִׁירָה כַּיָּם, וּלְשׁוֹנֵנוּ רִנָּה כַּהֲמוֹן גַּלָּיו, וְשִׂפְתוֹתֵינוּ שֶׁבַח כְּמֶרְחֲבֵי רָקִיעַ, וְעֵינֵינוּ מְאִירוֹת כַּשֶּׁמֶשׁ וְכַיָּרֵחַ, וְיָדֵינוּ פְרוּשׂוֹת כְּנִשְׁרֵי שָׁמָיִם, וְרַגְלֵינוּ קַלּוֹת כָּאַיָּלוֹת, אֵין [אָנוּ] אֲנַחְנוּ מַסְפִּיקִים, לְהוֹדוֹת לְךָ יְיָ אֱלֹהֵינוּ וֵאלֹהֵי אֲבוֹתֵינוּ, וּלְבָרֵךְ אֶת שְׁמֶךָ [שִׁמְךָ מַלְכֵּנוּ] עַל אַחַת מֵאָלֶף אֶלֶף אַלְפֵי אֲלָפִים [וְרוֹב] וְרִבֵּי רְבָבוֹת פְּעָמִים, הַטּוֹבוֹת [נִסִּים וְנִפְלָאוֹת] שֶׁעָשִׂיתָ עִם אֲבוֹתֵינוּ וְעִמָּנוּ. [מִלְּפָנִים] מִמִּצְרַיִם גְּאַלְתָּנוּ יְיָ אֱלֹהֵינוּ, וּמִבֵּית עֲבָדִים פְּדִיתָנוּ, בְּרָעָב זַנְתָּנוּ, וּבְשָׂבָע כִּלְכַּלְתָּנוּ, מֵחֶרֶב הִצַּלְתָּנוּ, וּמִדֶּבֶר מִלַּטְתָּנוּ, וּמֵחֳלָיִם רָעִים [וְרַבִּים] וְנֶאֱמָנִים דִּלִּיתָנוּ: עַד הֵנָּה עֲזָרוּנוּ רַחֲמֶיךָ, וְלֹא עֲזָבוּנוּ חֲסָדֶיךָ [יְיָ אֱלֹהֵינוּ] וְאַל תִּטְּשֵׁנוּ יְיָ אֱלֹהֵינוּ לָנֶצַח. עַל כֵּן אֵבָרִים שֶׁפִּלַּגְתָּ בָּנוּ, וְרוּחַ וּנְשָׁמָה שֶׁנָּפַחְתָּ בְּאַפֵּינוּ, וְלָשׁוֹן אֲשֶׁר שַׂמְתָּ בְּפִינוּ, הֵן הֵם יוֹדוּ וִיבָרְכוּ וִישַׁבְּחוּ וִיפָאֲרוּ [וִישׁוֹרְרוּ] וִירוֹמְמוּ

were filled with song as the sea, and our tongues with joyous singing like the multitudes of its waves, and our lips with praise like the expanse of the sky; and our eyes shining like the sun and the moon, and our hands spread out like the eagles of heaven, and our feet swift like deer we would still be unable to thank You Lord, our God and God of our fathers, and to bless Your Name, for even one of the thousands of millions, and myriads of myriads, of favors, miracles and wonders which You have done for us and for our fathers before us. Lord, our God. You have redeemed us from Egypt, You have freed us from the house of bondage, You have fed us in famine and nourished us in plenty; You have saved us from the sword and delivered us from pestilence, and raised us from evil and lasting maladies. Until now Your mercies have helped us, and Your kindness have not forsaken us; and do not abandon us, Lord our God, forever! Therefore, the limbs which You have arranged within us, and the spirit and soul which You have breathed into our nostrils, and the tongue which You have placed in our mouth they all shall thank, bless, praise, glorify,

וְיַעֲרִיצוּ וְיַקְדִּישׁוּ וְיַמְלִיכוּ אֶת שִׁמְךָ מַלְכֵּנוּ [תָּמִיד]. כִּי כָל פֶּה לְךָ יוֹדֶה, וְכָל לָשׁוֹן לְךָ תִשָּׁבַע, [וְכָל עַיִן לְךָ תְצַפֶּה] וְכָל בֶּרֶךְ לְךָ תִכְרַע, וְכָל קוֹמָה לְפָנֶיךָ תִשְׁתַּחֲוֶה, וְכָל [הַ]לְּבָבוֹת יִירָאוּךָ, וְכָל קֶרֶב וּכְלָיוֹת יְזַמְּרוּ לִשְׁמֶךָ. כַּדָּבָר שֶׁכָּתוּב, כָּל עַצְמוֹתַי תֹּאמַרְנָה יְיָ מִי כָמוֹךָ. מַצִּיל עָנִי מֵחָזָק מִמֶּנּוּ, וְעָנִי וְאֶבְיוֹן מִגֹּזְלוֹ: [שַׁוְעַת עֲנִיִּים אַתָּה תִשְׁמַע צַעֲקַת הַדַּל תַּקְשִׁיב וְתוֹשִׁיעַ]. מִי יִדְמֶה לָּךְ, וּמִי יִשְׁוֶה לָּךְ וּמִי יַעֲרָךְ לָךְ: הָאֵל הַגָּדוֹל הַגִּבּוֹר וְהַנּוֹרָא, אֵל עֶלְיוֹן קֹנֵה [בְּרַחֲמָיו] שָׁמַיִם וָאָרֶץ: נְהַלֶּלְךָ וּנְשַׁבֵּחֲךָ וּנְפָאֶרְךָ וּנְבָרֵךְ אֶת־ שֵׁם קָדְשֶׁךָ. כָּאָמוּר, לְדָוִד, בָּרְכִי נַפְשִׁי אֶת יְיָ, וְכָל קְרָבַי אֶת שֵׁם קָדְשׁוֹ:

הָאֵל בְּתַעֲצֻמוֹת עֻזֶּךָ, הַגָּדוֹל בִּכְבוֹד שְׁמֶךָ. הַגִּבּוֹר לָנֶצַח וְהַנּוֹרָא בְּנוֹרְאוֹתֶיךָ. הַמֶּלֶךְ הַיּוֹשֵׁב עַל כִּסֵּא רָם וְנִשָּׂא:

exalt, adore, sanctify and proclaim the sovereignty of Your Name, our King. For every mouth shall offer thanks to You, every tongue shall swear by You, every eye shall look to You, every knee shall bend to You, all who stand erect shall, l bow down before You, all hearts shall fear You, and every innermost part shall sing praise to Your Name, as it is written: "All my bones will say, Lord, who is like You; You save the poor from one stronger than he, the poor and the needy from one who would rob him!" Who can be likened to You, who is equal to You, who can be compared to You, the great, mighty, awesome God, God most high, Possessor of heaven and earth! We will laud You, praise You and glorify You, and we will bless Your holy Name, as it is said: "[A Psalm] by David; bless the Lord, O my soul, and all that is within me [bless] His holy Name."

You are the Almighty God in the power of Your strength; the Great in the glory of Your Name; the Mighty forever, and the Awesome in Your awesome deeds; the King who sits upon a lofty and exalted throne.

שׁוֹכֵן עַד, מָרוֹם וְקָדוֹשׁ שְׁמוֹ: וְכָתוּב, רַנְּנוּ צַדִּיקִים בַּיְיָ, לַיְשָׁרִים נָאוָה תְהִלָּה.

נוסח ספרד	נוסח אשכנז
בְּפִי יְשָׁרִים תִּתְרוֹמָם.	בְּפִי יְשָׁרִים תִּתְהַלָּל.
וּבְשִׂפְתֵי צַדִּיקִים תִּתְבָּרַךְ.	וּבְדִבְרֵי צַדִּיקִים תִּתְבָּרֵךְ.
וּבִלְשׁוֹן חֲסִידִים תִּתְקַדָּשׁ.	וּבִלְשׁוֹן חֲסִידִים תִּתְרוֹמָם.
וּבְקֶרֶב קְדוֹשִׁים תִּתְהַלָּל:	וּבְקֶרֶב קְדוֹשִׁים תִּתְקַדָּשׁ:

וּבְמַקְהֲלוֹת רִבְבוֹת עַמְּךָ בֵּית יִשְׂרָאֵל, בְּרִנָּה יִתְפָּאַר שִׁמְךָ מַלְכֵּנוּ, בְּכָל דּוֹר וָדוֹר, שֶׁכֵּן חוֹבַת כָּל הַיְצוּרִים, לְפָנֶיךָ יְיָ אֱלֹהֵינוּ, וֵאלֹהֵי אֲבוֹתֵינוּ, לְהוֹדוֹת לְהַלֵּל לְשַׁבֵּחַ לְפָאֵר לְרוֹמֵם לְהַדֵּר [וּלְנַצֵּחַ] לְבָרֵךְ לְעַלֵּה וּלְקַלֵּס, עַל כָּל דִּבְרֵי שִׁירוֹת וְתִשְׁבְּחוֹת דָּוִד בֶּן יִשַׁי עַבְדְּךָ מְשִׁיחֶךָ:

He who dwells for eternity, lofty and holy is His Name. And it is written: "Sing joyously to the Lord, you righteous; it befits the upright to offer praise."

By the mouth of the upright You are exalted;

by the lips of the righteous You are blessed;

by the tongue of the pious You are sanctified;

and among the holy ones You are praised.

In the assemblies of the myriads of Your people, the House of Israel, Your Name, our King, shall be glorified with song in every generation. For such is the obligation of all creatures before You, Lord, our God and God of our fathers, to thank, to laud, to praise, to glorify, to exalt, to adore, to bless, to elevate and to honor You, even beyond all the words of songs and praises of David son of Yishai, Your anointed servant.

[וּבְכֵן] יִשְׁתַּבַּח שִׁמְךָ לָעַד מַלְכֵּנוּ, הָאֵל הַמֶּלֶךְ הַגָּדוֹל וְהַקָּדוֹשׁ בַּשָּׁמַיִם וּבָאָרֶץ. כִּי לְךָ נָאֶה, יְיָ אֱלֹהֵינוּ וֵאלֹהֵי אֲבוֹתֵינוּ [לְעוֹלָם וָעֶד]: שִׁיר וּשְׁבָחָה, הַלֵּל וְזִמְרָה, עֹז וּמֶמְשָׁלָה, נֶצַח, גְּדֻלָּה וּגְבוּרָה, תְּהִלָּה וְתִפְאֶרֶת, קְדֻשָּׁה וּמַלְכוּת. בְּרָכוֹת וְהוֹדָאוֹת [לְשִׁמְךָ הַגָּדוֹל וְהַקָּדוֹשׁ וּמֵעוֹלָם וְעַד עוֹלָם אַתָּה אֵל] מֵעַתָּה וְעַד עוֹלָם.

יְהַלְלוּךָ יְיָ אֱלֹהֵינוּ [עַל] כָּל מַעֲשֶׂיךָ, וַחֲסִידֶיךָ צַדִּיקִים עוֹשֵׂי רְצוֹנֶךָ, וְכָל עַמְּךָ בֵּית יִשְׂרָאֵל כּוּלָם בְּרִנָּה יוֹדוּ וִיבָרְכוּ וִישַׁבְּחוּ וִיפָאֲרוּ וִישׁוֹרְרוּ וִירוֹמְמוּ וְיַעֲרִיצוּ וְיַקְדִּישׁוּ וְיַמְלִיכוּ אֶת שִׁמְךָ מַלְכֵּנוּ [תָּמִיד], כִּי לְךָ טוֹב לְהוֹדוֹת וּלְשִׁמְךָ נָאֶה לְזַמֵּר, כִּי מֵעוֹלָם וְעַד עוֹלָם אַתָּה אֵל. בָּרוּךְ אַתָּה יְיָ, מֶלֶךְ מְהֻלָּל בַּתִּשְׁבָּחוֹת.

And therefore may Your Name be praised forever,

our King, the great and holy God and King in heaven and on earth. For to You, Lord, our God and God of our fathers, forever befits song and praise, laud and hymn, strength and dominion, victory, greatness and might, glory, splendor, holiness and sovereignty; blessings and thanksgiving to Your great and holy Name; from the beginning to the end of the world You are Almighty God. Blessed are You, Lord, Almighty God, King, great and extolled in praises, God of thanksgiving, Lord of wonders, Creator of all souls, Master of all creatures, who takes pleasure in songs of praise; the only King, the Life of all worlds.

Lord, our God, all Your works shall praise You; Your pious ones, the righteous who do Your will, and all Your people, the House of Israel, with joyous song will thank and bless, laud and glorify, exalt and adore, sanctify and proclaim the sovereignty of Your Name, our King. For it is good to thank You, and befitting to sing to Your Name, for from the beginning to the end of the world You are Almighty God. Give thanks to the Lord, for He is good for His kindness is everlasting.

"נשמת" על פי נוסח הספרדים.
"נשמת" *according to the* מנהג *of the* ספרדים.

נִשְׁמַת כָּל חַי תְּבָרֵךְ אֶת שִׁמְךָ יְיָ אֱלֹהֵינוּ וְרוּחַ כָּל בָּשָׂר תְּפָאֵר וּתְרוֹמֵם זִכְרְךָ מַלְכֵּנוּ תָּמִיד. מִן הָעוֹלָם וְעַד הָעוֹלָם אַתָּה אֵל. וּמִבַּלְעָדֶיךָ אֵין לָנוּ מֶלֶךְ גּוֹאֵל וּמוֹשִׁיעַ. פּוֹדֶה וּמַצִּיל וְעוֹנֶה וּמְרַחֵם בְּכָל עֵת צָרָה וְצוּקָה. אֵין לָנוּ מֶלֶךְ עוֹזֵר וְסוֹמֵךְ אֶלָּא אַתָּה. אֱלֹהֵי הָרִאשׁוֹנִים וְהָאַחֲרוֹנִים. אֱלוֹהַּ כָּל בְּרִיּוֹת. אֲדוֹן כָּל תּוֹלָדוֹת. הַמְהוּלָּל בְּכָל הַתִּשְׁבָּחוֹת. הַמְנַהֵג עוֹלָמוֹ בְּחֶסֶד וּבְרִיּוֹתָיו בְּרַחֲמִים. וַייָ אֱלֹהִים אֱמֶת לֹא יָנוּם וְלֹא יִישָׁן. הַמְעוֹרֵר יְשֵׁנִים. וְהַמֵּקִיץ נִרְדָּמִים. מְחַיֵּה מֵתִים. וְרוֹפֵא חוֹלִים. פּוֹקֵחַ עִוְרִים. וְזוֹקֵף כְּפוּפִים. הַמֵּשִׂיחַ אִלְּמִים. וְהַמְפַעְנֵחַ נֶעֱלָמִים. וּלְךָ לְבַדְּךָ אֲנַחְנוּ מוֹדִים:

וְאִלּוּ. פִּינוּ מָלֵא שִׁירָה כַּיָּם. וּלְשׁוֹנֵנוּ רִנָּה

כַּהֲמוֹן גַּלָּיו. וְשִׂפְתוֹתֵינוּ שֶׁבַח כְּמֶרְחֲבֵי רָקִיעַ. וְעֵינֵינוּ מְאִירוֹת כַּשֶּׁמֶשׁ וְכַיָּרֵחַ. וְיָדֵינוּ פְרוּשׂוֹת כְּנִשְׁרֵי שָׁמָיִם. וְרַגְלֵינוּ קַלּוֹת כָּאַיָּלוֹת. אֵין אֲנַחְנוּ מַסְפִּיקִים לְהוֹדוֹת לְךָ יְיָ אֱלֹהֵינוּ. וּלְבָרֵךְ אֶת שִׁמְךָ מַלְכֵּנוּ עַל אַחַת מֵאֶלֶף אַלְפֵי אֲלָפִים וְרוֹב רִבֵּי רְבָבוֹת. פְּעָמִים הַטּוֹבוֹת נִסִּים וְנִפְלָאוֹת שֶׁעָשִׂיתָ עִמָּנוּ וְעִם אֲבוֹתֵינוּ. מִלְּפָנִים מִמִּצְרַיִם גְּאַלְתָּנוּ יְיָ אֱלֹהֵינוּ. מִבֵּית עֲבָדִים פְּדִיתָנוּ. בְּרָעָב זַנְתָּנוּ. וּבְשָׂבָע כִּלְכַּלְתָּנוּ. מֵחֶרֶב הִצַּלְתָּנוּ. וּמִדֶּבֶר מִלַּטְתָּנוּ. וּמֵחֳלָיִם רָעִים וְרַבִּים דִּלִּיתָנוּ. עַד הֵנָּה עֲזָרוּנוּ רַחֲמֶיךָ וְלֹא עֲזָבוּנוּ חֲסָדֶיךָ.

עַל כֵּן אֵבָרִים שֶׁפִּלַּגְתָּ בָּנוּ וְרוּחַ וּנְשָׁמָה שֶׁנָּפַחְתָּ בְּאַפֵּינוּ וְלָשׁוֹן אֲשֶׁר שַׂמְתָּ בְּפִינוּ. הֵן הֵם יוֹדוּ וִיבָרְכוּ וִישַׁבְּחוּ וִיפָאֲרוּ וִישׁוֹרְרוּ. אֶת שִׁמְךָ מַלְכֵּנוּ תָמִיד. כִּי כָל פֶּה לְךָ יוֹדֶה. וְכָל לָשׁוֹן

לְךָ תְשַׁבֵּחַ. וְכָל עַיִן לְךָ תְצַפֶּה. וְכָל בֶּרֶךְ לְךָ
תִכְרַע. וְכָל קוֹמָה לְפָנֶיךָ תִשְׁתַּחֲוֶה. וְהַלְּבָבוֹת
יִירָאוּךָ וְהַקֶּרֶב וְהַכְּלָיוֹת יְזַמְּרוּ לִשְׁמֶךָ. כַּדָּבָר
שֶׁנֶּאֱמַר כָּל עַצְמוֹתַי תֹּאמַרְנָה יְיָ מִי כָמוֹךָ.
מַצִּיל עָנִי מֵחָזָק מִמֶּנּוּ וְעָנִי וְאֶבְיוֹן מִגּוֹזְלוֹ.
שַׁוְעַת עֲנִיִּים אַתָּה תִשְׁמַע צַעֲקַת הַדַּל תַּקְשִׁיב
וְתוֹשִׁיעַ. וְכָתוּב רַנְּנוּ צַדִּיקִים בַּיְיָ לַיְשָׁרִים נָאוָה
תְהִלָּה:

בְּפִי יְשָׁרִים תִּתְרוֹמָם: וּבְשִׂפְתֵי צַדִּיקִים
תִּתְבָּרַךְ: וּבִלְשׁוֹן חֲסִידִים תִּתְקַדָּשׁ:
וּבְקֶרֶב קְדוֹשִׁים תִּתְהַלָּל:

בְּמַקְהֲלוֹת רִבְבוֹת עַמְּךָ בֵּית יִשְׂרָאֵל. שֶׁכֵּן
חוֹבַת כָּל הַיְצוּרִים לְפָנֶיךָ יְיָ
אֱלֹהֵינוּ וֵאלֹהֵי אֲבוֹתֵינוּ לְהוֹדוֹת. לְהַלֵּל.
לְשַׁבֵּחַ. לְפָאֵר. לְרוֹמֵם. לְהַדֵּר. וּלְנַצֵּחַ. עַל כָּל

דִּבְרֵי שִׁירוֹת וְתִשְׁבְּחוֹת דָּוִד בֶּן יִשַׁי עַבְדְּךָ מְשִׁיחֶךָ: וּבְכֵן

יִשְׁתַּבַּח שִׁמְךָ לָעַד מַלְכֵּנוּ הָאֵל הַמֶּלֶךְ הַגָּדוֹל וְהַקָּדוֹשׁ בַּשָּׁמַיִם וּבָאָרֶץ. כִּי לְךָ נָאֶה יְיָ אֱלֹהֵינוּ וֵאלֹהֵי אֲבוֹתֵינוּ לְעוֹלָם וָעֶד. שִׁיר. וּשְׁבָחָה. הַלֵּל. וְזִמְרָה. עֹז. וּמֶמְשָׁלָה. נֶצַח. גְּדוּלָה. גְּבוּרָה. תְּהִלָּה. וְתִפְאֶרֶת. קְדוּשָׁה. וּמַלְכוּת. בְּרָכוֹת וְהוֹדָאוֹת. לְשִׁמְךָ הַגָּדוֹל וְהַקָּדוֹשׁ. וּמֵעוֹלָם וְעַד עוֹלָם אַתָּה אֵל:

יְהַלְלוּךָ יְיָ אֱלֹהֵינוּ כָּל מַעֲשֶׂיךָ וַחֲסִידֶיךָ וְצַדִּיקִים עוֹשֵׂי רְצוֹנֶךָ. וְעַמְּךָ בֵּית יִשְׂרָאֵל. כּוּלָּם בְּרִנָּה יוֹדוּ וִיבָרְכוּ וִישַׁבְּחוּ וִיפָאֲרוּ אֶת שֵׁם כְּבוֹדֶךָ. כִּי לְךָ טוֹב לְהוֹדוֹת וּלְשִׁמְךָ נָעִים לְזַמֵּר וּמֵעוֹלָם וְעַד עוֹלָם אַתָּה אֵל: בָּרוּךְ אַתָּה יְיָ מֶלֶךְ מְהוּלָּל בַּתִּשְׁבָּחוֹת.

שותים כוס רביעי בהסיבה ולכתחלה ישתה כולו, ולכל הפחות רביעית כדי לברך אחריו הברכה אחרונה. בני ספרד שותים בלי ברכת "בורא פרי הגפן".

We drink the fourth כוס *reclining. One should drink the entire* כוס *or at least a* רביעית *in order to be able to recite the* ברכה אחרונה. *The* ספרדים *drink without reciting the* ברכה "בורא פרי הגפן".

הִנְנִי מוּכָן וּמְזֻמָּן לְקַיֵּם מִצְוַת כּוֹס רְבִיעִי מֵאַרְבַּע כּוֹסוֹת. [שהוא כנגד בשורת הישועה שאמר הקב"ה לישראל ולקחתי אתכם לי לעם, שהוא כנגד אות ה' של שם הוי"ה ב"ה ושהוא כנגד רוח הטומאה לבטל אותו]. לְשֵׁם יִחוּד קוּדְשָׁא בְּרִיךְ הוּא וּשְׁכִינְתֵּיהּ בִּדְחִילוּ וּרְחִימוּ לְיַחֵד שֵׁם י"ה בו"ה בְּיִחוּדָא שְׁלִים עַל יְדֵי הַהוּא טָמִיר וְנֶעְלָם בְּשֵׁם כָּל-יִשְׂרָאֵל. וִיהִי נֹעַם יְיָ אֱלֹהֵינוּ עָלֵינוּ, וּמַעֲשֵׂה יָדֵינוּ כּוֹנְנָה עָלֵינוּ, וּמַעֲשֵׂה יָדֵינוּ כּוֹנְנֵהוּ:

בָּרוּךְ אַתָּה יְיָ, אֱלֹהֵינוּ מֶלֶךְ הָעוֹלָם, בּוֹרֵא פְּרִי הַגָּפֶן:

נוסח ברכת "על הגפן" לפי מנהג הספרדים נמצא להלן בעמוד 207.

The version of "על הגפן" *for* ספרדים *is found on page 207.*

בָּרוּךְ אַתָּה יְיָ אֱלֹהֵינוּ מֶלֶךְ הָעוֹלָם עַל הַגֶּפֶן וְעַל פְּרִי הַגֶּפֶן וְעַל תְּנוּבַת

Those who have the custom to recite hymns [after the Seder] should not do so now, between this blessing and the one for the fourth cup.

One must recite the blessing for the fourth cup immediately now:

Blessed are You, Lord, our God, King of the universe, who creates the fruit of the vine.

Concluding Blessing for the Wine:

Blessed are You, Lord our God, King of the universe for the vine and the fruit of the vine, for the produce of the field, and for the precious, good and spacious land which You have favored to give as a heritage to our fathers, to eat of its fruit and be satiated by its goodness. Have mercy, Lord our God, on Israel Your people, on Jerusalem Your city, on Zion the abode of Your glory, on Your altar and on Your Temple. Rebuild Jerusalem, the holy city, speedily in our days, and bring us up into it, and make us rejoice in it, and we will bless You in holiness and purity (On Shabbat add: May it please You to strengthen us on this Shabbat day) and remember us for good on this day of the Festival of Matzot. For You, Lord, are good and do good to all, and we thank You for the land and for the fruit of the vine. Blessed are You, Lord, for the land and for the fruit of the vine.

הַשָּׂדֶה, וְעַל אֶרֶץ חֶמְדָּה טוֹבָה וּרְחָבָה, שֶׁרָצִיתָ וְהִנְחַלְתָּ לַאֲבוֹתֵינוּ, לֶאֱכוֹל מִפִּרְיָהּ וְלִשְׂבּוֹעַ מִטּוּבָהּ. רַחֵם נָא יְיָ אֱלֹהֵינוּ עַל יִשְׂרָאֵל עַמֶּךָ, וְעַל יְרוּשָׁלַיִם עִירֶךָ, וְעַל צִיּוֹן מִשְׁכַּן כְּבוֹדֶךָ, וְעַל מִזְבְּחֶךָ וְעַל הֵיכָלֶךָ. וּבְנֵה יְרוּשָׁלַיִם עִיר הַקֹּדֶשׁ בִּמְהֵרָה בְיָמֵינוּ, וְהַעֲלֵנוּ לְתוֹכָהּ, וְשַׂמְּחֵנוּ בְּבִנְיָנָהּ וְנֹאכַל מִפִּרְיָהּ וְנִשְׂבַּע מִטּוּבָהּ, וּנְבָרֶכְךָ עָלֶיהָ בִּקְדֻשָּׁה וּבְטָהֳרָה (בשבת וּרְצֵה וְהַחֲלִיצֵנוּ בְּיוֹם הַשַּׁבָּת הַזֶּה) וְשַׂמְּחֵנוּ בְּיוֹם חַג הַמַּצּוֹת הַזֶּה. כִּי אַתָּה יְיָ טוֹב וּמֵטִיב לַכֹּל, וְנוֹדֶה לְּךָ עַל הָאָרֶץ וְעַל פְּרִי הַגָּפֶן (מארץ ישראל אומרים: וְעַל פְּרִי גַּפְנָהּ). בָּרוּךְ אַתָּה יְיָ, עַל הָאָרֶץ וְעַל פְּרִי הַגָּפֶן (מארץ ישראל אומרים: וְעַל פְּרִי גַּפְנָהּ):

ברכת "על הגפן" על פי נוסח הספרדים.
"על הגפן" *according to the* מנהג *of the* ספרדים.

בָּרוּךְ אַתָּה יְיָ אֱלֹהֵינוּ מֶלֶךְ הָעוֹלָם עַל הַגֶּפֶן וְעַל פְּרִי הַגֶּפֶן וְעַל תְּנוּבַת הַשָּׂדֶה. וְעַל אֶרֶץ חֶמְדָּה טוֹבָה וּרְחָבָה שֶׁרָצִיתָ וְהִנְחַלְתָּ לַאֲבוֹתֵינוּ לֶאֱכוֹל מִפִּרְיָהּ וְלִשְׂבּוֹעַ מִטּוּבָהּ. רַחֵם יְיָ אֱלֹהֵינוּ עָלֵינוּ וְעַל יִשְׂרָאֵל עַמָּךְ וְעַל יְרוּשָׁלַיִם עִירָךְ. וְעַל הַר צִיּוֹן מִשְׁכַּן כְּבוֹדָךְ וְעַל מִזְבְּחָךְ. וְעַל הֵיכָלָךְ. וּבְנֵה יְרוּשָׁלַיִם עִיר הַקֹּדֶשׁ בִּמְהֵרָה בְיָמֵינוּ. וְהַעֲלֵנוּ לְתוֹכָהּ. וְשַׂמְּחֵנוּ בְּבִנְיָנָהּ. וּנְבָרֶכְךָ עָלֶיהָ בִּקְדוּשָּׁה וּבְטָהֳרָה. (בשבת וּרְצֵה וְהַחֲלִיצֵנוּ בְּיוֹם הַשַּׁבָּת הַזֶּה.) **וְשַׂמְּחֵנוּ בְּיוֹם חַג הַמַּצּוֹת הַזֶּה. בְּיוֹם טוֹב מִקְרָא קֹדֶשׁ הַזֶּה. כִּי אַתָּה טוֹב וּמֵטִיב לַכֹּל וְנוֹדֶה לְּךָ יְיָ אֱלֹהֵינוּ עַל הָאָרֶץ וְעַל פְּרִי הַגֶּפֶן** (מארץ ישראל אומרים: וְעַל פְּרִי גַּפְנָהּ)**: בָּרוּךְ אַתָּה יְיָ עַל הָאָרֶץ וְעַל פְּרִי הַגֶּפֶן** (מארץ ישראל אומרים: וְעַל פְּרִי גַּפְנָהּ)**:**

נִרְצָה

אם עשה כסדר הזה יהיה רצוי לפני ה׳.

If one has conducted the סדר *as instructed, he is accepted by* השם.

חֲסַל סִדּוּר פֶּסַח כְּהִלְכָתוֹ, כְּכָל מִשְׁפָּטוֹ
וְחֻקָּתוֹ. כַּאֲשֶׁר זָכִינוּ לְסַדֵּר אוֹתוֹ, כֵּן
נִזְכֶּה לַעֲשׂוֹתוֹ. זָךְ שׁוֹכֵן מְעוֹנָה, קוֹמֵם קְהַל
עֲדַת מִי מָנָה. בְּקָרוֹב נַהֵל נִטְעֵי כַּנָּה,
פְּדוּיִם לְצִיּוֹן בְּרִנָּה.

בני סוריא אומרים ״לשנה הבאה״ אחר אמירת ״שיר השירים״. וגם אומרים רק פיוט ״חד גדיא״, ואח״כ ״אחד מי יודע״ בלשון הקודש ובערבית.

The Syrians say ״לשנה הבאה״ *after reciting* ״שיר השירים״*. They also only say* ״חד גדיא״ *followed by* ״אחד מי יודע״ *in Hebrew and Arabic.*

לְשָׁנָה הַבָּאָה בִּירוּשָׁלָיִם:

ג׳ פעמים.

Repeated 3 times.

NIRTZAH / ACCEPTANCE

This is the completion of the Pesach ceremony according to its rules, in accordance with all its laws and statutes. Just as we merited to arrange it, so may we also merit to perform it. Pure One, Who dwells on high, raise up the congregation of whom it was said, "Who can count them?" (Numbers 23:10)! Soon lead the plants of your vineyard (Israel), Redeemed, to Zion, with shouts of joy.

Afterwards say three times:

NEXT YEAR IN JERUSALEM!

Next year in rebuilt Jerusalem!

══════════ **The Questions Asked** ══════════

נרצה

✿ **W**hat does נרצה mean?

נרצה comes from the word רצון which means will. If you did the whole סדר tonight properly, ה׳ has a very big רצון to you, and will grant you whatever your רצון is.

בפיוטים כאן מוזכרים הניסים שהתחילו בחצות לילה זה.
In these פיוטים *we mention the* ניסים *that started at midnight tonight.*

וּבְכֵן "וַיְהִי בַּחֲצִי הַלַּיְלָה".

אָז רוֹב נִסִּים הִפְלֵאתָ בַּלַּיְלָה,
בְּרֹאשׁ אַשְׁמוּרוֹת זֶה הַלַּיְלָה,
גֵּר צֶדֶק נִצַּחְתּוֹ כְּנֶחֱלַק לוֹ לַיְלָה,

וַיְהִי בַּחֲצִי הַלַּיְלָה.

דַּנְתָּ מֶלֶךְ גְּרָר בַּחֲלוֹם הַלַּיְלָה,
הִפְחַדְתָּ אֲרַמִּי בְּאֶמֶשׁ לַיְלָה,
וַיָּשַׂר יִשְׂרָאֵל לְמַלְאָךְ וַיּוּכַל לוֹ לַיְלָה,

וַיְהִי בַּחֲצִי הַלַּיְלָה.

זֶרַע בְּכוֹרֵי פַתְרוֹס מָחַצְתָּ בַּחֲצִי הַלַּיְלָה,
חֵילָם לֹא מָצְאוּ בְּקוּמָם בַּלַּיְלָה,
טִיסַת נְגִיד חֲרֹשֶׁת סִלִּיתָ בְכוֹכְבֵי לַיְלָה,

וַיְהִי בַּחֲצִי הַלַּיְלָה.

The Questions Asked

Therefore, we now say כן נזכה לעשותו לשנה הבאה בירושלים, because our main רצון is that next year we should be able to be מקיים the סדר in ירושלים and bring the קרבן פסח in the בית המקדש. (סדר ליל פסח)

Outside of Israel, when two Seder nights are celebrated, the following
is recited on the first night only:

"AND IT CAME TO PASS AT MIDNIGHT" (Exodus 12:29)

Always, You have performed wondrous miracles on this night.

At the beginning of the watches on this night.

You granted victory to the righteous convert (Abraham) when the night
was divided in two (Genesis 14:15).

And it came to pass at midnight.

You judged the king of Gerar (Abimelech) in a dream at night
(ibid. 20:3).

You frightened the Aramean (Laban) in the dark of the night
(ibid. 31:24).

Israel struggled with an angel and overcame him at night
(ibid. 32:25).

And it came to pass at midnight.

You crushed the firstborn offspring of Pathros (Egypt) at midnight.

They did not find their vigor (firstborn sons)
when they awoke in the middle of the night.

You trampled the swift army of the Prince of Harosheth
(Sisera) by the stars of the night
(Judges 5:20).

And it came to pass at midnight.

───── **The Questions Asked** ─────

✍ **W**hy do we say these פיוטים?

In the פיוט of ויהי בחצי הלילה we relate all the ניסים that happened to
the בני ישראל on this night, in order to show that tonight was a ליל

יָעַץ מְחָרֵף לְנוֹפֵף אִוּוּי, הוֹבַשְׁתָּ פְגָרָיו בַּלַּיְלָה,
כָּרַע בֵּל וּמַצָּבוֹ בְּאִישׁוֹן לַיְלָה,
לְאִישׁ חֲמוּדוֹת נִגְלָה רָז חֲזוֹת לַיְלָה,
וַיְהִי בַּחֲצִי הַלַּיְלָה.

מִשְׁתַּכֵּר בִּכְלֵי קֹדֶשׁ נֶהֱרַג בּוֹ בַּלַּיְלָה,
נוֹשַׁע מִבּוֹר אֲרָיוֹת פּוֹתֵר בִּעֲתוּתֵי לַיְלָה.
שִׂנְאָה נָטַר אֲגָגִי וְכָתַב סְפָרִים לַיְלָה,
וַיְהִי בַּחֲצִי הַלַּיְלָה.

עוֹרַרְתָּ נִצְחֲךָ עָלָיו בְּנֶדֶד שְׁנַת לַיְלָה,
פּוּרָה תִדְרוֹךְ לְשׁוֹמֵר מַה מִּלַּיְלָה,
צָרַח כַּשּׁוֹמֵר וְשָׂח אָתָא בֹקֶר וְגַם לַיְלָה,
וַיְהִי בַּחֲצִי הַלַּיְלָה.

קָרֵב יוֹם אֲשֶׁר הוּא לֹא יוֹם וְלֹא לַיְלָה,
רָם הוֹדַע כִּי לְךָ הַיּוֹם אַף לְךָ הַלַּיְלָה,
שׁוֹמְרִים הַפְקֵד לְעִירְךָ כָּל הַיּוֹם וְכָל הַלַּיְלָה,
תָּאִיר כְּאוֹר יוֹם חֶשְׁכַת לַיְלָה,
וַיְהִי בַּחֲצִי הַלַּיְלָה:

The Questions Asked

שמורים not only in מצרים, but for all generations. This will energize

The blasphemer (Sennacherib) planned to wave his hand
against the cherished Temple; You dried out his corpses   overnight
(II Kings 19:35).

Bel (Babylonia) and its watchmen collapsed in the dark   of night.

To the man of delights (Daniel) was revealed the secret
of the vision   at night
(Daniel 5).

And it came to pass at midnight.

The one who became drunk drinking from the sacred
vessels (Belshazzar) was killed   that very night
(ibid.).

The one saved from the lion's den (Daniel) interpreted
the frightening sight   at night
(ibid.).

The Agagite (Haman) retained his hatred and wrote writs   at night
(Esther 5:14–6:4).

And it came to pass at midnight.

You launched Your triumph against him (Haman) when
[Ahasuerus'] sleep was disturbed   at night
(ibid.).

You will trample the vintage of the one (Edom) of whom
it was said, "Watchman, what   of the night?"
(Isaiah 21:11).

God shouted back like a watchman and said, "Morning is
coming, but   also night"
(ibid. 21:12).

And it came to pass at midnight.

Bring near the day (of the Messiah) which is "neither day   nor night"
(Zechariah 14:7).

Exalted One, make it known that "Yours is the day and Yours is   the night"
(Psalms 74:16).

Post guardians over Your city all day and   all night
(Isaiah 61:6).

As brightly as the light of day, light up the dark   of night.

And it came to pass at midnight.

בחוץ לארץ אומרים פיוט זה בליל סדר שני

וּבְכֵן "וַאֲמַרְתֶּם זֶבַח פֶּסַח".

אֹמֶץ גְּבוּרוֹתֶיךָ הִפְלֵאתָ בַּפֶּסַח,
בְּרֹאשׁ כָּל מוֹעֲדוֹת נִשֵּׂאתָ פֶּסַח,
גִּלִּיתָ לָאֶזְרָחִי חֲצוֹת לֵיל פֶּסַח,
וַאֲמַרְתֶּם זֶבַח פֶּסַח.

דְּלָתָיו דָּפַקְתָּ כְּחֹם הַיּוֹם בַּפֶּסַח,
הִסְעִיד נוֹצְצִים עֻגוֹת מַצּוֹת בַּפֶּסַח,
וְאֶל הַבָּקָר רָץ זֵכֶר לְשׁוֹר עֵרֶךְ פֶּסַח,
וַאֲמַרְתֶּם זֶבַח פֶּסַח.

זֹעֲמוּ סְדוֹמִים וְלֹהֲטוּ בָּאֵשׁ בַּפֶּסַח,
חֻלַּץ לוֹט מֵהֶם, וּמַצּוֹת אָפָה בְּקֵץ פֶּסַח,
טִאטֵאתָ אַדְמַת מֹף וְנֹף בְּעָבְרְךָ בַּפֶּסַח,
וַאֲמַרְתֶּם זֶבַח פֶּסַח.

The Questions Asked

a person to try to stay awake this entire holy night (as long as he will be able to *daven* שחרית בכונה) to talk about יציאת מצרים. In the

Outside of Israel, when two Seder nights are celebrated, the following is recited on the second night only:

And you shall say,

"THIS IS THE PESACH SACRIFICE." (Exodus 12:27)

You demonstrated the power of Your might	on Pesach.
You elevated as the first of the holidays, (Leviticus 23:4–5).	Pesach
You revealed to the Easterner the events of the midnight	of Pesach.

And you shall say, "This is the Pesach sacrifice."

You knocked on his door in the heat of the day (Genesis 18:1);	on Pesach
He fed angels unleavened cakes (ibid. 18:6)	on Pesach
He ran to take from the cattle (ibid. 18:7), symbolizing the ox brought in conjunction with the sacrifice	of Pesach.

And you shall say, "This is the Pesach sacrifice."

The Sodomites were damned and burnt in fire	on Pesach.
Lot was rescued from among them; he baked unleavened bread (ibid. 19:3) at the end of the eve	of Pesach.
You wiped out the land of Moph and Noph when You passed through	on Pesach.

And you shall say, "This is the Pesach sacrifice."

=========================== **The Questions Asked** ===========================

פיוט of ואמרתם זבח פסח we mention many great events which occurred on פסח. (אבן ישפה)

יָהּ, רֹאשׁ כָּל אוֹן מָחַצְתָּ בְּלֵיל שִׁמּוּר פֶּסַח,
כַּבִּיר, עַל בֵּן בְּכוֹר פָּסַחְתָּ בְּדַם פֶּסַח,
לְבִלְתִּי תֵּת מַשְׁחִית לָבֹא בִפְתָחַי בַּפֶּסַח,

וַאֲמַרְתֶּם זֶבַח פֶּסַח.

מְסֻגֶּרֶת סֻגָּרָה בְּעִתּוֹתֵי פֶּסַח,
נִשְׁמְדָה מִדְיָן בִּצְלִיל שְׂעוֹרֵי עֹמֶר פֶּסַח,
שֹׂרְפוּ מִשְׁמַנֵּי פּוּל וְלוּד בִּיקַד יְקוֹד פֶּסַח,

וַאֲמַרְתֶּם זֶבַח פֶּסַח.

עוֹד הַיּוֹם בְּנֹב לַעֲמוֹד, עַד גָּעָה עוֹנַת פֶּסַח,
פַּס יָד כָּתְבָה לְקַעֲקֵעַ צוּל בַּפֶּסַח,
צָפֹה הַצָּפִית עָרוֹךְ הַשֻּׁלְחָן, בַּפֶּסַח,

וַאֲמַרְתֶּם זֶבַח פֶּסַח.

קָהָל כִּנְּסָה הֲדַסָּה צוֹם לְשַׁלֵּשׁ בַּפֶּסַח,
רֹאשׁ מִבֵּית רָשָׁע מָחַצְתָּ בְּעֵץ חֲמִשִּׁים בַּפֶּסַח,
שְׁתֵּי אֵלֶּה רֶגַע, תָּבִיא לְעוּצִית בַּפֶּסַח,
תָּעוֹז יָדְךָ וְתָרוּם יְמִינְךָ, כְּלֵיל הִתְקַדֵּשׁ חַג פֶּסַח,

וַאֲמַרְתֶּם זֶבַח פֶּסַח.

God, you crushed the first one of all their child-bearing, on the
"night of watching" (Exodus 12:42)   of Pesach.

Mighty One, You passed over the firstborn son because of the
blood   of the Pesach,

Not allowing the Destroyer to enter my doors   on Pesach.

And you shall say, "This is the Pesach sacrifice."

The sealed city was handed over during the time   of Pesach.

Midian was destroyed through a loaf representing the barley of the
Omer-sacrifice   of Pesach
(Judges 7:13).

The burly warriors of Pul and Lud were burnt in a conflagration   on Pesach
(Isaiah 10:16).

And you shall say, "This is the Pesach sacrifice."

He (Sennacherib) wanted "to reach Job that very day" (ibid. 10:32)
– until it became the season   of Pesach.

The palm of a hand wrote an inscription about the crushing of the
well-watered country   on Pesach.

"The chandelier was lit and table was set" (ibid. 21:5, describing the
downfall of Babylonia)   on Pesach.

And you shall say, "This is the Pesach sacrifice."

Hadassah assembled the congregation to hold a three-day fast   on Pesach
(Esther 4:16).

You vanquished the chief from the wicked family on a fifty-cubit
wooden pole   on Pesach.

May you bring "these two things" (Isaiah 47:9) in an instant upon
the Utzites   on Pesach!

Let Your hand be strong and Your right hand raised, as on the
night of the sanctification of the holiday   of Pesach!

And you shall say, "This is the Pesach sacrifice."

כִּי לוֹ נָאֶה, כִּי לוֹ יָאֶה. (כֶּתֶר מְלוּכָה)

אַדִּיר בִּמְלוּכָה, בָּחוּר כַּהֲלָכָה, גְּדוּדָיו יֹאמְרוּ לוֹ:
לְךָ וּלְךָ, לְךָ כִּי לְךָ, לְךָ אַף לְךָ, לְךָ יְיָ הַמַּמְלָכָה.
כִּי לוֹ נָאֶה, כִּי לוֹ יָאֶה.

דָּגוּל בִּמְלוּכָה, הָדוּר כַּהֲלָכָה, וָתִיקָיו יֹאמְרוּ לוֹ:
לְךָ וּלְךָ, לְךָ כִּי לְךָ, לְךָ אַף לְךָ, לְךָ יְיָ הַמַּמְלָכָה.
כִּי לוֹ נָאֶה, כִּי לוֹ יָאֶה.

זַכַּאי בִּמְלוּכָה, חָסִיד כַּהֲלָכָה, טַפְסְרָיו יֹאמְרוּ לוֹ:
לְךָ וּלְךָ, לְךָ כִּי לְךָ, לְךָ אַף לְךָ, לְךָ יְיָ הַמַּמְלָכָה.
כִּי לוֹ נָאֶה, כִּי לוֹ יָאֶה.

יָחִיד בִּמְלוּכָה, כַּבִּיר כַּהֲלָכָה, לִמּוּדָיו יֹאמְרוּ לוֹ:
לְךָ וּלְךָ, לְךָ כִּי לְךָ, לְךָ אַף לְךָ, לְךָ יְיָ הַמַּמְלָכָה.
כִּי לוֹ נָאֶה, כִּי לוֹ יָאֶה.

TO HIM IT IS BEFITTING!
TO HIM IT IS BECOMING!

Mighty in dominion, Superior indeed, His legions (angels) say to Him:
To You, to You! To You, indeed to You! To You, only to You!
To You Lord, belongs the dominion (Chronicles 29:11)!
To Him it is befitting! To Him it is becoming!

Outstanding in dominion, Glorious indeed, His devoted ones say to Him:
To You, to You! To You, indeed to You! To You, only to You!
To You Lord, belongs the dominion!
To Him it is befitting! To Him it is becoming!

Pure in dominion, Powerful indeed, His captains (angels) say to Him:
To You, to You! To You, indeed to You! To You, only to You!
To You Lord, belongs the dominion!
To Him it is befitting! To Him it is becoming!

Unique in dominion, Potent indeed, His learned ones say to Him:
To You, to You! To You, indeed to You! To You, only to You!
To You Lord, belongs the dominion!
To Him it is befitting! To Him it is becoming!

The Questions Asked

כי לו נאה כי לו יאה

Why do we sing כי לו נאה?

One of the reasons we sing כי לו נאה כי לו יאה is, since we acted like

מֶלֶךְ (מוֹשֵׁל) בִּמְלוּכָה, נוֹרָא כַּהֲלָכָה, סְבִיבָיו יֹאמְרוּ לוֹ:

לְךָ וּלְךָ, לְךָ כִּי לְךָ, לְךָ אַף לְךָ, לְךָ יְיָ הַמַּמְלָכָה.

כִּי לוֹ נָאֶה, כִּי לוֹ יָאֶה.

עָנָיו בִּמְלוּכָה, פּוֹדֶה כַּהֲלָכָה, צַדִּיקָיו יֹאמְרוּ לוֹ:

לְךָ וּלְךָ, לְךָ כִּי לְךָ, לְךָ אַף לְךָ, לְךָ יְיָ הַמַּמְלָכָה.

כִּי לוֹ נָאֶה, כִּי לוֹ יָאֶה.

קָדוֹשׁ בִּמְלוּכָה, רַחוּם כַּהֲלָכָה, שִׁנְאַנָּיו יֹאמְרוּ לוֹ:

לְךָ וּלְךָ, לְךָ כִּי לְךָ, לְךָ אַף לְךָ, לְךָ יְיָ הַמַּמְלָכָה.

כִּי לוֹ נָאֶה, כִּי לוֹ יָאֶה.

תַּקִּיף בִּמְלוּכָה, תּוֹמֵךְ כַּהֲלָכָה, תְּמִימָיו יֹאמְרוּ לוֹ:

לְךָ וּלְךָ, לְךָ כִּי לְךָ, לְךָ אַף לְךָ, לְךָ יְיָ הַמַּמְלָכָה.

כִּי לוֹ נָאֶה, כִּי לוֹ יָאֶה.

Exalted in dominion, Awesome indeed, Those surrounding Him say to Him:

To You, to You! To You, indeed to You! To You, only to You!

To You Lord, belongs the dominion!

To Him it is befitting! To Him it is becoming!

Deigning in dominion, Redeeming indeed, His righteous ones say to Him:

To You, to You! To You, indeed to You! To You, only to You!

To You Lord, belongs the dominion!

To Him it is befitting! To Him it is becoming!

Holy in dominion, Compassionate indeed, His Shinanim (angels) say to Him:

To You, to You! To You, indeed to You! To You, only to You!

To You Lord, belongs the dominion!

To Him it is befitting! To Him it is becoming!

Strong in dominion, Supporter indeed, His faithful ones (Israel) say to Him:

To You, to You! To You, indeed to You! To You, only to You!

To You Lord, belongs the dominion!

To Him it is befitting! To Him it is becoming!

The Questions Asked

מלכים tonight, we want to let it be known, that we did not act like מלכים for our own כבוד, but for the כבוד of 'ה. We say כי לו נאה for Him, meaning for 'ה it is beautiful. Since we are His nation. the honor of בני ישראל is the honor of 'ה. (אבן ישפה)

אַדִּיר הוּא

אַדִּיר הוּא, יִבְנֶה בֵיתוֹ בְּקָרוֹב,
בִּמְהֵרָה בִּמְהֵרָה, בְּיָמֵינוּ בְּקָרוֹב.
אֵל בְּנֵה, אֵל בְּנֵה, בְּנֵה בֵיתְךָ בְּקָרוֹב.

בָּחוּר הוּא, גָּדוֹל הוּא, דָּגוּל הוּא,
יִבְנֶה בֵיתוֹ בְּקָרוֹב, בִּמְהֵרָה בִּמְהֵרָה, בְּיָמֵינוּ בְּקָרוֹב.
אֵל בְּנֵה, אֵל בְּנֵה, בְּנֵה בֵיתְךָ בְּקָרוֹב.

הָדוּר הוּא, וָתִיק הוּא, זַכַּאי הוּא, חָסִיד הוּא,
יִבְנֶה בֵיתוֹ בְּקָרוֹב, בִּמְהֵרָה בִּמְהֵרָה, בְּיָמֵינוּ בְּקָרוֹב.
אֵל בְּנֵה, אֵל בְּנֵה, בְּנֵה בֵיתְךָ בְּקָרוֹב.

טָהוֹר הוּא, יָחִיד הוּא, כַּבִּיר הוּא, לָמוּד הוּא, מֶלֶךְ הוּא,
נוֹרָא הוּא, סַגִּיב הוּא, עִזּוּז הוּא, פּוֹדֶה הוּא, צַדִּיק הוּא,
יִבְנֶה בֵיתוֹ בְּקָרוֹב, בִּמְהֵרָה בִּמְהֵרָה, בְּיָמֵינוּ בְּקָרוֹב.
אֵל בְּנֵה, אֵל בְּנֵה, בְּנֵה בֵיתְךָ בְּקָרוֹב.

קָדוֹשׁ הוּא, רַחוּם הוּא, שַׁדַּי הוּא, תַּקִּיף הוּא,
יִבְנֶה בֵיתוֹ בְּקָרוֹב, בִּמְהֵרָה בִּמְהֵרָה, בְּיָמֵינוּ בְּקָרוֹב.
אֵל בְּנֵה, אֵל בְּנֵה, בְּנֵה בֵיתְךָ בְּקָרוֹב.

HE IS MIGHTY!

He is mighty!

May He build His Temple soon! Speedily, speedily, in our days, soon!

God build, God build, build Your Temple soon!

He is superior! He is great! He is outstanding!

May He build His Temple soon! Speedily, speedily, in our days, soon!

God build, God build, build Your Temple soon!

He is glorious! He is virtuous! He is blameless! He is kind!

May He build His Temple soon! Speedily, speedily, in our days, soon!

God build, God build, build Your Temple soon!

He is pure! He is unique! He is powerful! He is all-knowing! He is King!

He is awesome! He is exalted! He is all-powerful!

He is the Redeemer! He is righteous!

May He build His Temple soon! Speedily, speedily, in our days, soon!

God build, God build, build Your Temple soon!

He is holy! He is compassionate! He is the Almighty! He is strong!

May He build His Temple soon! Speedily, speedily, in our days, soon!

God build, God build, build Your Temple soon!

═══════════════ **The Questions Asked** ═══════════════

אדיר הוא יבנה ביתו

🔯 **W**hy do we sing יבנה ביתו בקרוב?

At this point, we are towards the end of the סדר. A person feels

רבים נוהגים לשיר שירת "אדיר הוא" בלשון לע"ז, כפי שמקובל מדורי דורות וכן הוא בסידור של השל"ה הקדוש.

Many sing the translation of "אדיר הוא" as was the tradition of their families for hundreds of years.

אלמעכטיגר גאט. נון בויא דיין טעמפל שירה

אלמעכטיגר גאט. נון בויא דיין טעמפל שירה

אלזו שיר. און אלזו באלד. אין אונזרן טאגן שירה. יוא שירה. נון בויא. נון בויא. נון בויא דיין טעמפל שירה:

בארים הערציגר גאט. נון בויא דיין טעמפל שירה

אלזו שיר. און אלזו באלד. אין אונזרן טאגן שירה. יוא שירה. נון בויא. נון בויא. נון בויא דיין טעמפל שירה:

גרוסר גאט. דעמוטיגר גאט. נון בויא דיין טעמפל שירה

אלזו שיר. און אלזו באלד. אין אונזרן טאגן שירה. יוא שירה. נון בויא. נון בויא. נון בויא דיין טעמפל שירה:

הוכיר גאט. ווערדיגער גאט. זיסר גאט. חעניגר גאט. נון בויא דיין טעמפל שירה

אלזו שיר. און אלזו באלד. אין אונזרן טאגן שירה. יוא שירה. נון בויא. נון בויא. נון בויא דיין טעמפל שירה:

The Questions Asked

exalted, full of קדושה. Now he really feels the need for the בית המקדש, and the tremendous loss that the בית המקדש is lacking today.

טוגליכר גאט. יודישר גאט. נון בויא דיין טעמפל שירה

אלזו שיר. און אלזו באלד. אין אונזרן טאגן שירה. יוא שירה.
נון בויא. נון בויא. נון בויא דיין טעמפל שירה:

ברעפטיגר גאט. לעבדיגר גאט. מעכטיגר גאט. נאמהאפטיגר גאט. סענפטיגר גאט. עביגר גאט. נון בויא דיין טעמפל שירה

אלזו שיר. און אלזו באלד. אין אונזרן טאגן שירה. יוא שירה.
נון בויא. נון בויא. נון בויא דיין טעמפל שירה:

פאורכצומר גאט. צימליכר גאט. קינגליכר גאט. רייכר גאט. נון בויא דיין טעמפל שירה

אלזו שיר. און אלזו באלד. אין אונזרן טאגן שירה. יוא שירה.
נון בויא. נון בויא. נון בויא דיין טעמפל שירה:

שיינער גאט. תרויסר גאט. נון בויא דיין טעמפל שירה

אלזו שיר. און אלזו באלד. אין אונזרן טאגן שירה. יוא שירה.
נון בויא. נון בויא. נון בויא דיין טעמפל שירה:

דוא בישט גאט און קיינר מער. נון בויא דיין טעמפל שירה

אלזו שיר. און אלזו באלד. אין אונזרן טאגן שירה. יוא שירה.
נון בויא. נון בויא. נון בויא דיין טעמפל שירה:

The Questions Asked

Therefore we sing יבנה ביתו בקרוב, that השם יתברך will build the בית המקדש soon! This is a תפילה and also a חיזוק for us. (אבן ישפה)

בליל שני יש שסופרים כאן ספירת העומר.

On the second night some people have a מנהג *to count* ספירת העומר *at this point.*

לְשֵׁם יִחוּד קוּדְשָׁא בְּרִיךְ הוּא וּשְׁכִינְתֵּיהּ בִּדְחִילוּ וּרְחִימוּ לְיַחֵד שֵׁם י״ה בו״ה בְּיִחוּדָא שְׁלִים עַל יְדֵי הַהוּא טָמִיר וְנֶעְלָם בְּשֵׁם כָּל-יִשְׂרָאֵל. הִנְנִי מוּכָן וּמְזֻמָּן לְקַיֵּם מִצְוַת עֲשֵׂה שֶׁל סְפִירַת הָעֹמֶר כְּמוֹ שֶׁכָּתוּב בַּתּוֹרָה: וּסְפַרְתֶּם לָכֶם מִמָּחֳרַת הַשַּׁבָּת מִיּוֹם הֲבִיאֲכֶם אֶת עֹמֶר הַתְּנוּפָה שֶׁבַע שַׁבָּתוֹת תְּמִימֹת תִּהְיֶנָה עַד מִמָּחֳרַת הַשַּׁבָּת הַשְּׁבִיעִית תִּסְפְּרוּ חֲמִשִּׁים יוֹם וְהִקְרַבְתֶּם מִנְחָה חֲדָשָׁה לַיְיָ. וִיהִי נֹעַם יְיָ אֱלֹהֵינוּ עָלֵינוּ, וּמַעֲשֵׂה יָדֵינוּ כּוֹנְנָה עָלֵינוּ, וּמַעֲשֵׂה יָדֵינוּ כּוֹנְנֵהוּ:

בָּרוּךְ אַתָּה יְיָ אֱלֹהֵינוּ מֶלֶךְ הָעוֹלָם אֲשֶׁר קִדְּשָׁנוּ בְּמִצְוֹתָיו וְצִוָּנוּ עַל סְפִירַת הָעוֹמֶר:

The Questions Asked

ספירת העומר

*W*hat are the reasons for the different מנהגים in counting the עומר?

1) Many people count in *shul* right after מעריב so they should have

הַיּוֹם יוֹם אֶחָד לָעוֹמֶר

הָרַחֲמָן הוּא יַחֲזִיר לָנוּ עֲבוֹדַת בֵּית הַמִּקְדָּשׁ לִמְקוֹמָהּ בִּמְהֵרָה בְּיָמֵינוּ אָמֵן סֶלָה.

לַמְנַצֵּחַ בִּנְגִינֹת מִזְמוֹר שִׁיר: אֱלֹהִים יְחָנֵּנוּ וִיבָרְכֵנוּ יָאֵר פָּנָיו אִתָּנוּ סֶלָה: לָדַעַת בָּאָרֶץ דַּרְכֶּךָ בְּכָל גּוֹיִם יְשׁוּעָתֶךָ: יוֹדוּךָ עַמִּים אֱלֹהִים יוֹדוּךָ עַמִּים כֻּלָּם: יִשְׂמְחוּ וִירַנְּנוּ לְאֻמִּים כִּי תִשְׁפֹּט עַמִּים מִישׁוֹר וּלְאֻמִּים בָּאָרֶץ תַּנְחֵם סֶלָה: יוֹדוּךָ עַמִּים אֱלֹהִים יוֹדוּךָ עַמִּים כֻּלָּם:

━━━ **The Questions Asked** ━━━

49 complete days and this way they don't have to worry about forgetting to count. (שו״ע)

2) Since the עומר was brought the day after יום טוב, some say counting the עומר is as if you are proclaiming tonight is not יום טוב, and therefore you should not be making a סדר. (חיד״א - מקובלים)

אֶרֶץ נָתְנָה יְבוּלָהּ יְבָרְכֵנוּ אֱלֹהִים אֱלֹהֵינוּ: יְבָרְכֵנוּ אֱלֹהִים וְיִירְאוּ אֹתוֹ כָּל אַפְסֵי אָרֶץ:

אָנָּא בְּכֹחַ, גְּדֻלַּת יְמִינְךָ, תַּתִּיר צְרוּרָה. (אב״ג ית״ץ)

קַבֵּל רִנַּת, עַמְּךָ. שַׂגְּבֵנוּ, טַהֲרֵנוּ נוֹרָא. (קר״ע שט״ן)

נָא גִבּוֹר, דּוֹרְשֵׁי יִחוּדְךָ. כְּבָבַת שָׁמְרֵם. (נג״ד יכ״ש)

בָּרְכֵם טַהֲרֵם, רַחֲמֵי צִדְקָתְךָ, תָּמִיד גָּמְלֵם. (בט״ר צת״ג)

חֲסִין קָדוֹשׁ, בְּרֹב טוּבְךָ, נַהֵל עֲדָתֶךָ. (חק״ב טנ״ע)

יָחִיד גֵּאֶה, לְעַמְּךָ פְּנֵה, זוֹכְרֵי קְדֻשָּׁתֶךָ. (יג״ל פז״ק)

שַׁוְעָתֵנוּ קַבֵּל, וּשְׁמַע צַעֲקָתֵנוּ, יוֹדֵעַ תַּעֲלוּמוֹת. (שק״ו צי״ת)

בלחש: **בָּרוּךְ, שֵׁם כְּבוֹד מַלְכוּתוֹ, לְעוֹלָם וָעֶד:**

רִבּוֹנוֹ שֶׁל עוֹלָם, אַתָּה צִוִּיתָנוּ עַל יְדֵי מֹשֶׁה עַבְדֶּךָ לִסְפּוֹר סְפִירַת הָעוֹמֶר, כְּדֵי לְטַהֲרֵנוּ מִקְּלִפּוֹתֵינוּ וּמִטּוּמְאוֹתֵינוּ, כְּמוֹ שֶׁכָּתַבְתָּ בְּתוֹרָתֶךָ, וּסְפַרְתֶּם לָכֶם מִמָּחֳרַת הַשַּׁבָּת, מִיּוֹם הֲבִיאֲכֶם אֶת עוֹמֶר הַתְּנוּפָה, שֶׁבַע שַׁבָּתוֹת תְּמִימוֹת תִּהְיֶינָה, עַד מִמָּחֳרַת הַשַּׁבָּת

הַשְּׁבִיעִית תִּסְפְּרוּ חֲמִשִּׁים יוֹם, כְּדֵי שֶׁיִּטָּהֲרוּ
נַפְשׁוֹת עַמְּךָ יִשְׂרָאֵל מִזּוּהֲמָתָם. וּבְכֵן יְהִי רָצוֹן
מִלְּפָנֶיךָ יְיָ אֱלֹהֵינוּ וֵאלֹהֵי אֲבוֹתֵינוּ, שֶׁבִּזְכוּת
סְפִירַת הָעוֹמֶר שֶׁסָּפַרְתִּי הַיּוֹם, יְתֻקַּן מַה
שֶּׁפָּגַמְתִּי בִּסְפִירָה. חֶסֶד שֶׁבְּחֶסֶד וְאֶטָּהֵר
וְאֶתְקַדֵּשׁ בִּקְדֻשָּׁה שֶׁל מַעְלָה וְעַל יְדֵי זֶה יֻשְׁפַּע
שֶׁפַע רַב בְּכָל הָעוֹלָמוֹת לְתַקֵּן אֶת נַפְשׁוֹתֵינוּ
וְרוּחוֹתֵינוּ וְנִשְׁמוֹתֵינוּ מִכָּל סִיג וּפְגָם וּלְטַהֲרֵנוּ
וּלְקַדְּשֵׁנוּ בִּקְדֻשָּׁתְךָ הָעֶלְיוֹנָה אָמֵן סֶלָה:

Outside of Israel, it is customary to begin the Counting of the Omer at this point (on the second night of Pesach):

Blessed are You, Hashem, our God, King of the universe, Who has sanctified us through His commandments, and commanded us concerning the counting of the Omer.

Today is one day of the Omer.

אֶחָד מִי יוֹדֵעַ?

אֶחָד מִי יוֹדֵעַ? אֶחָד אֲנִי יוֹדֵעַ:

אֶחָד אֱלֹהֵינוּ שֶׁבַּשָּׁמַיִם וּבָאָרֶץ.

שְׁנַיִם מִי יוֹדֵעַ? שְׁנַיִם אֲנִי יוֹדֵעַ:

שְׁנֵי לֻחוֹת הַבְּרִית, אֶחָד אֱלֹהֵינוּ שֶׁבַּשָּׁמַיִם וּבָאָרֶץ.

שְׁלֹשָׁה מִי יוֹדֵעַ? שְׁלֹשָׁה אֲנִי יוֹדֵעַ:

שְׁלֹשָׁה אָבוֹת, שְׁנֵי לֻחוֹת הַבְּרִית, אֶחָד אֱלֹהֵינוּ שֶׁבַּשָּׁמַיִם וּבָאָרֶץ.

אַרְבַּע מִי יוֹדֵעַ? אַרְבַּע אֲנִי יוֹדֵעַ:

אַרְבַּע אִמָּהוֹת, שְׁלֹשָׁה אָבוֹת, שְׁנֵי לֻחוֹת הַבְּרִית, אֶחָד אֱלֹהֵינוּ שֶׁבַּשָּׁמַיִם וּבָאָרֶץ.

─────────── **The Questions Asked** ───────────

אחד מי יודע

✦ **W**hy do we sing אחד מי יודע?

The answer is: When a person gets שיכור, he brags about how much

WHO KNOWS ONE?

Who knows one? I know **one**!

One is our God, in heaven and on earth.

Who knows two? I know **two**!

Two are the tablets of the Covenant; One is our God, in heaven and on earth.

Who knows three? I know **three**!

Three are the patriarchs; two are the tablets of the Covenant; One is our God, in heaven and on earth.

Who knows four? I know **four**!

Four are the matriarchs; three are the patriarchs; two are the tablets of the Covenant; One is our God, in heaven and on earth.

The Questions Asked

he has (like we see with אחשורוש). בני ישראל, too, brag after drinking four cups of wine. We brag about all that we have, singing אחד אלהינו שבשמים ובארץ, שני לוחות הברית, וכו׳. (אמרי קודש)

חֲמִשָּׁה מִי יוֹדֵעַ? חֲמִשָּׁה אֲנִי יוֹדֵעַ:

חֲמִשָּׁה חוּמְשֵׁי תוֹרָה, אַרְבַּע אִמָּהוֹת, שְׁלֹשָׁה אָבוֹת, שְׁנֵי לֻחוֹת הַבְּרִית, אֶחָד אֱלֹהֵינוּ שֶׁבַּשָּׁמַיִם וּבָאָרֶץ.

שִׁשָּׁה מִי יוֹדֵעַ? שִׁשָּׁה אֲנִי יוֹדֵעַ:

שִׁשָּׁה סִדְרֵי מִשְׁנָה, חֲמִשָּׁה חוּמְשֵׁי תוֹרָה, אַרְבַּע אִמָּהוֹת, שְׁלֹשָׁה אָבוֹת, שְׁנֵי לֻחוֹת הַבְּרִית, אֶחָד אֱלֹהֵינוּ שֶׁבַּשָּׁמַיִם וּבָאָרֶץ.

שִׁבְעָה מִי יוֹדֵעַ? שִׁבְעָה אֲנִי יוֹדֵעַ:

שִׁבְעָה יְמֵי שַׁבַּתָּא, שִׁשָּׁה סִדְרֵי מִשְׁנָה, חֲמִשָּׁה חוּמְשֵׁי תוֹרָה, אַרְבַּע אִמָּהוֹת, שְׁלֹשָׁה אָבוֹת, שְׁנֵי לֻחוֹת הַבְּרִית, אֶחָד אֱלֹהֵינוּ שֶׁבַּשָּׁמַיִם וּבָאָרֶץ.

שְׁמוֹנָה מִי יוֹדֵעַ? שְׁמוֹנָה אֲנִי יוֹדֵעַ:

שְׁמוֹנָה יְמֵי מִילָה, שִׁבְעָה יְמֵי שַׁבַּתָּא, שִׁשָּׁה סִדְרֵי מִשְׁנָה, חֲמִשָּׁה חוּמְשֵׁי תוֹרָה, אַרְבַּע אִמָּהוֹת, שְׁלֹשָׁה

Who knows five? I know **five**!

Five are the books of the Torah; four are the matriarchs; three are the patriarchs; two are the tablets of the Covenant; One is our God, in heaven and on earth.

Who knows six? I know **six**!

Six are the volumes of the Mishnah; five are the books of the Torah; four are the matriarchs; three are the patriarchs; two are the tablets of the Covenant; One is our God in heaven and on earth.

Who knows seven? I know **seven**!

Seven are the days of the week; six are the volumes of the Mishnah; five are the books of the Torah; four are the matriarchs; three are the patriarchs; two are the tablets of the Covenant; One is our God in heaven and on earth.

Who knows eight? I know **eight**!

Eight are the days until circumcision; seven are the days of the week; six are the volumes of the Mishnah; five are the books of the Torah; four are the

אָבוֹת, שְׁנֵי לֻחוֹת הַבְּרִית, אֶחָד אֱלֹהֵינוּ שֶׁבַּשָּׁמַיִם וּבָאָרֶץ.

תִּשְׁעָה מִי יוֹדֵעַ? תִּשְׁעָה אֲנִי יוֹדֵעַ:

תִּשְׁעָה יַרְחֵי לֵדָה, שְׁמוֹנָה יְמֵי מִילָה, שִׁבְעָה יְמֵי שַׁבַּתָּא, שִׁשָּׁה סִדְרֵי מִשְׁנָה, חֲמִשָּׁה חוּמְשֵׁי תוֹרָה, אַרְבַּע אִמָּהוֹת, שְׁלֹשָׁה אָבוֹת, שְׁנֵי לֻחוֹת הַבְּרִית, אֶחָד אֱלֹהֵינוּ שֶׁבַּשָּׁמַיִם וּבָאָרֶץ.

עֲשָׂרָה מִי יוֹדֵעַ? עֲשָׂרָה אֲנִי יוֹדֵעַ:

עֲשָׂרָה דִבְּרַיָּא, תִּשְׁעָה יַרְחֵי לֵדָה, שְׁמוֹנָה יְמֵי מִילָה, שִׁבְעָה יְמֵי שַׁבַּתָּא, שִׁשָּׁה סִדְרֵי מִשְׁנָה, חֲמִשָּׁה חוּמְשֵׁי תוֹרָה, אַרְבַּע אִמָּהוֹת, שְׁלֹשָׁה אָבוֹת, שְׁנֵי לֻחוֹת הַבְּרִית, אֶחָד אֱלֹהֵינוּ שֶׁבַּשָּׁמַיִם וּבָאָרֶץ.

אַחַד עָשָׂר מִי יוֹדֵעַ? אַחַד עָשָׂר אֲנִי יוֹדֵעַ:

אַחַד עָשָׂר כּוֹכְבַיָּא, עֲשָׂרָה דִבְּרַיָּא, תִּשְׁעָה יַרְחֵי לֵדָה, שְׁמוֹנָה יְמֵי מִילָה, שִׁבְעָה יְמֵי שַׁבַּתָּא, שִׁשָּׁה סִדְרֵי

matriarchs; three are the patriarchs; two are the tablets of the Covenant; One is our God in heaven and on earth.

Who knows nine? I know **nine!**

Nine are the months of pregnancy; eight are the days until circumcision; seven are the days of the week; six are the volumes of the Mishnah; five are the books of the Torah; four are the matriarchs; three are the patriarchs; two are the tablets of the Covenant; One is our God, in heaven and on earth.

Who knows ten? I know **ten!**

Ten are the Commandments; nine are the months of pregnancy; eight are the days until circumcision; seven are the days of the week; six are the volumes of the Mishnah; five are the books of the Torah; four are the matriarchs; three are the patriarchs; two are the tablets of the Covenant; One is our God, in heaven and on earth.

Who knows eleven? I know **eleven!**

Eleven are the stars; ten are the Commandments; nine are the months of pregnancy; eight are the days until circumcision; seven are the days of the week;

מִשְׁנָה, חֲמִשָּׁה חוּמְשֵׁי תוֹרָה, אַרְבַּע אִמָּהוֹת, שְׁלֹשָׁה אָבוֹת, שְׁנֵי לֻחוֹת הַבְּרִית, אֶחָד אֱלֹהֵינוּ שֶׁבַּשָּׁמַיִם וּבָאָרֶץ.

שְׁנֵים עָשָׂר מִי יוֹדֵעַ? שְׁנֵים עָשָׂר אֲנִי יוֹדֵעַ:

שְׁנֵים עָשָׂר שִׁבְטַיָּא, אַחַד עָשָׂר כּוֹכְבַיָּא, עֲשָׂרָה דִבְּרַיָּא, תִּשְׁעָה יַרְחֵי לֵדָה, שְׁמוֹנָה יְמֵי מִילָה, שִׁבְעָה יְמֵי שַׁבַּתָּא, שִׁשָּׁה סִדְרֵי מִשְׁנָה, חֲמִשָּׁה חוּמְשֵׁי תוֹרָה, אַרְבַּע אִמָּהוֹת, שְׁלֹשָׁה אָבוֹת, שְׁנֵי לֻחוֹת הַבְּרִית, אֶחָד אֱלֹהֵינוּ שֶׁבַּשָּׁמַיִם וּבָאָרֶץ.

שְׁלֹשָׁה עָשָׂר מִי יוֹדֵעַ? שְׁלֹשָׁה עָשָׂר אֲנִי יוֹדֵעַ:

שְׁלֹשָׁה עָשָׂר מִדַּיָּא, שְׁנֵים עָשָׂר שִׁבְטַיָּא, אַחַד עָשָׂר כּוֹכְבַיָּא, עֲשָׂרָה דִבְּרַיָּא, תִּשְׁעָה יַרְחֵי לֵדָה, שְׁמוֹנָה יְמֵי מִילָה, שִׁבְעָה יְמֵי שַׁבַּתָּא, שִׁשָּׁה סִדְרֵי מִשְׁנָה, חֲמִשָּׁה חוּמְשֵׁי תוֹרָה, אַרְבַּע אִמָּהוֹת, שְׁלֹשָׁה אָבוֹת, שְׁנֵי לֻחוֹת הַבְּרִית, אֶחָד אֱלֹהֵינוּ שֶׁבַּשָּׁמַיִם וּבָאָרֶץ.

six are the volumes of the Mishnah; five are the books of the Torah; four are the matriarchs; three are the patriarchs; two are the tablets of the Covenant; One is our God, in heaven and on earth.

Who knows twelve? I know **twelve!**

Twelve are the tribes of Israel; eleven are the stars; ten are the Commandments; nine are the months of pregnancy; eight are the days until circumcision; seven are the days of the week; six are the volumes of the Mishnah; five are the books of the Torah; four are the matriarchs; three are the patriarchs; two are the tablets of the Covenant; One is our God, in heaven and on earth.

Who knows thirteen? I know **thirteen!**

Thirteen are God's attributes of mercy; twelve are the tribes of Israel; eleven are the stars; ten are the Commandments; nine are the months of pregnancy; eight are the days until circumcision; seven are the days of the week; six are the volumes of the Mishnah; five are the books of the Torah; four are the matriarchs; three are the patriarchs; two are the tablets of the Covenant; One is our God, in heaven and on earth.

WHO KNOWS ONE? - *Arabic Translation*

1) Min yalam ou min yadry, enowi il **wahed**?

Wahed rab el chalekna ammah hou Wahed.

2) Min yalam ou min yadry, enenem il **tnen**?

Tnen mousa ou aharon; Wahed rab el chalekna ammah hou Wahed.

3) Min yalam ou min yadry, enenem il **tlate**?

Tlate abbatna; Tnen mousa ou aharon; Wahed rab el chalekna ammah hou Wahed.

4) Min yalam ou min yadry, enenem il **arbah**?

Arbah emmatna; Tlate abbatna; Tnen mousa ou aharon; Wahed rab el chalekna ammah hou Wahed.

5) Min yalam ou min yadry, enenem il **chamse**?

Chams msahef la torah; arbah emmatna; Tlate abbatna; Tnen mousa ou aharon; Wahed rab el chalekna ammah hou Wahed.

6) Min yalam ou min yadry, enenem il **sete**?

Set sdery la meshna; chams msahef la torah; arbah emmatna; Tlate abbatna; Tnen mousa ou aharon; Wahed rab el chalekna ammah hou Wahed.

7) Min yalam ou min yadry, enenem il **sabah**?

Sabaa tyem la houpa; set sdery la meshna; chams msahef la torah; arbah emmatna; Tlate abbatna; Tnen mousa ou aharon; Wahed rab el chalekna ammah hou Wahed.

8) Min yalam ou min yadry, enenem il **tmeneh**?

Temen tyem la mela; sabaa tyem la houpa; set sdery la meshna; chams

msahef la torah; arbah emmatna; Tlate abbatna; Tnen mousa ou aharon; Wahed rab el chalekna ammah hou Wahed.

9) Min yalam ou min yadry, enenem il **tsaah**?

Tsaa ashor la hebla; tmen tyem la mela; sabaa tyem la houpa; set sdery la meshna; chams msahef la torah; arbah emmatna; Tlate abbatna; Tnen mousa ou aharon; Wahed rab el chalekna ammah hou Wahed.

10) Min yalam ou min yadry, enenem il **ashra**?

Asher klmat la torah; tsaa ashor la hebla; tmen tyem la mela; sabaa tyem la houpa; set sdery la meshna; chams msahef la torah; arbah emmatna; Tlate abbatna; Tnen mousa ou aharon; Wahed rab el chalekna ammah hou Wahed.

11) Min yalam ou min yadry, enenem il **ydaash**?

Ydaash kwkab llsma; asher klmat la torah; tsaa ashor la hebla; tmen tyem la mela; sabaa tyem la houpa; set sdery la meshna; chams msahef la torah; arbah emmatna; Tlate abbatna; Tnen mousa ou aharon; Wahed rab el chalekna ammah hou Wahed.

12) Min yalam ou min yadry, enenem il **tnash**?

tnash shebet Yisrael; ydaash kwkab llsma; ssher klmat la torah; ysaa ashor la hebla; ymen tyem la mela; dabaa tyem la houpa; det sdery la meshna; vhams msahef la torah; arbah emmatna; ylate abbatna; ynen mousa ou aharon; eahed rab el chalekna ammah hou Wahed.

13) Min yalam ou min yadry, enenem il **tlatash**?

Tlatesh sna le tfilin; tnash shebet Yisrael; ydaash kwkab llsma; asher klmat la torah; tsaa ashor la hebla; tmen tyem la mela; sabaa tyem la houpa; set sdery la meshna; chams msahef la torah; arbah emmatna; Tlate abbatna; Tnen mousa ou aharon; Wahed rab el chalekna ammah hou Wahed.

חַד גַּדְיָא, חַד גַּדְיָא

חַד גַּדְיָא, חַד גַּדְיָא.

דְזַבִּין אַבָּא בִּתְרֵי זוּזֵי, חַד גַּדְיָא, חַד גַּדְיָא.

וְאָתָא שׁוּנְרָא, וְאָכְלָה לְגַדְיָא,

דְזַבִּין אַבָּא בִּתְרֵי זוּזֵי, חַד גַּדְיָא, חַד גַּדְיָא.

וְאָתָא כַלְבָּא, וְנָשַׁךְ לְשׁוּנְרָא, דְאָכְלָה לְגַדְיָא,

דְזַבִּין אַבָּא בִּתְרֵי זוּזֵי, חַד גַּדְיָא, חַד גַּדְיָא.

וְאָתָא חוּטְרָא, וְהִכָּה לְכַלְבָּא, דְנָשַׁךְ לְשׁוּנְרָא, דְאָכְלָה לְגַדְיָא,

דְזַבִּין אַבָּא בִּתְרֵי זוּזֵי, חַד גַּדְיָא, חַד גַּדְיָא.

The Questions Asked

חד גדיא

What is the idea of חד גדיא?

1) חד גדיא is a משל of what happened and happens to בני ישראל throughout all the גליות until משיח will come. It describes how בני ישראל were conquered by a stronger nation, then that nation was destroyed by a stronger nation, etc. (אבן ישפה)

2) Another פשט could be that חד גדיא is referring to יוסף who was one of the "חד" = 12 שבטים (ח=8, ד=4) who was sold because of the

ONE KID, ONE KID

One kid, one kid

- that father bought for two zuzim. One single kid, one single kid.

Along came a **cat** and ate the kid

- that father bought for two zuzim. One single kid, one single kid.

Along came a **dog** and bit the cat that ate the kid

- that father bought for two zuzim. One single kid, one single kid.

Along came a **stick** and hit the dog that bit the cat that ate the kid

- that father bought for two zuzim. One single kid, one single kid.

The Questions Asked

כתנת פסים which was worth 2 סלעים and his מזל was מזל גדי. גדי=17 (ג=3, ד=4, י=10), which was the age of יוסף when he was sold.

ואתא שונרא is referring to ישמעאל. Just like cats are not faithful (they don't know who their owner is), neither is ישמעאל.

ואכלא לגדיא is referring to the ישמעאלים who took יוסף, the גדיא.

ואתא כלבא is a רמז to the מצריים. They bit the ישמעאלים, because if the ישמעאלים would have kept יוסף, they would have become wealthy. The מצריים ripped the ישמעאלים off by buying יוסף from them.

ואתא חוטרא is referring to the מטה of משה.

והכה לכלבא is referring to when משה hit the מצריים with his מטה during the מכות.

ואתא נורא is referring to the עגל that was made from the fire.

ושרף לחוטרא is referring to the fact that the עגל was created in exchange of משה רבינו.

וְאָתָא **נוּרָא**, וְשָׂרַף לְחוּטְרָא, דְּהִכָּה לְכַלְבָּא, דְּנָשַׁךְ לְשׁוּנְרָא, דְּאָכְלָה לְגַדְיָא,

דְּזַבִּין אַבָּא בִּתְרֵי זוּזֵי, חַד גַּדְיָא, חַד גַּדְיָא.

וְאָתָא **מַיָּא**, וְכָבָה לְנוּרָא, דְּשָׂרַף לְחוּטְרָא, דְּהִכָּה לְכַלְבָּא, דְּנָשַׁךְ לְשׁוּנְרָא, דְּאָכְלָה לְגַדְיָא,

דְּזַבִּין אַבָּא בִּתְרֵי זוּזֵי, חַד גַּדְיָא, חַד גַּדְיָא.

וְאָתָא **תוֹרָא**, וְשָׁתָא לְמַיָּא, דְּכָבָה לְנוּרָא, דְּשָׂרַף לְחוּטְרָא, דְּהִכָּה לְכַלְבָּא, דְּנָשַׁךְ לְשׁוּנְרָא, דְּאָכְלָה לְגַדְיָא,

דְּזַבִּין אַבָּא בִּתְרֵי זוּזֵי, חַד גַּדְיָא, חַד גַּדְיָא.

וְאָתָא **הַשּׁוֹחֵט**, וְשָׁחַט לְתוֹרָא, דְּשָׁתָא לְמַיָּא, דְּכָבָה לְנוּרָא, דְּשָׂרַף לְחוּטְרָא, דְּהִכָּה לְכַלְבָּא, דְּנָשַׁךְ לְשׁוּנְרָא, דְּאָכְלָה לְגַדְיָא,

דְּזַבִּין אַבָּא בִּתְרֵי זוּזֵי, חַד גַּדְיָא, חַד גַּדְיָא.

The Questions Asked

ואתא מיא is referring to the תורה (אין מים אלא תורה).

וכבה לנורא means learning תורה is מכפר the חטא העגל.

ואתא תורא is referring to the בהמה part of a person, the גשמיות.

ושתה למיא means the בהמה part of a person drinks up the תורה, that is, stops him from learning תורה.

Along came a **fire** and burnt the stick that hit the dog that bit the cat that ate the kid

- **that father bought for two zuzim. One single kid, one single kid.**

Along came **water** and extinguished the fire that burnt the stick that hit the dog that bit the cat that ate the kid

- **that father bought for two zuzim. One single kid, one single kid.**

Along came an **ox** and drank the water that extinguished the fire that burnt the stick that hit the dog that bit the cat that ate the kid

- **that father bought for two zuzim. One single kid, one single kid.**

Along came the **slaughterer** and slaughtered the ox that drank the water that extinguished the fire that burnt the stick that hit the dog that bit the cat that ate the kid

- **that father bought for two zuzim. One single kid, one single kid.**

The Questions Asked

ואתא השוחט is referring to the צדיקים.

ושחט לתורא means the צדיקים kill their יצר הרע (the גשמיות).

ואתא מלאך המות is referring to the גוים and יצר הרע.

ושחט לשוחט means that the גוים always try to disturb the צדיקים.

ואתא הקב״ה, ה׳ will revenge the pain and death of the צדיקים.

3) Another פשט could be אתא ה׳ means that ה׳ came.

ושחט למלאך המות which is actually the יצר הרע, who constantly bothers צדיקים, and ה׳ will take the צדיקים's revenge on the יצר הרע.

דשחט לתורא means that the שוחט, the צדיקים, remove the נפש הבהמית, the גשמיות, the יצר הרע. How do they do that? ה׳ said, He created a

וְאָתָא **מַלְאַךְ הַמָּוֶת**, וְשָׁחַט לְשׁוֹחֵט, דְּשָׁחַט לְתוֹרָא, דְּשָׁתָא לְמַיָּא, דְּכָבָה לְנוּרָא, דְּשָׂרַף לְחוּטְרָא, דְּהִכָּה לְכַלְבָּא, דְּנָשַׁךְ לְשׁוּנְרָא, דְּאָכְלָה לְגַדְיָא,

דִּזַבִּין אַבָּא בִּתְרֵי זוּזֵי, חַד גַּדְיָא, חַד גַּדְיָא.

וְאָתָא **הַקָּדוֹשׁ בָּרוּךְ הוּא**, וְשָׁחַט לְמַלְאַךְ הַמָּוֶת, דְּשָׁחַט לְשׁוֹחֵט, דְּשָׁחַט לְתוֹרָא, דְּשָׁתָא לְמַיָּא, דְּכָבָה לְנוּרָא, דְּשָׂרַף לְחוּטְרָא, דְּהִכָּה לְכַלְבָּא, דְּנָשַׁךְ לְשׁוּנְרָא, דְּאָכְלָה לְגַדְיָא,

דִּזַבִּין אַבָּא בִּתְרֵי זוּזֵי, חַד גַּדְיָא, חַד גַּדְיָא.

The Questions Asked

spice that will remove the יצר הרע which is תורה. The צדיקים learn תורה to take away the יצר הרע.

דשתא למיא is referring to the צדיקים who drink up the תורה. Through drinking the תורה, learning it, כבה לנורא – they extinguish the fire of the יצר הרע.

דשרף לחוטרא, the stick represents יראת העונש, sometimes the יצר הרע is so strong that it takes away the יראת העונש – you don't think or care if you get punished. The יראת העונש only helps you when you don't have a tremendous passion, which is represented by a נורא, a fire, which burns the stick of the יראת העונש.

דהכה לכלבא represents the יצר הרע that a person does from habit, as

Along came the **angel of death** and slaughtered the slaughterer who slaughtered the ox that drank the water that extinguished the fire that burnt the stick that hit the dog that bit the cat that ate the kid

- that father bought for two zuzim. One single kid, one single kid.

Then **God** came and slaughtered the angel of death who slaughtered the slaughterer who slaughtered the ox that drank the water that extinguished the fire that burnt the stick that hit the dog that bit the cat that ate the kid

– that father bought for two zuzim. One single kid, one single kid.

The Questions Asked

לשון הרע, eating without a ברכה, etc. (like a dog which, out of habit, follows a person). This יצר הרע can be overcome with יראת העונש, the fear of punishment, which is represented by the stick.

חוטרא, punishment, the stick takes away the כלבא.

שונרא - דנשך לשונרא, the cat represents בושה and צניעות, modesty, (like the גמרא says we can learn the מצוה of צניעות from a cat), because of בושה and צניעות, a person grows up and behaves maturely; דאכלא לגדיא, the שונרא takes away the babyish behavior.

דזבין אבא בתרי זוזי our fathers bring us up with two approaches (תרי זוזי) the left hand and right hand, punishment and rewards. (אבן ישפה)

חד גדיא – חד גדיא

נוהגין לקרות רק ברכת המפיל ופרשת שמע, אבל לא שאר דברים שנוהגים לקרות בשאר לילות כדי להגן, כי לילה זו היא לילה המשומרת מן המזיקין, כמ״ש הוא הלילה הזה לה׳ שמורים לכל בני ישראל לדורותם.

Tonight for קריאת שמע על המטה *we say only the* ברכה *of* המפיל *and the first* פרשה *of* שמע. *The* פסוקים *we usually say for divine protection are omitted since tonight is* ״ליל שמורים״, *the night* השי״ת *watches over us.*

שיר השירים

את פירוש רש״י על שיר השירים ערכנו בב׳ סוגי אותיות, להקל על המעיין להבדיל בין הפירוש, לבין חלק ההסברים והראיות.

The רש״י *on* שיר השירים *is printed in two sizes. This should help one learning the* רש״י *to differentiate between* רש״י*'s explanation of the* פסוק *to where* רש״י *brings a proof to his translation.*

הקדמת רש״י לפירושו על שיר השירים

אחת דבר אלהים שתים זו שמעתי מקרא אחד יוצא לכמה טעמים וסוף דבר אין לך מקרא יוצא מידי פשוטו ומשמעו ואף על פי שדברו הנביאים דבריהם בדוגמא צריך ליישב הדוגמא על אופניה ועל סדריה כמו שהמקראות סדורים זה אחר זה.

The Questions Asked

Why is there a מנהג to recite שיר השירים after the סדר?

1) Since it talks about the נסים of יציאת מצרים and מתן תורה. (ע״פ רש״י)

וראיתי לספר הזה כמה מדרשי אגדה יש סודרים כל הספר הזה
במדרש אחד ויש מפוזרים בכמה מדרשי אגדה מקראות
לבדם ואינם מתיישבים על לשון המקרא וסדר המקראות ואמרתי
בלבי לתפוס משמעות המקרא ליישב ביאורים על סדרם
והמדרשות מרבותינו אקבעם מדרש ומדרש איש ואיש במקומו.
ואומר אני שראה שלמה ברוח הקודש שעתידין ישראל לגלות
גולה אחר גולה חורבן אחר חורבן ולהתאונן בגלות זה על כבודם
הראשון ולזכור חבה ראשונה אשר היו למלך מלכו של עולם
סגולה מכל העמים לומר אלכה ואשובה אל אישי הראשון כי
טוב לי אז מעתה ויזכרו את חסדיו ואת מעלם אשר מעלו ואת
הטובות אשר אמר לתת להם באחרית הימים ויסד ספר הזה
ברוח הקודש בלשון אשה צרורה אלמנות חיות שמשתוקקת על
בעלה מתרפקת על דודה מזכרת אהבת נעוריה ונוי יופיה וכשרון
פעליה אשר בהם נקשר עמה באהבה עזה להודיעה כי לא מלבו
ענה ולא שילוחיה שילוחין כי עוד היא אשתו והוא אישה והוא
עתיד לשוב אליה:

The Questions Asked

2) It is a משל of the great love that we have for השי״ת and השי״ת
has for us, and how we are waiting, hoping and longing for the
coming of משיח, when this love will be seen and felt by all. (ע״פ רש״י)

א א **שִׁיר הַשִּׁירִים** אֲשֶׁר לִשְׁלֹמֹה: ב יִשָּׁקֵנִי מִנְּשִׁיקוֹת פִּיהוּ כִּי־טוֹבִים דֹּדֶיךָ מִיָּיִן: ג לְרֵיחַ שְׁמָנֶיךָ טוֹבִים שֶׁמֶן תּוּרַק שְׁמֶךָ עַל־כֵּן עֲלָמוֹת אֲהֵבוּךָ: ד מָשְׁכֵנִי אַחֲרֶיךָ נָּרוּצָה הֱבִיאַנִי

רש"י

א (א) **שיר השירים אשר לשלמה** שנו רבותינו כל שלמה (דק"ל למה לא מייחסו אחר אביו כמו במשלי וקהלת) האמורים בשיר השירים קדש מלך שהשלום שלו, שיר שהוא על כל השירים אשר נאמר להקב"ה מאת עדתו ועמו כנסת ישראל, אמר רבי עקיבא לא היה העולם כדאי כיום שניתן בו שיר השירים לישראל שכל הכתובים קדש ושיר השירים קודש קדשים. אמר ר' אלעזר בן עזריה למה הדבר דומה למלך שנטל סאה חטים ונתנה לנחתום אמר לו הוצא לי כך וכך סולת כך וכך סובין כך וכך מורסן וסלית לי מתוכה גלוסקיא אחת מנופה ומעול' כך כל הכתובים קדש ושיר השירים קדש קדשים שכולו יראת שמים וקבול עול מלכותו.

(ב) **ישקני מנשיקות פיהו** זה השיר אומרת בפיה בגלותה ובאלמנותה מי יתן וישקני המלך שלמה מנשיקות פיהו כמו מאז לפי שיש מקומות שנושקין על גב היד ועל הכתף אך אני מתאוה ושוקקת להיותו נוהג עמי כמנהג הראשון כחתן אל כלה פה אל פה. **כי טובים** לי דודיך מכל משתה יין ומכל עונג ושמחה, ולשון עברי הוא להיות כל סעודת עונג ושמחה נקראת על שם היין כענין שנאמר (אסתר ז) אל בית משתה היין (ישעיה כד) בשיר לא ישתו יין (שם ה) והיה כנור ונבל וחליל ותוף ויין משתיהם זהו ביאור משמעו, ונאמר דוגמא שלו על שם שנתן להם תורתו ודבר עמהם פנים אל פנים ואותם דודים עודם ערבים עליהם מכל שעשוע, ומובטחים מאתו להופיע עוד עליהם לבאר להם סוד טעמיה ומסתר צפונותיה ומחלים פניו לקיים דברו וזהו ישקני מנשיקות פיהו.

(ג) **לריח שמניך טובים** שם טוב נקרא על שם שמן טוב. לריך שמניך טובים שהריחו בהם אפסי ארץ אשר שמעו שמעך הטוב בעשותך נוראים במצרים. **שמן תורק** נקרא שמך להיות נאמר עליך אתה שמן אשר תורק תמיד, להיות ריח ערב שלך יוצא למרחוק שכן דרך שמן ערב בכל עת שהוא בצלוחית חתומ' אין ריחו נודף פותחה ומריק שמנה לכלי אחר ריחו נודף. **על כן עלמות אהבוך** בא יתרו לקול השמועה ונתגייר אף רחב הזונה אמרה (יהושע ב) כי שמענו את אשר הוביש וגו' וע"י כן (שם) כי ה' אלהיכם הוא אלהים בשמים וגו'. עלמות בתולות לפי שהדבור דימהו לבחור שאהובתו מחבבתו ולפי הדוגמא העלמות הן האומות.

(ד) **משכני אחריך נרוצה** אני שמעתי משלוחיך רמז שאמרת למשכני, ואני אמרתי אחריך נרוצה להיות לך לאשה. **הביאני המלך חדריו** וגם היום הזה עודנה לי גילה ושמחה אשר נדבקתי בך. **נזכירה דודיך** גם היום באלמנות חיות תמיד אזכיר דודיך הראשונים מכל משתה

הַמֶּלֶךְ חֲדָרָיו נָגִילָה וְנִשְׂמְחָה בָּךְ נַזְכִּירָה דֹדֶיךָ מִיַּיִן מֵישָׁרִים אֲהֵבוּךָ׃
ה שְׁחוֹרָה אֲנִי וְנָאוָה בְּנוֹת יְרוּשָׁלָםִ כְּאָהֳלֵי קֵדָר כִּירִיעוֹת שְׁלֹמֹה׃
ו אַל־תִּרְאֻנִי שֶׁאֲנִי שְׁחַרְחֹרֶת שֶׁשְּׁזָפַתְנִי הַשָּׁמֶשׁ בְּנֵי אִמִּי נִחֲרוּ־בִי שָׂמֻנִי
נֹטֵרָה אֶת־הַכְּרָמִים כַּרְמִי שֶׁלִּי לֹא נָטָרְתִּי׃ ז הַגִּידָה לִּי שֶׁאָהֲבָה נַפְשִׁי אֵיכָה

רש"י

עונג ושמחה. **מישרים אהבוך** אהבה עזה אהבת מישור בלי עקיבה והרכסים ל' פסוק (ישעיה מ) והיה העקוב למישור לבקעה, אשר אהבוך אני ואבותי באותן הימים זהו פשוטו לפי ענינו, ולפי דוגמתו הם מזכירים לפניו חסד נעורים אהבת כלולות לכתם אחריו במדבר ארץ ציה וצלמות וגם צדה לא עשו להם והאמינו בו ובשלוחו ולא אמרו היאך נצא למדבר לא מקום זרע ומזונות והלכו אחריו והוא הביאם לתוך חדרי היקף ענניו בזו עודם היום גלים ושמחים בו אף לפי עניים וצרתם ומשתעשעים בתורה ושם מזכירים דודיו מיין ומישור אהבתם אותו.

(ה) **שחורה אני ונאוה וגו'** אתם רעיותי אל אקל בעיניכם אף אם עזבני אישי מפני שחרות שבי כי שחורה אני על ידי שזיפת השמש ונאוה אני בחיתוך איברים נאים, אם אני שחורה כאהלי קדר המשחירים מפני הגשמים שהם פרוסים תמיד במדברות קלה אני להתכבס להיות כיריעות שלמה, דוגמא היא זו אומרת כנסת ישראל לאומות שחורה אני במעשי ונאה אני במעשה אבותי ואף במעשי יש מהם נאים אם יש בי עון העגל יש בי כנגדו זכות קבלת התורה, וקורא לאומות בנות ירושלם על שם שהיא עתידה ליעשות מטרפולין לכולן כמו שנבא יחזקאל (יחזקאל טז) ונתתי אתהן לך לבנות כמו (יהושע טו) עקרון ובנותיה.

(ו) **אל תראני** אל תסתכלו בי לבזיון כמו (שמואל א ו) כי ראו בארון ה'. **שאני שחרחרת** לפי שאין שחרותי וכיעורי ממעי אמי אלא על ידי שזיפת השמש, שאותו שחרות נוח להתלבן כשיעמוד בצל. **בני אמי נחרו בי** הם בני מצרים שגדלתי בהם ועלו עמי בערב רב, הם נחרו בי בהסתם ופתוים עד ששמוני. **נוטרה את הכרמים** ושם שזפתני השמש והושחרתי, כלומר נתנוני ע"א אחרים וכרמי שהיה שלי מאבותי לא נטרתי, מצינו פרנסים נקראים במקרא בלשון כרמים שנאמר (הושע ב) ונתתי לה את כרמיה משם ומתרגמינן ואמני לה ית פרנסהא וכן (איוב כד) לא יפנה דרך כרמים.

(ז) **הגידה לי שאהבה נפשי** עכשיו רוח הקדש חוזר ומדמה אותה לצאן החביבה על הרועה, אומרת כנסת ישראל לפניו כאשה לבעלה הגידה לי שאהבה נפשי, איכה תרעה צאנך בין הזאבים הללו אשר הם בתוכם ואיכה תרביצם בצהרים בגלות הזה שהיא עת צרה להם כצהרים שהיא עת צרה לצאן. **שלמה אהיה כעטיה** וא"ת מה איכפת לך אין זה כבודך שאהיה כאבילה עוטה על שפה בוכיה על צאני. **על עדרי חבריך** אצל עדרי שאר הרועים שהם

תִּרְעֶה אֵיכָה תַּרְבִּיץ בַּצָּהֳרָיִם שַׁלָּמָה אֶהְיֶה כְּעֹטְיָה עַל עֶדְרֵי חֲבֵרֶיךָ:
ח אִם־לֹא תֵדְעִי לָךְ הַיָּפָה בַּנָּשִׁים צְאִי־לָךְ בְּעִקְבֵי הַצֹּאן וּרְעִי אֶת־גְּדִיֹּתַיִךְ
עַל מִשְׁכְּנוֹת הָרֹעִים: ט לְסֻסָתִי בְּרִכְבֵי פַרְעֹה דִּמִּיתִיךְ רַעְיָתִי: י נָאווּ לְחָיַיִךְ
בַּתֹּרִים צַוָּארֵךְ בַּחֲרוּזִים: יא תּוֹרֵי זָהָב נַעֲשֶׂה־לָּךְ עִם נְקֻדּוֹת הַכָּסֶף: יב עַד

רש"י

רועים לאן כמותך, כלומר בין גדודי האומות הסמוכים על אלהים אחרים ויש להם מלכים ושרים מנהיגים אותם.

(ח) **אם לא תדעי לך** זו היא תשובת הרועה אם לא תדעי לך להיכן תלכי לרעות לאנך את היפה בנשים שחדל לו הרועה מלהנהיג אותם. **צאי לך בעקבי הצאן** הסתכלי בפסיעות דרך שהלכו הצאן והעקבים ניכרים טראצי"ש בלע"ז וכן הרבה במקרא (תהלים עז) ועקבותיך לא נודעו (ירמיה יג) נחמסו עקביך (בראשית מט) והוא יגוד עקב ישוב על עקביו ואותו הדרך לכי. **ורעי את גדיתיך על משכנות הרועים** בין משכנות שאר הרועים שאת אצלם, וזה הדוגמא אם לא תדעי לך כנסייתי ועדתי היפה בנשים בשאר אומות איכה תרעי ותנצלי מיד המציקים לך להיות ביניהם ולא יאבדו בניך התבונני בדרכי אבותיך הראשוני' שקבלו תורתי ושמרו משמרתי ומצותי ולכי בדרכיהם ואף בשכר זאת תרעי גדיותיך אצל שרי האומות וכן אמר ירמיה (ירמיה לא) הציבי לך ציונים שיתי לבך למסילה וגו'.

(ט) **לססתי ברכבי פרעה דמיתיך רעיתי** למ"ד זו כמו למ"ד (שם י) לקול תתו המון מים וכמו למ"ד לריח שמניך לקבוצת סוסים הרבה שאספתי מחנותי לצאת לקראתך ברכבי פרעה להושיעך כמו שנאמר (חבקוק ג) דרכת בים סוסיך סוסים הרבה שם דמיתיך רעיתי שתקתיך מלצעקתך שנ' (שמות יד) ואתם תחרישון זאת ראיתי בספרי אגדה, דבר אחר דמיתיך רעיתי שם הראיתי לכל שרעיתי את. לססתי קבוצת סוסים ובלשון לע"ז קבלי"ש"א. דמיתיך אר"ישמאי בלע"ז כמו (שופטים כ) אותי דימו להרוג כי שם קשטתיך בקישוטים נאים.

(י) **נאוו לחייך בתורים** שורות נזמי אזן ומצלת זהב. **צוארך בחרוזים** ענקי זהב ומרגליות, חרוזות בפתילי זהב של ביזת הים.

(יא) **תורי זהב נעשה לך** נמלכנו אני ובית דיני לפני בא פרעה שאשיאנו ואחזק את לבו לרדוף אחריך עם כל שבא גנזי אוצרותיו כדי שנעשה לך תורי קשוטי הזהב. **עם נקדות הכסף** שהיה בידך כבר שהוצאת ממצרים, שגדולה היתה ביזת הים מביזת מצרים. נקדות כלי כסף מנוקדים ומצויירים בחברבורות וגוונים.

(יב) **עד שהמלך במסבו** משיבה כנסת ישראל ואומרת כל זה אמת, טובה גמלתני ואני גמלתיך רעה כי בעוד המלך על השלחן מסבת חופתו. **נרדי נתן ריחו** חילוף להבאיש, בעוד שהשכינה בסיני קלקלתי בעגל ולשון חבה כתב הכתוב נתן ריחו ולא כתב הבאיש או הסריח

שֶׁהַמֶּלֶךְ בִּמְסִבּוֹ נִרְדִּי נָתַן רֵיחוֹ: יג צְרוֹר הַמֹּר דּוֹדִי לִי בֵּין שָׁדַי יָלִין:
יד אֶשְׁכֹּל הַכֹּפֶר דּוֹדִי לִי בְּכַרְמֵי עֵין גֶּדִי: טו הִנָּךְ יָפָה רַעְיָתִי הִנָּךְ יָפָה עֵינַיִךְ
יוֹנִים: טז הִנְּךָ יָפֶה דוֹדִי אַף נָעִים אַף־עַרְשֵׂנוּ רַעֲנָנָה: יז קֹרוֹת בָּתֵּינוּ אֲרָזִים
רָחִיטֵנוּ רַהִיטֵנוּ קרי בְּרוֹתִים:

רש"י

לפי שדבר הכתוב בלשון נקיה, (עיין ברש"י במסכת שבת פרק ר"ע דהטעם דלא כתב הבאיש או הסריח משום חיבה אבל לפירוש התוס' שם שפי' וה"ק מ"מ נתן ולא עזוב זהו משום חיבה, אבל מה שלא כתב הבאיש או הסריח זהו בלאו הכי משום לשון נקיה).

(יג) **צרור המר דודי לי** דודי נעשה לי כמו שיש לו צרור המור בחיקו ואמר לו הרי לך צרור זה שיתן ריח טוב מן הראשון שאבדת כך הקדוש ב"ה נתרצה לישראל על מעשה העגל ומצא להם כפרה על עונם ואמר התנדבו למשכן ויבא זהב המשכן ויכפר על זהב העגל. **בין שדי ילין** אף על פי שמעלתי בו אמר לשכון שם. בין שדי בין שני בדי הארון.

(יד) **אשכול הכופר** יש בושם ששמו כופר כמו (שיר ד) כפרים עם נרדים ועשוי כעין אשכלות. **בכרמי עין גדי** שם מקום ושם הוא מצוי, וראיתי באגדה שאותן כרמים עושין פירות ארבעה או חמשה פעמים בשנה, ודוגמא היא לכמה כפרות ומחילות שמחל להן הקב"ה על כמה נסיונות שנסוהו במדבר.

(טו) **הנך יפה רעיתי** אני הייתי בושה בקלקולי והוא חזקני בדברי רצויים לומר (במדבר יד) סלחתי כדבריך והרי את יפה ויפה, כי עיניך יונים כלומר כלה שעיניה כעורים כל גופה צריך בדיקה ושעיניה נאים אין גופה צריך בדיקה, והדוגמא זו היא מחלתי לך על עונך והרי את יפה בנעשה והנך יפה בנשמע יפה במעשה אבות יפה במעשיך. **כי עיניך יונים** לדיקים יש בידך שדבקו בי, כיונה זו שכשמכרת את בן זוגה אינה מניחתו שיזדווג לאחר כך (שמות לב) ויאספו אליו כל בני לוי ולא טעו בעגל ועוד הנך יפה במלאכת המשכן שנאמר (שמות לט) והנה עשו אותה וגומר ויברך אותם משה הרי שקלסם על כך.

(טז) **הנך יפה דודי אף נעים** לא היופי שלי אלא שלך אתה הוא היפה. אף נעים, שעברת על פשעי והשרית שכינתך בתוכי וזהו קילוס של ירידת האש (ויקרא ט) וירא כל העם וירונו. **אף ערשנו רעננה** ע"י נעימותיך הנה רעננה ערשנו בבנינו ובבנותינו שהם כולם נקבצים אליך פה שנאמר (שם ח) ותקהל העדה וגומר המשכן קרוי מטה שנאמר הנה מטתו שלשלמה וכן המקדש קרוי מטה שנאמר ביואש (ד"ה ב כב) בחדר המטות אשר בבית ה' על שהם פריין ורביין של ישראל.

(יז) **קרות בתינו ארזים** שבח המשכן הוא זה. **רהיטנו** לא ידעתי אם לשון קרשים או לשון בריחים אך ידעתי שאף בלשון משנה שנינו רהיטי ביתו של אדם כן מעידים בו.

ב א אֲנִי חֲבַצֶּלֶת הַשָּׁרוֹן שׁוֹשַׁנַּת הָעֲמָקִים: ב כְּשׁוֹשַׁנָּה בֵּין הַחוֹחִים כֵּן
רַעְיָתִי בֵּין הַבָּנוֹת: ג כְּתַפּוּחַ בַּעֲצֵי הַיַּעַר כֵּן דּוֹדִי בֵּין הַבָּנִים בְּצִלּוֹ
חִמַּדְתִּי וְיָשַׁבְתִּי וּפִרְיוֹ מָתוֹק לְחִכִּי: ד הֱבִיאַנִי אֶל־בֵּית הַיָּיִן וְדִגְלוֹ עָלַי
אַהֲבָה: ה סַמְּכוּנִי בָּאֲשִׁישׁוֹת רַפְּדוּנִי בַּתַּפּוּחִים כִּי־חוֹלַת אַהֲבָה אָנִי:
ו שְׂמֹאלוֹ תַּחַת לְרֹאשִׁי וִימִינוֹ תְּחַבְּקֵנִי: ז הִשְׁבַּעְתִּי אֶתְכֶם בְּנוֹת יְרוּשָׁלַםִ

רש"י

ב (א) **חבצלת** היא שושנה. **שושנת העמקים** נאה משושנת ההרים לפי שמרטבת תמיד שאין כח החמה שולט שם.

(ב) **כשושנה בין החוחים** שמנקבין אותה ותמיד היא עומדת בנויה ואדמימותה **כן רעיתי בין הבנות** מפתות אותה לרדוף אחריהם לזנות כמותם אחרי אלהים אחרים והיא עומדת באמונתה.

(ג) **כתפוח** אילן של תפוחים כשהוא בין אילני סרק הוא חביב מן כולן שפריו טוב בטעם ובריח. **כן דודי בין הבנים** בין הבחורים, הדוגמא כך הקב"ה מכל האלהים נבחר לפיכך בצלו חמדתי וישבתי, ומדרש אגדה התפוח הזה הכל בורחים הימנו לפי שאין לו צל כך ברחו כל האומות מעל הקב"ה במתן תורה אבל אני בצלו חמדתי וישבתי.

(ד) **אל בית היין** אהל מועד ששם ניתנו פרטיה וביאוריה של תורה. **ודגלו עלי אהבה** וקבוצתי שדגלני אליו אהבה היא עלי, עודני זוכרת אהבתו ודגלו אשר"ייט בלע"ז.

(ה) **סמכוני** עתה כמדת החולים באשישי ענבים או באשישות סלת נקיה. **רפדוני** רפדו רפידתי, סביבותי בתפוחים לריח טוב כדרך החולים כי חולה אני לאהבתו כי צמאתי לו פה בגלותי רפידה לשון מצע היא כמו (איוב מא) ירפד חרוץ עלי טיט.

(ו) **שמאלו תחת לראשי** במדבר. **וימינו תחבקני** דרך ג' ימים נוסע לתור להם מנוחה ובמקום המנוחה מוריד להם מן ושלו, כל זה אני זוכרת עתה בגלותי וחולה לאהבתו.

(ז) **השבעתי אתכם** אתם האומות. **בצבאות או באילות** שתהיו הפקר ומאכל כצביים ואיילים. **אם תעירו ואם תעוררו את האהבה** שביני לדודי לשנותה ולהחליפה ולבקש ממני להתפתות אחריכם. **עד שתחפץ** בכל עוד שהיא תקועה בלבי והוא חפץ בי. עד שתחפץ כמו עד שהמלך במסיבו בעוד שהמלך במסיבו. אם תעירו אם תשיאו כמו (שמואל א כד) ויהי ערך (דניאל ד') ופשרה לערך. ואם תעוררו כמו העורר על השדה קלניי"ר בלע"ז יש מדרשי אגדה רבים ואינם מתיישבי' על סדר הדברים כי רואה אני שנתנבא שלמה ודבר על יציאת מצרים ועל מתן תורה והמשכן וביאת הארץ ובית הבחירה וגלות בבל וביאת בית שני וחורבנו.

בִּצְבָאוֹת אוֹ בְּאַיְלוֹת הַשָּׂדֶה אִם־תָּעִירוּ וְאִם־תְּעוֹרְרוּ אֶת־הָאַהֲבָה עַד
שֶׁתֶּחְפָּץ׃ ח קוֹל דּוֹדִי הִנֵּה־זֶה בָּא מְדַלֵּג עַל־הֶהָרִים מְקַפֵּץ עַל־הַגְּבָעוֹת׃
ט דּוֹמֶה דוֹדִי לִצְבִי אוֹ לְעֹפֶר הָאַיָּלִים הִנֵּה־זֶה עוֹמֵד אַחַר כָּתְלֵנוּ
מַשְׁגִּיחַ מִן־הַחַלֹּנוֹת מֵצִיץ מִן־הַחֲרַכִּים׃ י עָנָה דוֹדִי וְאָמַר לִי קוּמִי לָךְ
רַעְיָתִי יָפָתִי וּלְכִי לָךְ׃ יא כִּי הִנֵּה הַסְּתָו הַסְּתָיו קרי עָבָר הַגֶּשֶׁם חָלַף הָלַךְ
לוֹ׃ יב הַנִּיצָּנִים נִרְאוּ בָאָרֶץ עֵת הַזָּמִיר הִגִּיעַ וְקוֹל הַתּוֹר נִשְׁמַע בְּאַרְצֵנוּ׃
יג הַתְּאֵנָה חָנְטָה פַגֶּיהָ וְהַגְּפָנִים סְמָדַר נָתְנוּ רֵיחַ קוּמִי לָכִי לָךְ קרי רַעְיָתִי

רש״י

(ח) קול דודי חוזר המשורר על הראשונות כאדם שקצר דבריו וחוזר ואומר לא אמרתי לפניכם ראשית הדברים, הוא התחיל ואמר הביאני המלך חדריו ולא סיפר היאך פקדם במצרים בלשון חבה ועכשיו חוזר ואומר משיכה זו שאמרתי להם משכני דודי ורצתי אחריו כן היתה, נואש הייתי אומרת לגאולה עד תום ארבע מאות שנה שנאמרו בין הבתרים. **קול דודי הנה זה בא** לפני הקץ כמדלג על ההרים ומקפץ בגבעות.

(ט) **דומה דודי לצבי** בקלות מרוצתו שמיהר לבא כצבי וכעופר האילים עופר איל בחור. **הנה זה עומד וגו'** סבורה הייתי לישב עגונה עוד ימים רבים והנה הוא הודיע שהיה עומד ומציץ מן חלונות השמים את העשוי לי שנאמר (שמות ג) ראה ראיתי את עני עמי וגומר.

(י) **ענה** לשון עניה ולשון צעקה קול רם וזה בנין אב לכולם (דברים כז) וענו הלוים. **ואמר לי** ע״י משה. **קומי לך** (שמות ג) אעלה אתכם מעני מצרים.

(יא) **הנה הסתיו עבר** אין עכשיו טורח בדרך, סתיו חורף תרגום סתוא.

(יב) **הנצנים נראו בארץ** קרבו ימי החמה שהאילנות מוציאין פרחים והולכי דרכים מתענגים לראותם. **עת הזמיר הגיע** שהעופות נותנין זמר וקול ערב להולכי דרכים. **וקול התור** כמשמעו תורים ובני יונה דרך העופות להיות משוררים ומצפצפים בימי ניסן.

(יג) **התאנה חנטה פגיה** כמשמעו. **והגפנים סמדר** כשנופל הפרח והענבים מובדלים זה מזה ונכרים כל ענבה לעצמה קרויה סמדר, כל הענין הזה לפי פשוטו לשון חבת פתוי שבחור מרצה את ארוסתו לילך אחריו כן עשה לי דודי.

(י־יג) **ענה דודי** על ידי משה. **ואמר לי** על ידי אהרן. **קומי לך** זרזי עצמך (שמות יא) וישאלו איש מאת רעהו. **כי הנה הסתיו עבר** אלו ארבע מאות שנה דלגתים למנותם משנולד יצחק. **הגשם** שהוא טרחותו של סתיו חלף והלך לו, כלומר שמנים ושש שנה של קושי השעבוד נגזרו עליכם והלכו להם משנולדה מרים הקשו המצריים שעבוד על ישראל ולכך נקראת מרים

יָפָתִי וּלְכִי־לָךְ: יד יוֹנָתִי בְּחַגְוֵי הַסֶּלַע בְּסֵתֶר הַמַּדְרֵגָה הַרְאִינִי אֶת־
מַרְאַיִךְ הַשְׁמִיעִנִי אֶת קוֹלֵךְ כִּי־קוֹלֵךְ עָרֵב וּמַרְאֵיךְ יתיר י׳ נָאוֶה: טו אֶחֱזוּ־
לָנוּ שֻׁעָלִים שֻׁעָלִים קְטַנִּים מְחַבְּלִים כְּרָמִים וּכְרָמֵינוּ סְמָדַר: טז דּוֹדִי לִי

רש״י

על שמררום. **הנצנים נראו בארץ** הרי משה ואהרן מוכנים לכם לכל צרכיכם. **עת הזמיר הגיע** שאתם עתידים לומר שירה על הים. **וקול התור** קול התייר הגדול, דבר אחר קול התור קול שהגיע זמן יציאתכם ממצרים. **התאנה חנטה פגיה** הגיע זמן של בכורים לקרב שתכנסו לארץ. **והגפנים סמדר** קרב זמן נסכי היין, דבר אחר כשרים שבכם חנטו והנצו לפני מעשים טובים והריחו ריח טוב. **קומי לכי** כתיב יוד יתירה קומי לך לקבל עשרת הדברות, דבר אחר התאנה חנטה פגיה אלו פושעי ישראל שכלו בשלשת ימי אפילה. **והגפנים סמדר נתנו ריח** אלו הנשארים מהם עשו תשובה ונתקבלו כך נדרש בפסיקתא.

(יד) **יונתי בחגוי הסלע** זה נאמר על אותה שעה שרדף פרעה אחריהם והשיגם חונים על הים ואין מקום לנוס לפניהם מפני הים ולא להפנות מפני חיות רעות למה היו דומין באותה שעה ליונה שבורחת מפני הנץ ונכנסה לנקיקי הסלעים והיה הנחש נושף בה תכנס לפנים הרי הנחש תצא לחוץ הרי הנץ אמר לה הקב״ה הראיני את מראיך את כשרון פעלתך למי את פונה בעת צרה. **השמיעני את קולך** (שמות יד) ויצעקו בני ישראל אל ה׳. **בחגוי** בנקיק והוא לשון שבר ודומה לו (תהלים קז) יחוגו וינועו (ישעיה יט) והיתה אדמת יהודה למצרים לחגא וכשבן רבים קורא להן חגוי וכן קצה קצוי וכן (שמואל ב י) ויכרות את מדויהם. **מדרגה** איסקלו״יש בלע״ז כשעושין חריץ סביבות המגדלים ושופכים העפר למעלה להגביה התל סביב עושין אותו מדרגות זו למעלה מזו. **בסתר המדרגה** פעמים שיש בהן חורים ונכנסים שם שרצים ועופות.

(טו) **אחזו לנו שעלים** שמע הקב״ה את קולם צוה את הים ושטפם, זהו אחזו לנו השועלים הללו הקטני׳ עם הגדולים, שאף הקטנים היו מחבלים את הכרמים בעוד כרמנו סמדר שהענבים דקים, כשהיתה בת ישראל יולדת זכר והיא טומנתו והיו המצרים נכנסים לבתיהם ומחפשין את הזכרים והתינוק טמון והוא בן שנה או בן שנתים, והן מביאין תנוקות מבית מצרי ותינוק מצרי מדבר ותינוק ישראל עונהו ממקום שטמון שם והיו תופשין ומשליכין אותו ליאור, ולמה קרא אותם שועלים. מה השועל הזה מביט לפנות לאחוריו לברוח אף מצרים מביטים לאחוריהם שנאמר (שמות יד) אנוסה מפני בני ישראל. **שעלים קטנים** כתיב חסר וי״ו על שם שהיה נפרע מהם במים שנמדדו בשעלו של מקום.

(טז) **דודי לי ואני לו** הוא כל צרכיו תבע ממני, ולא צוה אלא לי, עשו פסח קדשו בכורות עשו משכן הקריבו עולות ולא תבע מאומה אחרת. **ואני לו** כל צרכי תבעתי ממנו, ולא מאלהים אחרים. **הרעה את צאנו בשושנים** במרעה טוב ונוח ויפה.

וַאֲנִי לוֹ הָרֹעֶה בַּשּׁוֹשַׁנִּים: יז עַד שֶׁיָּפוּחַ הַיּוֹם וְנָסוּ הַצְּלָלִים סֹב דְּמֵה־
לְךָ דוֹדִי לִצְבִי אוֹ לְעֹפֶר הָאַיָּלִים עַל הָרֵי בָתֶר:

ג א עַל־מִשְׁכָּבִי בַּלֵּילוֹת בִּקַּשְׁתִּי אֵת שֶׁאָהֲבָה נַפְשִׁי בִּקַּשְׁתִּיו וְלֹא
מְצָאתִיו: ב אָקוּמָה נָּא וַאֲסוֹבְבָה בָעִיר בַּשְּׁוָקִים וּבָרְחֹבוֹת אֲבַקְשָׁה
אֵת שֶׁאָהֲבָה נַפְשִׁי בִּקַּשְׁתִּיו וְלֹא מְצָאתִיו: ג מְצָאוּנִי הַשֹּׁמְרִים הַסֹּבְבִים
בָּעִיר אֵת שֶׁאָהֲבָה נַפְשִׁי רְאִיתֶם: ד כִּמְעַט שֶׁעָבַרְתִּי מֵהֶם עַד שֶׁמָּצָאתִי
אֵת שֶׁאָהֲבָה נַפְשִׁי אֲחַזְתִּיו וְלֹא אַרְפֶּנּוּ עַד־שֶׁהֲבֵיאתִיו יוד וא׳ נחה אֶל־
בֵּית אִמִּי וְאֶל־חֶדֶר הוֹרָתִי: ה הִשְׁבַּעְתִּי אֶתְכֶם בְּנוֹת יְרוּשָׁלִַם בִּצְבָאוֹת
אוֹ בְּאַיְלוֹת הַשָּׂדֶה אִם־תָּעִירוּ | וְאִם־תְּעוֹרְרוּ אֶת־הָאַהֲבָה עַד שֶׁתֶּחְפָּץ:
ו מִי זֹאת עֹלָה מִן־הַמִּדְבָּר כְּתִימְרוֹת עָשָׁן מְקֻטֶּרֶת מֹר וּלְבוֹנָה מִכֹּל

רש״י

(יז) **עד שיפוח היום** מוסב למקרא של מעלה הימנו **דודי לי ואני לו** עד זמן שגרם העון ושזפתני השמש כחום היום וגבר השרב. **ונסו הצללים** חטאנו בעגל חטאנו במרגלים, ונסו הצללים, זכיות המגינות עלינו פרקתי עולו. **סב דמה לך דודי** גרמתי לו להסתלק מעלי על הרים המופלגים ממני. **בתר** לשון חלוקה והפלגה.

ג (א) **על משכבי בלילות** בצר לי, שישבתי אפילה כל שלשים ושמנה שנה שהיו ישראל נזופים. **בקשתיו ולא מצאתיו** (שמות לג) כי לא אעלה בקרבך (דברים א) כי אינני בקרבכם.

(ב) **אקומה נא וגו׳ אבקשה** (שמות לב) ויחל משה (שם) אעלה אל ה׳.

(ג) **מצאוני השומרים** משה ואהרן. **את שאהבה נפשי ראיתם** מה מלאתם בפיו.

(ד) **כמעט שעברתי מהם** קרוב לפרישתם ממני לסוף ארבעים שנה. **עד שמצאתי** שהיה עמי בימי יהושע לכבוש שלשים ואחד מלכים. **אחזתיו ולא ארפנו** לא נתתי לו רפיון עד שהביאותיו אל משכן שילה, בשביל כל זאת שעשה לי.

(ה) **השבעתי אתכם** האומות בהיותי גולה ביניכם. **אם תעירו ואם תעוררו** אהבת דודי ממני, על ידי פתוי והסתה לעוזבו לשוב מאחריו. **עד שתחפץ** בעוד שאהבתו חפץ עלי.

(ו) **מי זאת עלה מן המדבר** כשהייתי מהלכת במדבר, והיה עמוד האש והענן הולכים לפני והורגים נחשים ועקרבים ושורפין הקוצים והברקנים לעשות הדרך מישור, והיה הענן והעשן עולין ורואין אותן האומות ומתמיהות על גדולתי ואומרות מי זאת, כלומר כמה גדולה היא

אֲבְקַת רוֹכֵל: ז הִנֵּה מִטָּתוֹ שֶׁלִּשְׁלֹמֹה שִׁשִּׁים גִּבֹּרִים סָבִיב לָהּ מִגִּבֹּרֵי
יִשְׂרָאֵל: ח כֻּלָּם אֲחֻזֵי חֶרֶב מְלֻמְּדֵי מִלְחָמָה אִישׁ חַרְבּוֹ עַל־יְרֵכוֹ מִפַּחַד
בַּלֵּילוֹת: ט אַפִּרְיוֹן עָשָׂה לוֹ הַמֶּלֶךְ שְׁלֹמֹה מֵעֲצֵי הַלְּבָנוֹן: י עַמּוּדָיו עָשָׂה
כֶסֶף רְפִידָתוֹ זָהָב מֶרְכָּבוֹ אַרְגָּמָן תּוֹכוֹ רָצוּף אַהֲבָה מִבְּנוֹת יְרוּשָׁלָ͏ִם:
יא צְאֶינָה וּרְאֶינָה בְּנוֹת צִיּוֹן בַּמֶּלֶךְ שְׁלֹמֹה בַּעֲטָרָה שֶׁעִטְּרָה לּוֹ אִמּוֹ
בְּיוֹם חֲתֻנָּתוֹ וּבְיוֹם שִׂמְחַת לִבּוֹ:

רש״י

זאת, העולה מן המדבר וגומר. **כתימרות עשן** גבוה וזקוף כתמר. **מקטרת מר** על שם ענן הקטורת, שהיה מתמר מעל מזבח הפנימי. **רוכל** בשם המוכר כל מיני בשמים. **אבקת** על שם שכותשין אותו ושוחקין הדק כאבק.

(ז) **הנה מטתו שלשלמה** אהל מועד והארון, שהיו נושאין במדבר. **ששים גברים סביב לה** ששים רבוא סביב לה. **מגבורי ישראל** מיוצאי הצבא, לבד פחותים מבן עשרים והיתרים על בני ששים.

(ח) **מלמדי מלחמה** מלחמתה של תורה, וכן הכהנים הסובבים אותה החונים סביבות המשכן מלמדי סדר עבודתם. **איש חרבו** כלי זיינו, הן מסורת וסימנים שמעמידים על ידם את הגירסא והמסרה שלא תשכח. **מפחד בלילות** פן ישכחוה ויבואו עליהם צרות וכן הוא אומר (תהלים ב) נשקו בר פן יאנף ותאבדו דרך.

(ט) **אפריון עשה לו** זה אהל מועד שנקבע במשכן שילה, עשה לו אפריון חופת כתר לכבוד.

(י) **רפידתו** משכבו ומשכנו על הכפרת שהוא זהב. **מרכבו ארגמן** זה הפרכת שהיה תלוי ורוכב על כלונסות מעמוד לעמוד. **תוכו רצוף** סדור ברצפת אהבה, ארון וכפרת וכרובים ולוחות. **מבנות ירושלם** אלו ישראל יריאים ושלמים להקב״ה.

(יא) **בנות ציון** בנים שמצויינין לו, במילה ובתפילין ובציצית. **בעטרה שעטרה לו אמו** אהל מועד, שהוא מעוטר בגוונין תכלת וארגמן ותולעת שני, אמר רבי נחוניא, שאל רבי שמעון בן יוחאי את רבי אלעזר ברבי יוסי, אי איפשר ששמעת מאביך מהו שעטרה לו אמו, אמר לו משל למלך שהיתה לו בת יחידה והיה אוהבה ביותר, לא זז מחבבה עד שקראה בתי שנאמר (תהלים מה) שמעי בת וראי לא זז מחבבה עד שקראה אחותי שנאמר פתחי לי אחותי רעיתי לא זז מחבבה עד שקראה אמי שנאמר (ישעיה נא) שמעו אלי עמי ולאומי אלי האזינו, ולאמי כתיב עמד רבי שמעון בן יוחאי ונשקו על ראשו וכו׳. **ביום חתונתו** יום מתן תורה, שעטרוהו להם למלך וקבלו עולו. **וביום שמחת לבו** זה שמיני למילואים, שנתחנך בו המשכן במדבר.

ד א הִנָּךְ יָפָה רַעְיָתִי הִנָּךְ יָפָה עֵינַיִךְ יוֹנִים מִבַּעַד לְצַמָּתֵךְ שַׂעְרֵךְ כְּעֵדֶר הָעִזִּים שֶׁגָּלְשׁוּ מֵהַר גִּלְעָד: ב שִׁנַּיִךְ כְּעֵדֶר הַקְּצוּבוֹת שֶׁעָלוּ

רש״י

ד (א) **הנך יפה רעיתי** קילסן ורצן וערבו עליו קרבנותיהם. עד שיפוח היום שחטאו לפני בימי חפני ופינחס. **עיניך יונים** גוונייך ומראיתך, ודוגמתך כיונה הזאת הדבקה בבן זוגה וכששוחטין אותה אינה מפרכסת אלא פושטת צוארה, כך את נתת שכם לסבול עולי ומוראי. **מבעד לצמתך, שערך כעדר העזים** הקילוס הזה דוגמת קילוס אשה הנאהבת לחתן, מבפנים לקישורייך. שערך נאה ומבהיק כלוהר, ולבנונית כשער עזים לבנות היורדות מן ההרים ושערן מבהיק מרחוק, והדוגמא שדימה כנסת ישראל לכך היא מבפנים למחנותיך ומשכנותיך, אף הרקים שביך חביבין עלי כיעקב ובניו שגלשו לרדת מהר הגלעד כשהשיגם לבן שם, ד״א כאותן שנבאו על מדין בעבר הירדן שהיא בארץ גלעד ולשון זה במדרש שיר השירים. **מבעד** הוא לשון מבפנים שרוב בעד שבמקרא דבר המסיך ומגין נגד דבר אחר כמו (איוב ט) ובעד כוכבים יחתם (יונה ב) הארץ בריחיה בעדי (איוב כח) הבעד ערפל ומבעד הוא הדבר שהוא מבפנים לאותו בעד לכך הוא אומר מבעד. **צמתך** לשון דבר המצמצם השער שלא יפריח לצאת וזו היא השבכה והקישורים ולא יתכן לפרש צמתך לשון צומת שהרי התי״ו משורשת בתיבה שא״כ היה לה להיות דגושה כשהיא נסמכת לה״א לפעול בה פעולת נקבה או לוי״ו לפעול בו פעולת זכר כמו תי״ו של שבת כשהוא נותנה לנקבה היא מודגשת כמו חגה חדשה ושבתה וכן לזכר עולת שבת בשבתו ותי״ו של צמתך שהיא רפה על כרחינו באה במקום ה״א ויהא שם הקישור צמה וכשהוא סמוך לתתו לזכר או לנקבה תהפך הה״א לתי״ו כגון שפחה תהפך לומר שפחתו שפחתה, וכן אמה אמתו אמתה, ערוה ערותו ערותה, וכן זה צמה צמתו צמתה צמתי צמתך. **שגלשו** שנקרחו גבח מתורגם גלוש כשהבהמות יורדות מן ההר נמצא ההר נקרח וממורט מהם.

(ב) **שניך כעדר הקצובות** וגו׳ אף קילוס זה בלשון נוי אשה. **שניך** דקות ולבנות וסדורות על סדורן, כצמר וסדר עדר הרחלים הברורות משאר הצאן בקצב ומנין, נמסרות לרועה חכם והגון ליזהר בצמרן שעושין אותן לכלי מילת, ומשמרין אותן מעת לידתן שלא יתלכלך הצמר ורוחצין אותם מיום אל יום. **שכלם מתאימות** לשון מתום (תהלים לח), אין מתום בבשרי כלומר תמימות אינטכי״ש בלע״ז. **ושכלה** שום שכול ומום **אין בהם** ונאמר הדוגמא הזו על שם גבורי ישראל הכורתים ואוכלים אויביהם בשניהם סביבותם, והרי הם מתרחקין מן הגזל של ישראל ומן העריות שלא יתכלכלו בעבירה, ונאמר קילוס זה על שנים עשר אלף איש שנבאו על מדין בקצב ומנין שלא נחשד אחד מהם על העריות שנאמר (במדבר לא) ולא נפקד ממנו איש ואף על הרהור הלב הביאו כפרתן ואף על הגזל לא נחשדו שהעיד עליהם הכתוב (שם) ויקחו את כל השלל ויביאו אל משה ואל אלעזר הכהן וגומר ולא הבריח אחד מהן פרה אחת או חמור אחד.

מִן־הָרַחְצָה שֶׁכֻּלָּם מַתְאִימוֹת וְשַׁכֻּלָה אֵין בָּהֶם: ג כְּחוּט הַשָּׁנִי שִׂפְתוֹתַיִךְ
וּמִדְבָּרֵךְ נָאוֶה כְּפֶלַח הָרִמּוֹן רַקָּתֵךְ מִבַּעַד לְצַמָּתֵךְ: ד כְּמִגְדַּל דָּוִיד
צַוָּארֵךְ בָּנוּי לְתַלְפִּיּוֹת אֶלֶף הַמָּגֵן תָּלוּי עָלָיו כֹּל שִׁלְטֵי הַגִּבּוֹרִים: ה שְׁנֵי
שָׁדַיִךְ כִּשְׁנֵי עֳפָרִים תְּאוֹמֵי צְבִיָּה הָרוֹעִים בַּשּׁוֹשַׁנִּים: ו עַד שֶׁיָּפוּחַ הַיּוֹם

רש"י

(ג) **כחוט השני שפתותיך** נאות להבטיח ולשמור הבטחתם כמו שעשו המרגלים לרחב הזונה שאמרו לה (יהושע ב) את תקות חוט השני וגומר ושמרו הבטחתם. **ומדברך** דבורך והרי הוא מגזרת (יחזקאל לג) הנדברים בך אצל הקירות (מלאכי ג) אז נדברו יראי ה' פרל"ריץ בלעז. **רקתך** היא גובה הפנים שקורין פומי"ליש בלע"ז אצל העינים ובלשון גמרא קורין אותו רומני דאפי ודומין לפלח, חצי רמון בחוץ שהוא אדום וסגלגל הרי קילוס בנוי אשה והדוגמא פירשו רבותינו ריקנים שביך מלאים מצות כרמון. **מבעד לצמתך** מבפנים לקישוריך.

(ד) **כמגדל דוד צוארך** קומה זקופה נוי באשה, והדוגמא כמגדל דוד הוא מצודת ציון שהוא מקום חוזק ועופל ומבצר, כך הוא צוארך זו לשכת הגזית שהיתה חוזק ומבצרן של ישראל, ואותו המגדל בנוי לתלפיות, בנוי לנוי להיות הכל מסתכלין בו ללמוד צורותיו ונוי מלאכת תבניתו והוא מגזרת (איוב לה) מלפנו מבהמו' ארץ והתי"ו בתלפיות כמו תי"ו שבתרמית ובתכנית. **אלף המגן תלוי עליו** כך מנהג השרים לתלות מגיניהם ושלטיהם בכותל המגדלים. **שלטי** אשפות שנותנין בהם חצים כמו (ירמיה נא) הברו החצים מלאו השלטים ודומה לו לשכת הגזית שמשם הוראה יוצאה שהתורה מגן לישראל ויש לומר אלף המגן כמו מגן האלף על שם (ד"ה א טז) דבר צוה לאלף דור. **כל שלטי הגבורים** מצינו שהתלמידים נקראים על שם חצים ושלטים כענין שנאמר (תהלים קכז) כחצים ביד גבור כן בני הנעורים אשרי הגבר אשר מלא את אשפתו מהם.

(ה) **שני שדיך** המניקות אותך זה משה ואהרן. **כשני עפרים תאומי צביה** דרך צביה להיות יולדת תאומים, כך שניהם שוים שקולים זה כזה, דבר אחר שני שדיך, על שם הלוחות תאומי צביה, שהם מכוונות במדה אחת, וחמשה דברות על זו וחמשה על זו מכוונין דבור כנגד דבור, אנכי כנגד לא תרצח שהרוצח ממעט את הדמות של הקב"ה, לא יהיה לך כנגד לא תנאף שהזונה אחר עבודה זרה דרך אשה המנאפת תחת אישה תקח את זרים, לא תשא כנגד לא תגנוב שהגונב סופו לישבע לשקר, זכור כנגד לא תענה שהמחלל את השבת מעיד שקר בבוראו לומר שלא שבת בשבת בראשית, כבד כנגד לא תחמוד שהחומד סופו להוליד בן שמקלל אותו ומכבד למי שאינו אביו. **הרועים** את צאנם **בשושנים** ומדריכים אותם בדרך נוחה וישרה.

(ו) **עד שיפוח היום** עד שתתפשט החמה. **ונסו הצללים** הוא עת ערב וחום היום, אני

וְנָסוּ הַצְּלָלִים אֵלֶךְ לִי אֶל־הַר הַמּוֹר וְאֶל־גִּבְעַת הַלְּבוֹנָה: ז כֻּלָּךְ יָפָה
רַעְיָתִי וּמוּם אֵין בָּךְ: ח אִתִּי מִלְּבָנוֹן כַּלָּה אִתִּי מִלְּבָנוֹן תָּבוֹאִי תָּשׁוּרִי ׀
מֵרֹאשׁ אֲמָנָה מֵרֹאשׁ שְׂנִיר וְחֶרְמוֹן מִמְּעֹנוֹת אֲרָיוֹת מֵהַרְרֵי נְמֵרִים:
ט לִבַּבְתִּנִי אֲחֹתִי כַלָּה לִבַּבְתִּנִי בְּאַחַד בְּאַחַת קרי מֵעֵינַיִךְ בְּאַחַד עֲנָק
מִצַּוְּרֹנָיִךְ: י מַה־יָּפוּ דֹדַיִךְ אֲחֹתִי כַלָּה מַה־טֹּבוּ דֹדַיִךְ מִיַּיִן וְרֵיחַ שְׁמָנַיִךְ
מִכָּל בְּשָׂמִים: יא נֹפֶת תִּטֹּפְנָה שִׂפְתוֹתַיִךְ כַּלָּה דְּבַשׁ וְחָלָב תַּחַת לְשׁוֹנֵךְ

רש"י

אילך ואת עריבה עלי. **היום** הוא השמש וכן (בראשית ג) לרוח היום וכן (מלאכי ג) כי הנה היום בא בוער כתנור ומשיפוח היום אלך לי בהר המוריה בבית עולמים בב"ר, כלומר משחטאו אז לפני לחלל את קדשי ולנאץ מנחתי בימי חפני ופנחס אסתלק מעליכם ואטוש משכן הזה, ואבחר לי בהר המוריה בבית עולמים, ושם כולך יפה ומום אין בך וארצה שם כל קרבנותיך.

(ח) **אתי מלבנון כלה** כשתגלו מלבנון זה, אתי תגלו, כי אני אגלה עמכם. **אתי מלבנון תבואי** וכשתשובו מן הגולה אני אשיב עמכם, ואף כל ימי הגולה בצרתך לי צר ועל כן כתב אתי מלבנון תבואי, כשתגלו מלבנון זה אתי תבואי ולא כתב אתי ללבנון תבואי לומר משעת יציאתכם מכאן עד שעת ביאתכם כאן אני עמכם בכל אשר תלאו ותבואו. **תשורי מראש אמנה** בקבצי את נדחיך, תסתכלי ותתבונני מה שכר פעולתך, מראשית האמונה שהאמנת בי לכתך אחרי במדבר, ומסעותיך וחניותיך על פי, וביאתך לראש שניר וחרמון שהיו מעונות אריות סיחון ועוג, ד"א מראש אמנה הר הוא בגבול לפונה של ארץ ישראל ושמו אמנה ובלשון משנה טורי אמנון והר ההר שנאמר בו (במדבר לד) מן הים הגדול תתאו לכם הר ההר וכשהגליות נקבצות ומגיעות שם, הם לופים משם ורואין גבול ארץ ישראל ואוירה של ארץ ישראל, ושמחים ואומרים הודיה לכך נאמר תשורי מראש אמנה.

(ט) **לבבתני** משכת את לבי אליך. **באחת מעיניך** הרבה דוגמות טובות שביך, לולא היתה ביך אלא אחת מהן הייתי מחבבך ביותר וכל שכן בכולן, וכן באחת ענק מצורוניך, באחת מרבידי ענקי קישוטיך הם תכשיטי מצוה שישראל מצויינין בהם, ד"א באחד ענק, באחד מאבותיך, הוא אחד היה מיוחד, וזה אברהם הנקרא ענק, האדם הגדול בענקים.

(י) **מה יפו דדיך** כל מקום שהראית לי שם חבה יפה הוא בעיני, גלגל שילה נוב וגבעון ובית עולמים הוא שיסד הבבלי מנוחה ושאר ויעודים מנוחה זו ירושלים ושאר ויעודים מקום שנתוועדה שם שכינה לישראל. **וריח שמניך** שם טוב.

(יא) **נפת** מתוק. **תטפנה שפתותיך** טעמי תורה. **וריח שלמתיך** מצות הגונות הנוהגות בשלמותיך, ציצית תכלת בגדי כהונה איסור שעטנז.

וְרֵיחַ שַׂלְמֹתַיִךְ כְּרֵיחַ לְבָנוֹן׃ יב גַּן ׀ נָעוּל אֲחֹתִי כַלָּה גַּל ׀ נָעוּל מַעְיָן
חָתוּם׃ יג שְׁלָחַיִךְ פַּרְדֵּס רִמּוֹנִים עִם פְּרִי מְגָדִים כְּפָרִים עִם־נְרָדִים׃
יד נֵרְדְּ ׀ וְכַרְכֹּם קָנֶה וְקִנָּמוֹן עִם כָּל עֲצֵי לְבוֹנָה מֹר וַאֲהָלוֹת עִם כָּל־
רָאשֵׁי בְשָׂמִים׃ טו מַעְיַן גַּנִּים בְּאֵר מַיִם חַיִּים וְנֹזְלִים מִן־לְבָנוֹן׃ טז עוּרִי
צָפוֹן וּבוֹאִי תֵימָן הָפִיחִי גַנִּי יִזְּלוּ בְשָׂמָיו יָבֹא דוֹדִי לְגַנּוֹ וְיֹאכַל פְּרִי מְגָדָיו׃

ה א בָּאתִי לְגַנִּי אֲחֹתִי כַלָּה אָרִיתִי מוֹרִי עִם־בְּשָׂמִי אָכַלְתִּי יַעְרִי עִם־
דִּבְשִׁי שָׁתִיתִי יֵינִי עִם־חֲלָבִי אִכְלוּ רֵעִים שְׁתוּ וְשִׁכְרוּ דּוֹדִים׃

רש"י

(יב) **גן נעול** על שם צניעות בנות ישראל, שאין פורצות בעריות. **גל נעול** יש לפרשו לשון מעין כמו (יהושע טו) גולות עליות ויש לפרשו לשון שער והוא ל' ארמי בתלמוד טרוקו גלי.

(יג) **שלחיך** ארץ יבשה קרויה בית השלחין וצריך להשקותה תמיד, ושדה בית הבעל יפה הימנה, וכאן קילס יבש שלחיך הרי הן מלאין כל טוב כפרדס רמונים, וזה על שם קטנים שבישראל מרטיבים מעשים טובים כפרדס רמונים. **כפרים עם נרדים** מיני בשמים הם.

(טו) **מעין גנים** כל זה מוסב על שלחיך, ומקלסן כמעין המשקה אותן, והדוגמא על שם טבילות טוהר שבנות ישראל טובלות. **ונזלים מן לבנון** ממקום נקיות באין עכירת טיט.

(טז) **עורי צפון ובואי תימן** אחר שערב עלי ריחך ונוי משכנותיך, אני מצוה את הרוחות צפון ותימן להפיח בגנך לצאת ריחך הטוב למרחוק, והדוגמא על שם שהגליות מתקבצות ומכל הגוים מביאים אותם מנחה לירושלים, ובימי הבנין יהיו ישראל נקבצים שם למועדים ולרגלים, וישראל משיבין יבא דודי לגנו, אם אתה שם הכל שם.

ה (א) **באתי לגני** בימי חנוכת הבית. **אריתי** לקטתי והוא לשון משנה כמלא אורה וסלו ואף לשון מקרא (תהלים פ) וארוה כל עוברי דרך ונאמר על שם הקטורת שהקטירו קטורת יחיד הנשיאים על מזבח החיצון ונתקבלה והוא דבר שאינו נוהג לדורות, ועל כן נאמר אכלתי יערי עם דבשי, יש דבש שהוא גדל בקנים כענין שנאמר (שמואל א יד) ביערת הדבש ויערת היא לשון קנה כמו (שמות ב) ותשם בסוף ושויתיה ביערא ומוצצין הדבש ומשליכין העץ, ואני מרוב חיבה אכלתי יערי עם דבשי, אכלתי הקנה עם הדבש את שאינו ראוי עם הראוי קטרת נדבה, וכן שעירי חטאת שהקריבו הנשיאים ואין חטאת קריבה נדבה ואני קבלתים בו ביום. **שתיתי ייני** הם הנסכים. **עם חלבי** מתקו ונאו מחלב. **אכלו רעים** באהל מועד

ב אֲנִי יְשֵׁנָה וְלִבִּי עֵר קוֹל ׀ דּוֹדִי דוֹפֵק פִּתְחִי־לִי אֲחֹתִי רַעְיָתִי יוֹנָתִי
תַמָּתִי שֶׁרֹּאשִׁי הר׳ בדגש נִמְלָא טָל קְוֻצּוֹתַי רְסִיסֵי לָיְלָה׃ ג פָּשַׁטְתִּי אֶת־
כֻּתָּנְתִּי אֵיכָכָה אֶלְבָּשֶׁנָּה רָחַצְתִּי אֶת־רַגְלַי אֵיכָכָה אֲטַנְּפֵם׃ ד דּוֹדִי שָׁלַח
יָדוֹ מִן־הַחֹור וּמֵעַי הָמוּ עָלָיו׃ ה קַמְתִּי אֲנִי לִפְתֹּחַ לְדוֹדִי וְיָדַי נָטְפוּ־מוֹר
וְאֶצְבְּעֹתַי מוֹר עֹבֵר עַל כַּפּוֹת הַמַּנְעוּל׃ ו פָּתַחְתִּי אֲנִי לְדוֹדִי וְדוֹדִי חָמַק

רש״י

אהרן ובניו, ובית עולמים הכהנים כולם. **שתו ושכרו דודים** אלו ישראל אוכלי בשר זבח השלמים, שהקריבו לחנוכת המזבח.

(ב) **אני ישנה** כשהייתי שלוה ושקטה בבית ראשון נואשתי מעבוד הקב״ה כישנה ונרדמת. ולבי ער זה הקב״ה כך נדרש בפסיקתא. **ולבי ער** הקב״ה שהוא צור לבבי וחלקי, ער לשמרני ולהטיב לי. **קול דודי דופק** משרה שכינתו על הנביאים, ומזהיר על ידיהם השכם ושלוח. **פתחי לי** אל תגרמו לי שאסתלק מעליך. **שראשי נמלא טל** לשון אדם שבא בלילה דופק על פתח אהובתו אומר כן בשביל חיבתך באתי בלילה בעת הטל או הגשם, והדוגמא שראשי נמלא טל, שאני מלא רצון ונחת רוח אברהם אביך שערבו עלי מעשיו כטל הנני בא אליך טעון ברכות ושילום שכר מעשים טובים אם תשובי אלי. **קוצותי רסיסי לילה** אף בידי הרבה קבוצות מיני פורענות ליפרע מעוזבי וממנאצי, טל הוא לשון נחת. **רסיסי לילה** גשמי לילה שהן טורח ועייפות, רסיסי תרגום של רביבים (דברים לב) וכרביבים עלי עשב וכרסיסי מלקושא, קוצות הן דבוקי שערות הראש המדבוקים יחד שקורין כלוציי״ש ולפי שאחז המקרא בלשון טל ומטר אחז בלשון ראש וקוצות שדרך טל ומטר לאחז בשער ובקוצות ויש לפרש טל ורסיסי לילה שניהם לטובה, שכר מצות קלות הנוחות להעשות כטל, ושכר מצות חמורות הקשות כטורח רסיסי לילה.

(ג) **פשטתי את כתנתי** כלומר, כבר למדתי לעצמי דרכים אחרים לא אוכל לשוב אליך עוד כענין שנאמר (ירמיה מד) ומאז חדלנו לקטר למלכת השמים וגו׳ שהיו הדרכים האלה ישרים בעיניהם ולשון פשטתי את כתנתי רחצתי את רגלי לשון תשובת האשה המנאפת שאינה רוצה לפתוח לבעלה הדלת, לפי שפתח הכתוב בלשון אני ישנה קול דודי דופק סיים בלשון תשובה הנופלת על לשון דופק על הדלת בעת משכב השינה בלילות.

(ד) **דודי שלח ידו מן החור** שאצל הדלת וראיתי ידו ונהפכו עלי המון מעי, לשוב לאהבתו ולפתוח לו.

(ה) **קמתי אני לפתוח לדודי וידי נטפו מור** כלומר, בלב שלם ונפש חפילה כמקשטת עצמה להתאהב על אישה בריח טוב. **מור עבר** ריח עובר ומתפשט לכל צד.

(ו) **ודודי חמק עבר** נסתר ונכסה ממני כמו (שיר ז) חמוקי ירכיך סתרי ירכיך ע״ש שהירך

עָבָר נַפְשִׁי יָצְאָה בְדַבְּרוֹ בִּקַּשְׁתִּיהוּ וְלֹא מְצָאתִיהוּ קְרָאתִיו וְלֹא עָנָנִי׃
ז מְצָאֻנִי הַשֹּׁמְרִים הַסֹּבְבִים בָּעִיר הִכּוּנִי פְצָעוּנִי נָשְׂאוּ אֶת־רְדִידִי מֵעָלַי
שֹׁמְרֵי הַחֹמוֹת׃ ח הִשְׁבַּעְתִּי אֶתְכֶם בְּנוֹת יְרוּשָׁלִָם אִם־תִּמְצְאוּ אֶת־דּוֹדִי

רש"י

בסתר (ירמיה לא) עד מתי תתחמקין תסתרי ותתכסי מחמת בושה שמעלת בי. **נפשי יצאה** בדברו שאמר לא אבא אל ביתך, כי מתחילה לא אבית לפתוח. בקשתיהו וגו'.

(ז) **מצאני השומרים הסבבים בעיר** ותופסין גנבים המהלכים בלילות. **הכוני פצעוני** חבלו בי חבורה, כל פצע לשון מכת כלי זיין הוא נברדור"א בלע"ז. **רדידי** עדיי המרודד והמרוקע עלי וכן כל הענין לשון אשת נעורים המתאוננת על בעל נעוריה ומבקשתו, וזו הוא הדוגמא. דודי שלח ידו מן החור כשאמרתי רחצתי את רגלי ולא אפתח לך ולא אשוב מן ע"א שבחרתי בה. שלח ידו והראה נקמתו בימי אחז והביא עליו חיל מלך ארם (ד"ה ב כח) ויכו בו וישב ממנו שביה גדולה וגו' ויהרוג פקח בן רמליהו ביהודה מאה ועשרים אלף ביום אחד. ומעי המו עליו בא חזקיהו בנו ושב בכל לבבו לדרוש להקב"ה וכל דורו שלמים לא קם דור בישראל כמותם כמו שמפורש בחלק בדקו מדן ועד באר שבע ולא מצאו עם הארץ מגבת ועד אנטוכיא ולא מצאו איש ואשה שאין בקיאין בהלכות טומאה וטהרה וזהו וידי נטפו מור וגו' אף יאשיהו נאמר בו (מלכים ב כג) וכמוהו לא היה לפניו מלך, כי ראה פורענות שבאה על מנשה ועל אמון לקיים שלח ידו מן החור ומעי המו עליו. **פתחתי אני** לדודי ודודי חמק **עבר** לא ביטל גזירתו שנאמר בחזקיהו (ישעיה לט) הנה ימים באים ונשא כל אשר בביתך וגו' ומבניך אשר תוליד אלו דניאל חנניה מישאל ועזריה ואף ביאשיהו על ידי חולדה הנביאה (מלכים ב כב) הנני מביא רעה אל מקום הזה ואל יושבי וגו' ואומר (שם כג) וכמוהו לא היה לפניו מלך וגו' אך לא שב ה' מחרון אפו הגדול אשר חרה ביהודה על כל הכעסים אשר הכעיסו מנשה ויאמר ה' גם את יהודה אסיר מעל פני כאשר הסירותי את ישראל ומאסתי את העיר הזאת. **נפשי יצאה בדברו** יצאה ממני בדברו דבר זה. בקשתיהו ולא מצאתיהו ואם תאמר והלא ירמיה עומד ומתנבא בימי יהויקים ולדקיהו שובו אלי ואשובה אליכם לא לבטל את הגזירה אלא להקל הפורענות ולהכין מלכותם בשובם מן הגולה לנוטעם מאין נתישה ולבנותם מאין הורס. **מצאני השומרים** נבוכדנאלר וחיילותיו. **הסבבים בעיר** לנקום נקמתו של מקום. **נשאו את רדידי** בית המקדש. **שומרי החומות** אף מלאכי השרת שהיו שומרים חומותיה כענין שנאמר (ישעיה סב) על חומתיך ירושלם וגו' הם הליתו בו את האור כענין שנאמר (איכה א) ממרום שלח אש וגו'.

(ח) **השבעתי אתכם** האומות אנשי נבוכדנלר, שראיתם בחנניה מישאל ועזריה מוסרים עלמם לכבשן האש, ואת דניאל לגוב אריות על עסקי התפלה, ואת דורו של מרדכי בימי המן. **אם תמצאו את** דודי לעתיד לבא, ליום הדין שיבוקש מכם להעיד עלי כענין שנאמר (ישעיה

מַה־תַּגִּידוּ לוֹ שֶׁחוֹלַת אַהֲבָה אָנִי: ט מַה־דּוֹדֵךְ מִדּוֹד הַיָּפָה בַּנָּשִׁים מַה־
דּוֹדֵךְ מִדּוֹד שֶׁכָּכָה הִשְׁבַּעְתָּנוּ: י דּוֹדִי צַח וְאָדוֹם דָּגוּל מֵרְבָבָה:
יא רֹאשׁוֹ כֶּתֶם פָּז קְוֻצּוֹתָיו תַּלְתַּלִּים שְׁחֹרוֹת כָּעוֹרֵב: יב עֵינָיו כְּיוֹנִים עַל־
אֲפִיקֵי מָיִם רֹחֲצוֹת בֶּחָלָב יֹשְׁבוֹת עַל־מִלֵּאת: יג לְחָיָו כַּעֲרוּגַת הַבֹּשֶׂם
מִגְדְּלוֹת מֶרְקָחִים שִׂפְתוֹתָיו שׁוֹשַׁנִּים נֹטְפוֹת מוֹר עֹבֵר: יד יָדָיו גְּלִילֵי זָהָב
מְמֻלָּאִים בַּתַּרְשִׁישׁ מֵעָיו עֶשֶׁת שֵׁן מְעֻלֶּפֶת סַפִּירִים: טו שׁוֹקָיו עַמּוּדֵי

רש״י

מג) יתנו עידיהם ויצדקו. **מה תגידו לו** שתעידו עלי שבשביל אהבתו חליתי ביסורים קשים ביניכם, יבא נבוכדנאצר ויעיד, יבא אליפז וצופר וכל נביאי האומות ויעידו עלי שקיימתי את התורה.

(ט) **מה דודך מדוד** כך היו שואלין האומות את ישראל, מה אלהיכם מכל האלהים שכך אתם נשרפים ונצלבים עליו. **שככה השבעתנו** להעיד לו על אהבתך.

(י) **דודי צח** לבן כמו (איכה ד) צחו בחלב. **ואדום** אפרש תחלה כל הענין לפי פשוטו, קילום נוי בחור כשהוא לבן ופניו אדמוניות. **דגול מרבבה** נדגל בחיילות הרבה רבים חיילותיו. רבבות הרבה קרויין רבבה שנאמר (יחזקאל טז) רבבה כצמח השדה נתתיך.

(יא) **ראשו** מבהיק ככתם פז, **כתם** הוא לשון סגולת מלכים שאוצרין בבית גנזיהם וכן (איכה ד) ישנא הכתם הטוב וכן (איוב לא) אמרתי לכתם מבטחי וכן (משלי כה) וחלי כתם. **קוצותיו תלתלים** לשון תלויים פנדלוי"ש בלע"ז. **שחרות כעורב** כל אלה נוי לבחור.

(יב) **עיניו כיונים על אפיקי מים** עיניו על אפיקי מים נאות כעיני יונים. אפיקי מים ערוצים למראה והבחורים יוצאים שם לשוט וכן מקלס המשורר עיני דודי כשהוא מביט על אפיקי מים דומות לנוי עיני יונים. **רחצות** עיני דודי בחלב. **יושבות על מלאת** כל זה לשון נוי לא בולטות יותר מדאי לא שוקעות אלא יושבות על מלאת גומא שלהם הענין (ס"א העין לפי הגומא) לפי הדוגמא והוא לשון כל דבר שעשוי למלאת גומא העשויה לו למושב כמו (שמות כה) אבני מלואים (שם כח) ומלאת בו מלואת אבן.

(יג) **לחיו כערוגת הבשם** אשר שם באותם ערוגות גידולי מרקחים. **מגדלות מרקחים** מגדלות של מרקחים, גידולי בשמים שמפטמים אותם מעשה רוקח.

(יד) **גלילי זהב** כאופני זהב. **ממלאים בתרשיש** כל לשון מושב אבן יקרה בזהב קרו מלאת. **עשת** לשון (ירמי' ה כח) שמנו עשתו קבוץ עב קרוי עשת משש"יאה בלע"ז. **שן** מעצמות פיל. **מעלפת ספירים** מקושטת ומתוקנת בספירים לשון ותתעלף דמתרגמינן ואיתקנת.

(טו) **שוקיו** כעמודי שש המיוסדים על אדני פז. **עמודי שש** עמודי שיש וחבירו במגלת אסתר

שֵׁשׁ מְיֻסָּדִים עַל־אַדְנֵי־פָז מַרְאֵהוּ כַּלְּבָנוֹן בָּחוּר כָּאֲרָזִים: טז חִכּוֹ

רש"י

(אסתר א) על גלילי כסף ועמודי שש, ומראהו גבוה כארזי הלבנון. **בחור כארזים** נבחר בין הבנים כארז בין שאר עצים.

(טז) **חכו ממתקים** דבריו ערבים. **זה דודי** זה דמות דודי וזה דמות רעי ועל כל אלה חליתי לאהבתו, והדוגמא כלפי הקב"ה כך היא. **דודי צח** ולבן להלבין עונותי, צח ולבן כשנראה בסיני נראה כזקן מורה הוראות וכן בשבתו למשפט (דניאל ז) לבושיה כתלג חור ושער רישיה כעמר נקא. **ואדום** ליפרע משונאיו כענין שנאמר (ישעיה סג) מדוע אדום ללבושיך. **דגול** מרבבה הרבה חיילות מקיפין אותו. **ראשו כתם פז** תחילת דבריו הבהיקו ככתם פז וכן הוא אומר (תהלים קיט) פתח דבריך יאיר פתח אנכי ה' אלהיך, הראה תחלה שמשפט מלוכה יש לו עליהם, ואחר כך גזר עליהם גזירותיו. **קוצותיו תלתלים** על כל קוץ וקוץ תילי תילים של הלכות. **שחורות כערב** על שם שהיתה כתובה לפניו אש שחורה על גבי אש לבנה, ד"א קווצותיו תלתלים, כשנראה על הים נראה כבחור נלחם בגבורה. **עיניו כיונים על אפיקי מים** כיונים שעיניהם צופות אל ארובותיהם, כך עיניו על בתי כנסיות ובתי מדרשות שמשם מוצאי התורה המשולים למים. **רחצות בחלב** כשהן צופות במשפט מבררות דין לאמתו, להצדיק צדיק לתת לו כצדקתו ולהרשיע רשע לתת דרכו בראשו. **ישבות על מלאת** על מלאת של עולם, משוטטות בכל הארץ צופות טובים ורעים, ד"א תלמידי חכמים שהקב"ה נותנם עינים להאיר לעולם, כשם שהעינים מאירים לאדם, כיונים הנודדים משובך לשובך לבקש אכלם, כך הם הולכים ממדרשו של פלוני חכם לבית המדרש של פלוני חכם לבקש טעמי תורה. **על אפיקי מים** על בתי מדרשות שהם מוצאי מים של תורה. **רחצות בחלב** לפי שקראן עינים והעין לשון נקבה היא אמר רוחצות לשון נקבה, הם מלחלחים עצמן בחלב של תורה ומלבנים סתריה וסתומותיה. **ישבות על מלאת** מישבים דברים על אופניהם, ד"א עיניו, ענייני פרשיות של תורה והלכות ומשניות, כיונים שהם נאים בהליכתן, על אפיקי מים בבתי מדרשות, רוחצות בחלב מצוחצחות כחלב כמו שפירשתי. **לחיו** דברות הר סיני שהראה להם פנים מסבירות ושוחקות. **שפתותיו שושנים** דבורים שנדבר באהל מועד שהם לרצוי ולכפרה ולריח טוב, תורת חטאת ואשם ומנחה ועולה ושלמים. **ידיו** הלוחות שנתן מימינו ומעשה ידיו המה. **גלילי זהב** אלו הדברות שבהן הנחמדים מזהב ומפז רב, א"ר יהושע בן נחמיה מעשה נסים היו של סנפירינון היו והיו נגללין, ד"א על שם שמגלגלות טובה לעולם. **ממלאים בתרשיש** שכלל בעשרת הדברות תרי"ג מצות. **מעיו עשת שן** זה תורת כהנים הניתן באמצע חמשה חומשים, כמעיים הללו שהם נתונים באמצע הגוף. **עשת שן מעלפת ספירים** נראית חלקה כעשת שן, והיא סדורה דקדוקים רבים, גזירות שוות ובנין אב וקלים וחמורים. **מיסדים על אדני פז** אמר רבי אלעזר הקפר, העמוד הזה יש לו כותרת למעלן ובסיס למטן, אמר רבי שמואל בר גדא פרשיות שבתורה יש להם כותרת למעלן ובסיס למטן וסמוכות לפניהם

מַמְתַקִּים וְכֻלּוֹ מַחֲמַדִּים זֶה דוֹדִי וְזֶה רֵעִי בְּנוֹת יְרוּשָׁלָ͏ִם:

ו א אָנָה הָלַךְ דּוֹדֵךְ הַיָּפָה בַּנָּשִׁים אָנָה פָּנָה דוֹדֵךְ וּנְבַקְשֶׁנּוּ עִמָּךְ:
ב דּוֹדִי יָרַד לְגַנּוֹ לַעֲרוּגוֹת הַבֹּשֶׂם לִרְעוֹת בַּגַּנִּים וְלִלְקֹט שׁוֹשַׁנִּים:
ג אֲנִי לְדוֹדִי וְדוֹדִי לִי הָרֹעֶה בַּשּׁוֹשַׁנִּים: ד יָפָה אַתְּ רַעְיָתִי כְּתִרְצָה נָאוָה

רש״י

ולאחריהם כגון פרשיות של שביעית ויובל (ויקרא כה) וכי תמכרו ממכר להודיעך כמה קשה אבקה של שביעית כדאיתא במסכת ערכין וסוכה וכגון (במדבר כז) יפקוד ה' איש על העדה צו את קרבני לחמי עד שאתה מפקדני על בני פקוד אותם עלי וכן כמה לכך נאמר שוקיו עמודי שש מיוסדים וגו'. **מראהו כלבנון** המסתכל ומתבונן בדבריו מוצא בהם פרחים וציצים כיער זה שמלבלב, כך דברי תורה ההוגה בהם תמיד מחדש בהם טעמים. **בחור** נבחר כארזים, הנבחרים לבנין ולחוזק ולגובה. **חכו ממתקים** דבריו ערבים (ויקרא יט) ושרט לנפש לא תתנו בבשרכם, אני ה' נאמן לשלם שכר יש חיך מתוק מזה, אל תחבלו במעשיכם ותקבלו שכר, ובשוב רשע מרשעו ועשה משפט וצדקה עליהם חיה יחיה (יחזקאל יד) עונות נחשבו לו לזכיות, יש חיך מתוק מזה.

ו (א) **אנה הלך דודך** מאנים ומקנטרים האומות את ישראל אנה הלך דודך, למה הניח אותך עזובה אלמנה. **אנה פנה דודך** כשחזר והשרה רוחו על כורש ונתן רשות לבנות הבית והתחילו לבנות, באו ואמרו להם אנה פנה דודך אם חוזר הוא אליך נבקשנו עמך כענין שנאמר (עזרא ד) וישמעו צרי יהודה ובנימין כי בני הגולה בונים היכל וגו' ויגשו אל זרובבל וגו' נבנה עמכם כי ככם נדרוש לאלהיכם וגו' וכוונתם לרעה כדי להשביתם מן המלאכה והם משיבים.

(ב) **דודי ירד לגנו** צוה לנו לבנות היכלו והיה שם עמנו. **לערוגת הבשם** מקום מקטר הקטרת. **לרעות בגנים** ועוד ירד לרעות צאנו בגנים אשר נפוצו שם אותם שלא עלו מן הגולה משרה שכינתו עליהם בבתי כנסיות ובבתי מדרשות. **וללקט שושנים** שומע ומקשיב נדברים בתורתו, ללקוט זכיותיהן ולכתבם בספר זכרון לפניו כענין שנאמר (מלאכי ג) אז נדברו יראי ה' וגו' ומה שאתם אומרים לבקשו עמנו ולבנות עמנו, אני לדודי ולא אתם לו ולא תבנו עמנו כעניין שנאמר (עזרא ד) לא לכם ולנו לבנות בית אלהינו ואומר ולכם אין חלק וצדקה וזכרון בירושלם.

(ג) **הרועה בשושנים** הרועה את צאנו במרעה נוח וטוב.

(ד) **יפה את רעיתי כתרצה** והקדוש ברוך הוא מקלסה על זאת, יפה את רעיתי כשאת רצויה לי כך הוא נדרש בספרי. **נאוה** את עתה, כאשר בראשונה בירושלם. **אימה כנדגלות**

כִּירוּשָׁלָ͏ִם אֲיֻמָּה כַּנִּדְגָּלוֹת: ה הָסֵבִּי עֵינַיִךְ מִנֶּגְדִּי שֶׁהֵם הִרְהִיבֻנִי שַׂעְרֵךְ כְּעֵדֶר הָעִזִּים שֶׁגָּלְשׁוּ מִן־הַגִּלְעָד: ו שִׁנַּיִךְ כְּעֵדֶר הָרְחֵלִים שֶׁעָלוּ מִן־הָרַחְצָה שֶׁכֻּלָּם מַתְאִימוֹת וְשַׁכֻּלָה אֵין בָּהֶם: ז כְּפֶלַח הָרִמּוֹן רַקָּתֵךְ מִבַּעַד לְצַמָּתֵךְ: ח שִׁשִּׁים הֵמָּה מְלָכוֹת וּשְׁמֹנִים פִּילַגְשִׁים וַעֲלָמוֹת אֵין מִסְפָּר: ט אַחַת הִיא יוֹנָתִי תַמָּתִי אַחַת הִיא לְאִמָּהּ בָּרָה הִיא לְיוֹלַדְתָּהּ רָאוּהָ בָנוֹת וַיְאַשְּׁרוּהָ מְלָכוֹת וּפִילַגְשִׁים וַיְהַלְלוּהָ: י מִי־זֹאת הַנִּשְׁקָפָה

רש״י

חיילי מלאכים, אימתך אטיל עליהם שלא להלחם ולהשביתכם מן המלאכה, כמו שנאמר בעזרא.

(ה) **הסבי עיניך מנגדי** כבחור שארוסתו חביבה ועריבה עליו ועיניה נאות, ואומר לה הסבי עיניך מנגדי, כי בראותי אותך לבי משתחץ ומתגאה עלי ורוחי גסה, כי איני יכול להתאפק. **הרהיבוני** הגיסו לבי כמו (תהלים צ) ורהבם עמל ואון (ישעיה ל) רהב הם שבת אישמיי״ר בלע״ז והדוגמא כך הוא, אמר הקדוש ברוך הוא במקדש זה אי אפשר להשיב לכם ארון וכפרת וכרובים, שהם הרהיבוני בבית ראשון להראותכם חבה יתירה עד שמעלתם בי. **שערך כעדר העזים** בקטנים ורכים ודקים שבכם יש שבח הרבה.

(ו) **שניך** קציניך וגבוריך שביך כולם לטובה. **כעדר הרחלים** הרחל הזאת כולה קדושה צמרה לתכלת בשרה לקרבן קרניה לשופרות שוקיה לחלילין מעיה לכינורות עורה לתוף, אבל הרשעים נמשלו לכלבים שאין מהם לקדושה כלום.

(ח) **ששים המה מלכות** אברהם ויוצאי יריכו בני קטורה שש עשרה, ישמעאל ובניו שלש עשרה, יצחק ובניו שלשה, בני יעקב שנים עשר, בני עשו שש עשרה, בדברי הימים, הרי ששים, ואם תאמר לא מהם תמנע שהיא אחה אברהם מן המנין. **ושמנים פלגשים** נח ובניו עד אברהם תולדות יוצאי התיבה שמנים תמצאם, וכשם שהמלכות שהם נשי המלך יתירות בגדולה על הפלגשים, כך היו אברהם ויוצאי יריכו חשובים גדולים ויתרים בחשיבות על הכל כאשר תראה הגר בת מלכים היתה, תמנע בת שלטונים היתה ונעשית פלגש לעשו, ואומר (בראשית יד) אל עמק שוה וגו׳ הושוו כלם בעצה אחת והמליכו את אברהם עליהם. **ועלמות אין מספר** למשפחות הרבה נחלקו כל אלה.

(ט) **אחת היא יונתי** ומכולם אחת היא הנבחרת לי ליונה תמה, שהיא תמימת לב עם בן זוגה. **אחת היא לאמה** לכנסייתה, הרבה מחלוקות בבתי מדרשות כלם לבם להבין תורה על מכונה ועל אמתתה. **ברה היא ליולדתה** יעקב ראה אותה מטה שלימה בלא פסול והודה וקילס למקום שנאמר (בראשית מז) וישתחו ישראל על ראש המטה. **ראוה בנות** את ישראל בגדולתה. **ויאשרוה** ומה הוא קילוסן.

כְּמוֹ־שָׁחַר יָפָה כַלְּבָנָה בָּרָה כַּחַמָּה אֲיֻמָּה כַּנִּדְגָּלוֹת׃ יא אֶל־גִּנַּת אֱגוֹז
יָרַדְתִּי לִרְאוֹת בְּאִבֵּי הַנָּחַל לִרְאוֹת הֲפָרְחָה הַגֶּפֶן הֵנֵצוּ הָרִמֹּנִים׃ יב לֹא
יָדַעְתִּי נַפְשִׁי שָׂמַתְנִי מַרְכְּבוֹת עַמִּי נָדִיב׃

ז א שׁוּבִי שׁוּבִי הַשּׁוּלַמִּית שׁוּבִי שׁוּבִי וְנֶחֱזֶה־בָּךְ מַה־תֶּחֱזוּ בַּשּׁוּלַמִּית
כִּמְחֹלַת הַמַּחֲנָיִם׃ ב מַה־יָּפוּ פְעָמַיִךְ בַּנְּעָלִים בַּת־נָדִיב חַמּוּקֵי יְרֵכַיִךְ

רש״י

(י) **מי זאת הנשקפה** עלינו, ממקום הגבוה לנמוך קרויה השקפה, כך בית המקדש גבוה מכל ארצות. **כמו שחר** הולך ומאיר מעט מעט, כך היו ישראל בבית שני, בתחלה זרובבל פחת יהודה ולא מלך והיו משועבדים לפרס וליון ואחר כך נצחום בית חשמונאי ונעשו מלכים. **אימה כנדגלות** איומה בגבורים כנדגלות של מלכים, כל זה הקב״ה מקלס את כנסת ישראל, יפה את רעיתי כתרצה וכל הענין ע״כ.

(יא) **אל גנת אגוז ירדתי** עוד זה מדברי שכינה, הנה באתי אל מקדש שני זה אליך. **לראות באבי הנחל** מה לחלוחית מעשים טובים אראה בך. **הפרחה הגפן** אם תפריחו לפני ת״ח וסופרים ושונים. **הנצו הרמונים** מקיימי מצות מליאי זכיות, למה נמשלו ישראל לאגוז מה אגוז זה אתה רואה אותו כולו עץ ואין ניכר מה בתוכו, פוצעו ומוצאו מלא מגורות של אוכלים, כך ישראל צנועין וענוותנין מעשיהם ואין תלמידים שבהן נכרים ואין מתפארים להכריז על שבחן, בדקתו אתה מוצא אותו מלא חכמה, ועוד כמה מדרשות לדבר, מה אגוז זה נופל בטיט ואין מה שבתוכו נמאס, אף ישראל גולין לבין האומות ולוקין מלקיות הרבה ואין מעשיהם נמאסין.

(יב) **לא ידעתי** כנסת ישראל מתאוננת, לא ידעתי להזהר מן החטא שאעמוד בכבודי בגדולתי, ונכשלתי בשנאת חנם ומחלוקת שגבר במלכי בית חשמונאי הורקנוס ואריסתובלוס, עד שהיה מביא אחד מהם את מלכות לרומי וקבל מידו המלוכה ונעשה לו עבד, ומאז נפשי שמתני להיות מרכבות, להרכיב עלי נדיבות שאר אומות. **עמי נדיב** כמו עם נדיב יו״ד יתירה כיו״ד של (דברי׳ לג) שכני סנה (בראשית לא) גנובתי יום (איכה א) רבתי עם. **נפשי שמתני** אני בעצמי מניתים עלי כענין שנאמר (ירמיה יג) ואת למדת אותם עליך אלופים לראש.

ז (א) **שובי שובי השולמית** אומרים אלי שובי מאחר המקום. **השולמית** השלימה באמונתך עמו שובי שובי אלינו **ונחזה בך** נציב ממך נגידים ושלטונים כמו ואתה תחזה מכל העם כך דרש רבי תנחומא, ד״א ונחזה בך, נתבונן אליך מה גדולה ניתן לך, והיא אומרת מה תחזו בשולמית, מה גדולה אתם יכולים לפסוק לי שתהא שוה לגדולתי, אפילו לגדולת דגלי מחולות מחנות המדבר.

כְּמוֹ חֲלָאִים מַעֲשֵׂה יְדֵי אָמָּן: ג שָׁרְרֵךְ אַגַּן הַסַּהַר אַל־יֶחְסַר הַמָּזֶג בִּטְנֵךְ עֲרֵמַת חִטִּים סוּגָה בַּשּׁוֹשַׁנִּים: ד שְׁנֵי שָׁדַיִךְ כִּשְׁנֵי עֳפָרִים תָּאֳמֵי צְבִיָּה: ה צַוָּארֵךְ כְּמִגְדַּל הַשֵּׁן עֵינַיִךְ בְּרֵכוֹת בְּחֶשְׁבּוֹן עַל־שַׁעַר בַּת־רַבִּים אַפֵּךְ

רש"י

(ב) **מה יפו פעמיך בנעלים** הם אומרים לה, חפצים אנו שתדבקו בנו בשביל נוי וחשיבות שראינו בך, בעודך ביפייך. **מה יפו פעמיך** בעליית הרגלים בת נדיבים. **חמוקי ירכיך כמו חלאים** קבוצת עדיי זהב קרויה חלי כתם אל חלי בלשון ערבי ורבותינו דרשו על נקבי השיתין של נסכים שנעשו מששת ימי בראשית, עגולים כמו ירך, כמו חלאים לשון חפירה כמו חוליות הבור. **מעשי ידי אמן** ידי הקב"ה, במסכת סוכה אמן כמו אומן קילוסו של הקב"ה ישראל מקלסין אותו מלמעלה למטה מתחילין מראשו כתם פז ויורדין ובאין עד שוקיו עמוד שש, לפי שהן באין לרצותו להוריד שכינתו מן העליונים לתחתונים, והוא מונה קילוסם מלמטה למעלה, מה יפו פעמיך הם הרגלים ומונה והולך עד ראשך עליך ככרמל, עד שהוא בא למושכה אליו.

(ג) **שררך אגן הסהר** טבורך כאגן של מים צלולים שרוחצין בהן והוא עשוי מאבני שיש ובלשון ערבי קרוי סהר על שם שהטבור כמו נקב עגול מושלו כאגן עגול והקילוס הזה אינו מענין נוי אשה כקילוס העליון לפי שהעליון דודה מקלסה, וזה ריעותיה מקלסות אותה על שם מעשיה, לומר הגונה את להתחבר עמנו, והדוגמא על שם לשכת הגזית היושבת בטבור הארץ. **אל יחסר המזג** לא יכלה משם משקה, רוצה לומר, לא יכלה ולא יפסוק משם שום דברי הוראה. **בטנך ערמת חטים** שהכל צריכין לה. **סוגה בשושנים** גדורה ומסוייגת בגדר שושנים, די לה בגדר קל ואין אחד מכם פורץ בו ליכנס, הרי חתן נכנס לחופה לבו מגעגעת לחופה ולחיבת חתוניו, בא ליזקק לה אמרה לו טיפת דם כחרדל ראיתי, הרי הופך פניו לצד אחר ולא נשכו נחש ולא עקרב עוקצו הרי שהוא עובר בדרך ראה בכורות בראשי התאני' פשט ידו ליטול, אומרים לו של ישראל הם, הוא מושך ידו מפני הגזל הרי סוגה בשושנים.

(ד) **שני שדיך** שתי הלוחות, דבר אחר מלך וכהן גדול.

(ה) **צוארך** ההיכל והמזבח שהם זקופים וגבוהים, ולשכת הגזית גם היא שם עשויה לחוזק ולמגן כמגדל השן. **עיניך** כבריכות אשר בחשבון המושכות מים, כן עיניך על שער בת רבים חכמיך כשהם יושבים בשערי ירושלם העיר בת רבת עם ועסוקים בחשבון תקופות ומזלות חכמתם ובינתם לעיני העמים מושכות כבריכות מים, ועוד יש לפרש בריכות בחשבון כמו יונים, ולשון משנה הוא הלוקח יוני שובך מפריח בריכה ראשונה קובי"ש בלעז. **אפך כמגדל הלבנון** איני יכול לפרשו לשון חוטם לא לענין פשט ולא לענין דוגמא כי מה קילוס נוי יש בחוטם גדול וזקוף כמגדל ואומר אני אפך לשון פנים וזה שהוא אומר לשון יחיד ואינו אומר אפיך שעל המצח הוא מדבר שהוא עיקר הכרת פנים כענין שנאמר (ישעיה ג) הכרת פניהם

כְּמִגְדַּל הַלְּבָנוֹן צוֹפֶה פְּנֵי דַמָּשֶׂק: ו רֹאשֵׁךְ עָלַיִךְ כַּכַּרְמֶל וְדַלַּת רֹאשֵׁךְ
כָּאַרְגָּמָן מֶלֶךְ אָסוּר בָּרְהָטִים: ז מַה־יָּפִית וּמַה־נָּעַמְתְּ אַהֲבָה בַּתַּעֲנוּגִים:
ח זֹאת קוֹמָתֵךְ דָּמְתָה לְתָמָר וְשָׁדַיִךְ לְאַשְׁכֹּלוֹת: ט אָמַרְתִּי אֶעֱלֶה בְתָמָר
אֹחֲזָה בְּסַנְסִנָּיו וְיִהְיוּ־נָא שָׁדַיִךְ כְּאֶשְׁכְּלוֹת הַגֶּפֶן וְרֵיחַ אַפֵּךְ כַּתַּפּוּחִים:
י וְחִכֵּךְ כְּיֵין הַטּוֹב הוֹלֵךְ לְדוֹדִי לְמֵישָׁרִים דּוֹבֵב שִׂפְתֵי יְשֵׁנִים: יא אֲנִי

רש"י

ענתה בם ותדע שהרי מקלסה והולך מלמטה למעלה עיניך בריכות בחשבון ואחריהם המלח וכן האומות מקלסות (יחזקאל ג) מלאך חזק, לעמת מלח כל הבאים להרעותך ולפתותך. **כמגדל הלבנון צופה פני דמשק** ראיתי במדרש זה בית יער הלבנון שעשה שלמה, שהעומד עליו צופה ומונה כמה בתים יש בדמשק, דבר אחר פניך צופות פני דמשק, מצפות לבא שערי ירושלם עד דמשק שעתידה להרחיב עד דמשק.

(ו) **ראשך עליך ככרמל** אלו תפילין שבראש שנאמר בהן (דברים כח) וראו כל עמי הארץ כי שם ה' נקרא עליך ויראו ממך, הרי היא חוזקן ומוראן, כסלע הרים וכרמל הוא ראש ההרים. **ודלת ראשך** קליעת שערות נזיריך, נאה במצותה כקליעת ארגמן. דלת ראשך על שם שהקליעה מודלת על גובה הראש. **מלך אסור ברהטים** שמו של מקום קשור בתלתלים שנאמר (במדבר ו) נזר אלהיו על ראשו. רהטים קור"נך בלע"ז כן קורין לתלתלי האזורות שקושרין בהן החגורות, ד"א מלך אסור ברהטים הקב"ה נקשר באהבה במצות ובריצות שאתם רצים לפניו.

(ז) **מה יפית ומה נעמת** אחר שפרט קילוס כל אבר ואבר, כלל כל דבר מה יפית כולך, ומה נעמת לידבק בך אהבה ההוגנת להתענג בה.

(ח) **זאת קומתך דמתה לתמר** ראינו נוי קומתך בימי נבוכדנצר, שכל האומות היו כורעות ונופלות לפני הצלם ואתה עומדת בקומה זקופה כתמר הזה. **ושדיך לאשכלות** דניאל חנניה מישאל ועזריה שהיו לך כשדים לינק מהם, דמו לאשכולות שמשפיעות משקה, כך הם השפיעו להניק וללמוד את הכל שאין יראה כיראתכם, עד כאן קלסוהו האומות, מכאן ואילך דברי שכינה לגלות ישראל שבין האומות.

(ט) **אמרתי אעלה בתמר** מתפאר אני בין חיילות של מעלה בכם, שאתעלה ואתקדש על ידיכם בתחתונים שתקדשו את שמי בין האומות. **אחזה בסנסניו** ואני אחוז ואדבק בכם, סנסנים ענפים. **ויהיו נא שדיך** ועתה האמתי את דברי שלא תתפתי אחרי האומות, ויהיו הטובים והחכמים שבך עומדים באמונתם להשיב דברים למפתים אותך, שילמדו מהם הקטנים שבהם.

(י) **וחכך כיין הטוב** הזהרי בתשובותיך שיהיו כיין הטוב. **הולך לדודי למישרים** זהירה אני להשיב להם שאעמוד באמונתי, שיהא חכי הולך לפני דודי, לאהבת מישור שהוא מן הלב

לְדוֹדִי וְעָלַי תְּשׁוּקָתוֹ: יב לְכָה דוֹדִי נֵצֵא הַשָּׂדֶה נָלִינָה בַּכְּפָרִים:
יג נַשְׁכִּימָה לַכְּרָמִים נִרְאֶה אִם־פָּרְחָה הַגֶּפֶן פִּתַּח הַסְּמָדַר הֵנֵצוּ הָרִמּוֹנִים
שָׁם אֶתֵּן אֶת־דֹּדַי לָךְ: יד הַדּוּדָאִים נָתְנוּ־רֵיחַ וְעַל־פְּתָחֵינוּ כָּל־מְגָדִים
חֲדָשִׁים גַּם־יְשָׁנִים דּוֹדִי צָפַנְתִּי לָךְ:

ח א מִי יִתֶּנְךָ כְּאָח לִי יוֹנֵק שְׁדֵי אִמִּי אֶמְצָאֲךָ בַחוּץ אֶשָּׁקְךָ גַּם לֹא־
יָבֻזוּ לִי: ב אֶנְהָגֲךָ אֲבִיאֲךָ אֶל־בֵּית אִמִּי תְּלַמְּדֵנִי אַשְׁקְךָ מִיַּיִן הָרֶקַח

רש"י

ולא ברמיה ועקיבה. **כיין הטוב** שהוא דובב שפתי ישנים, אף אבותי בקבר ישמחו בי ויודו על חלקם, דובב מרחיש פרומ"יר בלע"ז ויסודו לשון דיבור וכך היא התשובה אני לדודי וגם הוא משתוקק לי.

(יב) **לכה דודי נצא השדה** דרשו רבותינו בעירובין, אמרה כנסת ישראל, רבונו של עולם אל תדינני כיושבי כרכים שיש בהם גזל ועריות, אלא כיושבי פרזות שהם בעלי אומנות ועוסקין בתורה מתוך הדחק. **נלינה בכפרים** נלינה בכופרים, בא ואראך בני עשו שהשפעת להם טובה וכופרים בך.

(יג) **נשכימה לכרמים** אלו בתי כנסיות ובתי מדרשות. **נראה אם פרחה הגפן** אלו בעלי מקרא. **פתח הסמדר** כשהפרח נופל והענבים ניכרים הוא פתוח הסמדר, ולהם דימה בעלי משנה שהם קרובים ליהנות מהם בהוראת התורה. **הנצו הרמונים** כשהם גמורים והנץ שסביבותיהן נופל, הנלו נופל נלו, ולהם דימה בעלי תלמוד שהן בחכמה גמורה וראויין להורות. **שם אתן את דודי** שם אראך את כבודי וגדולי, שבח בני ובנותי.

(יד) **הדודאים נתנו ריח** דודאי התאנים הטובות והרעות כענין שנאמר (ירמיה כד) הראני ה' והנה שני דודאי תאנים וגו' הדוד האחד תאנים טובות וגו' והדוד השני תאנים רעות מאד אשר לא תאכלנה אלו פושעי ישראל, עכשיו שניהם נתנו ריח, כולם מבקשים פניך. **ועל פתחינו כל מגדים** יש בידינו שכר מצות הרבה. **חדשים גם ישנים** שחדשו סופרים עם הישנים שכתבת עלי. **צפנתי לך** לשמך ולעבודתך צפנתים בלבי, ד"א צפנתי להראות לך שקיימתים.

ח (א) **מי יתנך כאח לי** שתבוא לנחמני כדרך שעשה יוסף לאחיו שגמלהו רעה ונאמר בו (בראשית נ') וינחם אותם. **אמצאך בחוץ אשקך** אמצא נביאיך מדברים בשמך ואחבקם ואנשקם, גם ידעתי כי לא יבוזו לי, כי כדאי היא אהבתך שתהא אהובתך סובבת לחזר אחריה.

(ב) **אל בית אמי** בית המקדש. **תלמדני** כאשר הורגלת לעשות באוהל מועד. **אשקך מיין הרקח** נסכים. מעסיס יין מתוק.

מֵעֲסִיס רִמֹּנִי: ג שְׂמֹאלוֹ תַּחַת רֹאשִׁי וִימִינוֹ תְּחַבְּקֵנִי: ד הִשְׁבַּעְתִּי אֶתְכֶם
בְּנוֹת יְרוּשָׁלָםִ מַה־תָּעִירוּ וּמַה־תְּעֹרְרוּ אֶת־הָאַהֲבָה עַד־שֶׁתֶּחְפָּץ: ה מִי
זֹאת עֹלָה מִן־הַמִּדְבָּר מִתְרַפֶּקֶת עַל־דּוֹדָהּ תַּחַת הַתַּפּוּחַ עוֹרַרְתִּיךָ שָׁמָּה
חִבְּלַתְךָ אִמֶּךָ שָׁמָּה חִבְּלָה יְלָדַתְךָ: ו שִׂימֵנִי כַחוֹתָם עַל־לִבֶּךָ כַּחוֹתָם
עַל־זְרוֹעֶךָ כִּי־עַזָּה כַמָּוֶת אַהֲבָה קָשָׁה כִשְׁאוֹל קִנְאָה רְשָׁפֶיהָ רִשְׁפֵּי אֵשׁ
שַׁלְהֶבֶתְיָה: ז מַיִם רַבִּים לֹא יוּכְלוּ לְכַבּוֹת אֶת־הָאַהֲבָה וּנְהָרוֹת לֹא
יִשְׁטְפוּהָ אִם־יִתֵּן אִישׁ אֶת־כָּל־הוֹן בֵּיתוֹ בָּאַהֲבָה בּוֹז יָבוּזוּ לוֹ:

רש"י

(ג-ד) **שמאלו תחת ראשי.** (ד) **השבעתי אתכם** עכשיו כנסת ישראל מסבבת דבורה כלפי האומות, אף על פי שאני קובלת ומתאוננת, דודי מחזיק בידי והוא לי למשען בגלותי, לפיכך השבעתי אתכם. **מה תעירו ומה תעוררו** כי לא יועיל לכם.

(ה) **מי זאת** הקב"ה ובית דינו אומרים על כנסת ישראל מי זאת, כמה היא חשובה זאת שנתעלתה מן המדבר בכל מתנות טובות שם נתעלתה במתן תורה ובדבוק שכינה ונראית חבתה לכל ועודנה בגלותה. **מתרפקת על דודה** מתחברת על דודה מודה שהיא חברתו ודבוקה בו, רפק בלשון ערבי רפקתא חבורה. **תחת התפוח עוררתיך** כך היא אומרת בבקשה חבת דודה, תחת התפוח עוררתיך זכור כי בתחתית הר סיני העשוי על ראשי כמין תפוח שם עוררתיך, והוא לשון חבת אשת נעורים המעוררת את דודה בלילות בתנומות עלי משכב מחבקתו ומנשקתו. **שמה חבלתך** הרי אמרנו שהקב"ה קראה אמו, שם נהיתה לך לאם. חבלתך לשון חבלי יולדה, חבלתך באו לך חבלים ממך כמו (ירמיה י') בני יצאוני יצאו ממני.

(ו) **שימני כחותם** בשביל אותה אהבה, תחתמני על לבך שלא תשכחני ותראה **כי עזה כמות אהבה** האהבה שאהבתיך עלי כנגד מיתתי שאני נהרגת עליך. **קשה כשאול קנאה** התגר שנתקנאו ושנתגרו בי האומות בשבילך, קנאה בכל מקום אינפ"רמנט בלע"ז לשון אחיזת הלב לנקום נקם. **אש שלהבת יה** רשפים של אש חזקה הבאה מכח שלהבת של גיהנם טעם הזקף הגדול הנקוד על רשפי מלמדנו על תיבת אש שהיא דבוקה לשלהבת יה לומר אש של שלהבת יה.

(ז) **מים רבים לא יוכלו לכבות את האהבה** על שכינס בלשון רשפים, נופל עליהם לשון לא יכבו. **מים רבים** האומות. **ונהרות** שריהם ומלכיהם. **לא ישטפוה** על ידי חוזק ואימה, ואף על ידי פתוי והסתה. **אם יתן איש את כל הון ביתו** כדי להמיר אהבתך. **בוז יבוזו לו** כל אלה הקב"ה ובית דינו מעידים, שכך כנסת ישראל מתרפקת על דודה.

ח אָחוֹת לָנוּ קְטַנָּה וְשָׁדַיִם אֵין לָהּ מַה־נַּעֲשֶׂה לַאֲחֹתֵנוּ בַּיּוֹם שֶׁיְּדֻבַּר־
בָּהּ: ט אִם־חוֹמָה הִיא נִבְנֶה עָלֶיהָ טִירַת כָּסֶף וְאִם־דֶּלֶת הִיא נָצוּר
עָלֶיהָ לוּחַ אָרֶז: י אֲנִי חוֹמָה וְשָׁדַי כַּמִּגְדָּלוֹת אָז הָיִיתִי בְעֵינָיו כְּמוֹצְאֵת
שָׁלוֹם: יא כֶּרֶם הָיָה לִשְׁלֹמֹה בְּבַעַל הָמוֹן נָתַן אֶת־הַכֶּרֶם לַנֹּטְרִים אִישׁ
יָבִא בְּפִרְיוֹ אֶלֶף כָּסֶף: יב כַּרְמִי שֶׁלִּי לְפָנָי הָאֶלֶף לְךָ שְׁלֹמֹה וּמָאתַיִם

רש"י

(ח) עתה **אחות לנו** בתחתונים, שהיא מתאחה ומתחברת ומתאוה להיות עמנו, והיא קטנה ומקטנת את עצמה מכל האומות כענין שנאמר לא מרובכם וגומר שהם מקטינים עצמם. **אחות** לשון איחוי אלו קרעים שאין מתאחין. **ושדים אין לה** כענין שנאמר בגלות מצרים (יחזקאל ט"ז) שדים נכונו בהגיע עת הגאולה, אבל זו שדים אין לה עדיין לא הגיע עתה לעת דודים. **מה נעשה לאחותינו ביום שידבר בה** כשהאומות מתלחשים עליה להכחידה כענין שנאמר (תהלים פ"ג) לכו ונכחידם מגוי.

(ט) **אם חומה היא** אם תחזק באמונתה וביראתה להיות כנגדם כחומת נחשת שלא יכנסו לתוכה, רוצה לומר שלא תתחתן בם והם לא יבואו בה ולא תתפתה להם. **נבנה עליה טירת** כסף נהיה לה לעיר מבצר ולכתר ולנוי, ונבנה לה את עיר הקדש ובית הבחירה. **ואם דלת היא** הסובבת על צירה ובהקיש עליה היא נפתחת, אף היא אם תפתח להם להיות הם באים בה והיא בהם. **נצור עליה לוח ארז** נשים בדלתה נסרים של עץ הנרקבים והתולעת גוררתן ואוכלתן, וכנסת ישראל אומרת.

(י) **אני חומה** חזקה באהבת דודי. **ושדי כמגדלות** אלו בתי כנסיות ובתי מדרשות המניקים את ישראל בדברי תורה. **אז** באמרי זאת. **הייתי בעיניו כמוצאת שלום** ככלה הנמצאת שלימה ומוצאת שלום בבית בעלה.

(יא) **כרם היה לשלמה** זו כנסת ישראל שנאמר (ישעי' ה') כי כרם ה' צבאות בית ישראל. **בבעל המון** בירושלים שהיא רבת עם והמון רב. בעל לשון מישור כמו (יהושע י"ב) מבעל גד בבקעת הלבנון. **נתן את הכרם לנטרים** מסרה ליד אדונים קשים בבל מדי יון ואדום במדרש שיר השירים מצאתי מקרא סמך על נוטרים הללו שהם המלכיות. **איש יבא בפריו** כלומר שיכלו לגבות מהן גולגליות וארנוניות ואנפרית הכל גבו מהם להביא לתוך ביתם.

(יב) **כרמי שלי לפני** ליום הדין יביאם הקב"ה במשפט ויאמר, כרמי אף על פי שמסרתיו בידכם שלי הוא ולפני בא כל מה שחטפתם לכם את פריו, ולא נכחד ממני מה שגביתם מהם והם אומרים. **האלף לך שלמה** אלף הכסף שגבינו מהם הכל נחזיר. **ומאתים לנטרים את פריו** ועוד נוסיף הרבה משלנו ונתן להם לראשיהם וחכמיהם כענין שנאמר (ירמיה ע"ו)

לְנֹטְרִים אֶת־פִּרְיוֹ: יג הַיּוֹשֶׁבֶת בַּגַּנִּים חֲבֵרִים מַקְשִׁיבִים לְקוֹלֵךְ הַשְׁמִיעִנִי:
יד בְּרַח דּוֹדִי וּדְמֵה־לְךָ לִצְבִי אוֹ לְעֹפֶר הָאַיָּלִים עַל הָרֵי בְשָׂמִים:

רש"י

תחת הנחשת אביא זהב. **לנטרים את פריו** אלו תלמידי חכמים, ואותם תשלומים לתלמידי חכמים כמו שנאמר (ישעיה כ"ג) כי ליושבים לפני ה' יהיה סחרה ואתננה של צור, ויש לפרש ומאתים לנוטרים את פריו, כדין הנהנה מן ההקדש שמשלם קרן וחומש, אף אנו נשלם על קדש ישראל לה' ראשית תבואתו קרן וחומש, חמשו של קרן, ומאתים הם חומשו של אלף.

(יג) **היושבת בגנים** הקב"ה אומר לכנסת ישראל, את הנפולה בגולה רועה בגנים של אחרים ויושבת בבתי כנסיות ובבתי מדרשות. **חברים מקשיבים לקולך** מלאכי השרת חביריך בני אלהים דוגמתך, מקשיבים ובאים לשמוע קולך בבתי כנסיות. **השמיעני** ואחר כך יקדישו הם שאמר (איוב ל"ח) ברן יחד כוכבי בקר אלו ישראל, ואחר כך ויריעו כל בני אלהים.

(יד) **ברח דודי** מן הגולה הזאת ופדנו מביניהם. **ודמה לך לצבי** למהר הגאולה ותשרה שכינתך **על הרי בשמים** הוא הר המוריה ובית המקדש שיבנה במהרה בימינו אמן.

נשלם פירוש שיר השירים, תהלה ליוצר אורים.

רִבּוֹן כָּל הָעוֹלָמִים. יְהִי רָצוֹן מִלְּפָנֶיךָ יהוה אֱלֹהַי וֵאלֹהֵי אֲבוֹתַי. שֶׁבִּזְכוּת שִׁיר הַשִּׁירִים אֲשֶׁר קָרִיתִי וְלָמַדְתִּי. שֶׁהוּא קֹדֶשׁ קָדָשִׁים. בִּזְכוּת פְּסוּקָיו, וּבִזְכוּת תֵּבוֹתָיו, וּבִזְכוּת אוֹתִיּוֹתָיו, וּבִזְכוּת נְקֻדּוֹתָיו, וּבִזְכוּת טְעָמָיו, וּבִזְכוּת שְׁמוֹתָיו, וְצֵרוּפָיו וּרְמָזָיו וְסוֹדוֹתָיו הַקְּדוֹשִׁים וְהַטְּהוֹרִים, הַנּוֹרָאִים הַיּוֹצְאִים מִמֶּנּוּ. שֶׁתְּהֵא שָׁעָה זוּ שְׁעַת רַחֲמִים, שְׁעַת הַקְשָׁבָה, שְׁעַת הַאֲזָנָה, וְנִקְרָאֲךָ וְתַעֲנֵנוּ, נַעְתִּיר לְךָ וְהֵעָתֶר לָנוּ, שֶׁיִּהְיֶה עוֹלֶה לְפָנֶיךָ קְרִיאַת וְלִמּוּד שִׁיר הַשִּׁירִים, כְּאִלּוּ הִשַּׂגְנוּ כָּל הַסּוֹדוֹת הַנִּפְלָאוֹת וְהַנּוֹרָאוֹת אֲשֶׁר הֵם חֲתוּמִים בּוֹ בְּכָל תְּנָאָיו. וְנִזְכֶּה לְמָקוֹם שֶׁהָרוּחוֹת וְהַנְּשָׁמוֹת נֶחֱצָבוֹת מִשָּׁם, וּכְאִלּוּ עָשִׂינוּ כָּל מַה שֶּׁמּוּטָל עָלֵינוּ לְהַשִּׂיג. בֵּין בְּגִלְגּוּל זֶה בֵּין בְּגִלְגּוּל אַחֵר, וְלִהְיוֹת מִן הָעוֹלִים וְהַזּוֹכִים לָעוֹלָם הַבָּא עִם שְׁאָר צַדִּיקִים וַחֲסִידִים, וּמַלֵּא כָּל מִשְׁאֲלוֹת לִבֵּנוּ לְטוֹבָה. וְתִהְיֶה עִם לְבָבֵנוּ וְאִמְרֵי פִינוּ בְּעֵת מַחְשְׁבוֹתֵינוּ, וְעִם יָדֵינוּ בְּעֵת מַעְבָּדֵינוּ, וְתִשְׁלַח בְּרָכָה וְהַצְלָחָה וְהַרְוָחָה בְּכָל מַעֲשֵׂה יָדֵינוּ, וּמֵעָפָר תְּקִימֵנוּ, וּמֵאַשְׁפּוֹת דַּלּוּתֵנוּ תְּרוֹמְמֵנוּ, וְתָשִׁיב שְׁכִינָתְךָ לְעִיר קָדְשֶׁךָ. בִּמְהֵרָה בְיָמֵינוּ. אָמֵן:

נוהגין לקרות רק ברכת המפיל ופרשת שמע, אבל לא שאר דברים שנוהגים לקרות בשאר לילות כדי להגן, כי לילה זה לילה המשומרת היא מן המזיקין, כמ"ש הוא הלילה הזה לה' שמורים לכל בני ישראל לדורותם.

לזכר עולם

To our Dear Beloved "Bube"

מרת מירל בת ר׳ נפתלי (גערטנער) ע״ה

אשה כשרה וצנועה ששמחה בחלקה תמיד

And to our Dear "Zeida"

who we were not merited to know

הרבני יהושע בן ר׳ מנחם מענדל באדנער ע״ה

איש תם וישר ירא אלקים וסר מרע

ת. נ. צ. ב. ה.

הונצח ע״י הרבנית דינה פינק תליט״א

התודה והברכה

Rabbi Moshe Kaplan שליט״א

for his help in the publishing of the הגדה

Dedicated in loving memory

of our dear mother & grandmother

Marilyn Seigerman

לע"נ **מרים** בת מרדכי ז"ל

כ"ו אלול - תש"ס

≈ and ≈

of our dear father & grandfather

Shimon Melool

לע"נ **שמעון** בן אהרן ז"ל

י"ט טבת - תשס"ב

ת.נ.צ.ב.ה.

Your children and grandchildren

Aharon, Eydie, Simmy, Shimon, Ariel & Daniel

Melool